U0111951

大展好書　好書大展
品嘗好書　冠群可期

大展好書　好書大展

品嘗好書　冠群可期

體育教材：2

游泳運動教程

陳武山　主編

中國全國體育院校教材委員會　審定

大展出版社有限公司

前　言

　　游泳既是一項體育運動項目，又是一種人類生活、生存的技能。隨著社會的發展，游泳的功能得到進一步的擴大，成爲集健身、娛樂、競賽、休閑、實用、挑戰極限於一身的運動。

　　游泳課程是體育院校學生的一門專業技術課，也是目前開設不多的水上運動項目之一。透過游泳課程的學習，使學生體驗水上運動的樂趣，認識水上運動的特性、特點、功能和價值，掌握水上運動的基本知識、技術和技能，提高水上運動的能力，增強適應自然的能力。

　　本教材以 2001 年全國體育院校通用教材《游泳運動》爲基礎，參考了近幾年國內外游泳運動在理論、技術、教學與訓練、競賽與科研等方面的最新成果。根據學校體育健康課程改革的精神和方向，結合游泳普修課程的特點，在章節結構和內容上進行了調整和刪節，使其更加符合培養目標的需要。

　　本教材由廣州體育學院主持，游泳教研室組織編寫，上海體育學院馬吉光老師參加了編寫工作。陳武山爲主編。

　　參加編寫工作的有（按章節順序）吳河海（第一章、第六章）、陳武山（第二章、第五章）、何碧妍（第三章第一、四節，第七章第三節）、李仲明（第三

章第二、三節）、遲愛光（第三章第五、六節）、劉剛（第四章第一、二、三、四節）、何香容（第四章第五節）、馬吉光（第七章第一、二、四節）、李紅兵（第八章）、黃薇薇（第九章）。編寫過程中，編寫組對書稿進行了認真的討論與修改。吳河海教授對教材主要章節進行了修改，全書由陳武山串編定稿。

　　由於編寫時間緊，並受水平之限，不足之處在所難免，敬請讀者提出寶貴意見。

　　〔說明：正文中說明成績時，用「：」和「．」分別表示「分（鐘）」和「秒（鐘）」。〕

目　錄

第一章

概　　述

內容提要：

本章主要闡述游泳的意義、分類和游泳安全衛生常識，介紹游泳的起源、古代游泳、現代奧運會游泳和中國游泳運動的發展概況。本章的教學目的是使學生對游泳的意義、起源、發展、分類、項目、安全衛生常識有一個總體概念和認識，爲以後的教學打基礎。

游泳是一種憑借自身肢體動作與水相互作用，使身體在水中活動或游進的技能活動。人類的游泳是一種有意識的活動，一直與人類的生存、生產、生活緊密聯繫，是人類在同大自然抗爭中爲求生存而產生，隨著人類社會的發展而發展，逐漸成爲體育運動的重要項目。

現代游泳運動的發展，廣泛應用了運動解剖學、運動生理學、運動醫學、流體力學、運動生物力學、運動生物化學、運動心理學、教育學、訓練學等方面的科學理論，已成爲體育科學的專業理論和技術，是體育院（校）、系一門重要的專業課程，也是大、中、小學體育課教學的一項重要內容。透過教學，使學生掌握游泳的基本理論、基本技術、基本技能，提高學生游泳教學、訓練、競賽、裁判、救護和游泳鍛鍊與休閑的組織與指導等能力，達到培養目標的要求。

第一節　游泳運動的意義

　　游泳是在水環境中進行的運動項目，是水浴、空氣浴、日光浴三者結合，對人體十分有益的運動，也是生活、生產、競賽和軍事活動中十分有價值的一種技能。學會游泳並經常進行游泳鍛鍊對強身健體具有重要的意義。

一、保障生命安全

　　地球上佈滿江河湖海，人類在生活中不可避免地要與水打交道。不論是主動地下水游泳、玩耍或進行水上生產作業，還是被動地失足落水或乘船發生意外，假如不會游泳，生命安全就會受到威脅。如果會游泳，自身的生存就會有保障，不但可以自救，還可以救助他人。因此，會游泳成了保證生存的重要手段之一，是人類的一種基本生存技能。世界上不少國家將游泳列為青少年學生必修的運動項目，要求從小掌握游泳技能，這是非常必要的。

二、強身健體

　　游泳時，由於水的壓力、阻力、浮力和較低水溫的作用，使人體的各部分器官都得到鍛鍊。水的導熱能力比空氣大 25 倍左右，據測定，人體在 12℃ 的水中停留 4 分鐘所放散的熱量，相當於人在陸地上 1 小時所放散的熱量。經常進行游泳鍛鍊能改善體溫調節能力，以適應外界氣溫變化的需要。加之游泳時肌肉活動所耗熱量必須盡快補充，從而促進了體內新陳代謝。游泳時消耗熱量大，能有效地消耗身體的脂肪，長時間游泳還是減肥的一種好方法。

游泳運動對於提高人的心肺功能有顯著作用。人體在水中受到水的壓力，水深每增加 1 公尺，每平方厘米體表面積所受的壓力要增加 0.1 個大氣壓。人站在齊胸深的水中，感覺呼吸比在陸上費力，是因為胸腔和腹腔受到水的壓力，這就迫使呼吸肌必須用更大的力量來完成呼吸動作。經常進行游泳鍛鍊，可增強呼吸系統的機能，擴大胸部活動幅度，增大肺的容量。游泳運動員的呼吸差可達 14～16 厘米，而一般人只有 6～8 厘米；肺活量可達 4000～6000 毫升，個別優秀運動員還可達 7000 毫升，而一般人只有 3000～4000 毫升。

游泳時，由於人體處於平臥姿勢，以及水對皮膚的壓力和按摩作用，肢體的血液易於回流心臟，加之游泳時心跳頻率加快，心血輸出量大大增加。長期從事游泳鍛鍊，心臟體積呈現明顯的運動性增大，收縮更加有力，血管壁增厚，彈性加大，安靜時心率徐緩。

游泳運動員安靜時心率一般為每分鐘 40～60 次，比一般人（70～80 次）慢而有力。游泳還能刺激血液中運輸氧氣的血紅蛋白量的增加，從而提高人體攝氧能力。

據測定，在 26℃和一個大氣壓條件下，水的密度比空氣大 844 倍。水的阻力比空氣阻力大得多，在水中向前游進要用較大的力量。游泳是周期性動作，動力性工作。因此，堅持游泳鍛鍊，還能提高肌肉的力量、速度、耐力和關節靈活性，使身體得到協調全面發展，體型勻稱健美，肌肉富有彈性。

三、防病治病

經常進行游泳鍛鍊能有效地增強體質，因而游泳也是防病治病的手段。游泳時，由於冷水的刺激，長期鍛鍊能增強機體適應外界環境變化的能力，抵禦寒冷，預防疾病，所以

經常游泳者不易感冒;由於水的浮力作用和身體平臥水面,脊柱充分伸展,所以,對預防和治療脊柱側彎頗有益處;由於水流和波浪對全身體表產生特殊的按摩功效,所以,游泳能幫助和促進功能恢復,對癱瘓病人和殘疾人的康復很有幫助。據報導,經常游泳,對於身體瘦弱者和許多慢性病患者,如慢性腸胃病、神經衰弱、習慣性便秘、慢性支氣管炎、哮喘等有明顯療效。很多康復中心,都將水中運動當做治療慢性病和身體恢復的重要醫療體育手段。

四、鍛鍊意志,培養勇敢頑強精神

初學游泳時,要克服怕水心理。要長期堅持游泳,就要克服怕苦、怕累、怕冷心理。尤其是在大風大浪的江河湖海中游泳和進行冬泳,沒有勇敢頑強的精神和堅強的意志是堅持不下去的。因此,長期的游泳鍛鍊可鍛鍊意志,培養勇敢頑強、吃苦耐勞、不怕困難的品質。

五、休閒娛樂,促進身心健康

大眾游泳活動,可以不拘形式與內容,不受年齡、性別限制,是一項「休閒體育」。在盛夏,人們以家庭或以團體或與親朋好友到泳池、水上游樂處或海灘進行游泳、遊戲、納涼消暑,不但能使肌肉得到放鬆,而且能使緊張的神經得以鬆弛,心情舒暢,促進身心健康。

六、爲生產、國防服務

游泳在生產建設上有很高的實用價值,許多水上作業,如水利建設、防洪搶險、漁業、水產養殖等等,都要掌握游泳技能才能克服水的障礙,更好地完成生產建設任務。

在國防建設上，游泳是軍事訓練重要項目之一，練就一套純熟的游泳本領以提高水中作戰能力，在戰時能順利地克服天然險阻，能更好地保存自己和出其不意地打擊敵人，保衛國家。

七、創造優異成績，為國爭光

游泳是國際體育比賽不可缺少的項目，在奧運會游泳比賽中設有 32 個項目，金牌之多，僅次於田徑。在綜合運動會中，素有「得田徑游泳者得天下」之說。把游泳作為奧運會戰略重點項目大力開展，加速提高運動技術水平，在比賽中取得優異成績，為國爭光，促進中國走向體育強國具有重要的意義。游泳也是進行國際文化交流、增進與各國人民的相互了解和友誼的有效手段。

游泳能強身健體，防病治病，健美體型，娛樂身心，鍛鍊意志，有很強的競技、欣賞功能和實用價值，為越來越多的人所喜愛。因此，游泳運動被譽為「21 世紀最受歡迎的體育運動項目」之一。

第二節 游泳的起源與發展

一、游泳的起源與中國古代社會的 游泳活動

人類的游泳活動源遠流長。從地球上出現最早的人類開始，人們就在佈滿江河湖海的地球上生活。為了生存，人們依山打獵，傍水捕魚。為了捕捉水中的魚蝦和採撈可供食用

的植物，人們需要到水中活動；為了追獵動物和躲避猛獸的侵襲，經常需要跋山涉水；當洪水氾濫時，更是要與水作抗爭。人們就這樣在為生活、生存與大自然作抗爭的過程中逐漸學會了游泳，並使游泳得到發展。開始時，人們只是模仿水棲動物姿勢與動作在水中移動，久而久之，便積累了在水中行動的技能，學會了漂浮、游動和潛水，逐步產生了各種游泳姿勢。

　　據史料記載，在五千多年前的中國古代陶器上，可以看到雕刻著人類潛入水中獵取水鳥及類似自由式的圖案。在四千多年前，就有夏禹治水的功績。相傳當時人們在與洪水的抗爭中已掌握不少泅水方法。

　　約在二千五百年前，中國第一部詩歌集《詩經》就有關於游泳活動的記載。《詩經‧邶風‧谷風》中「就其深矣，方之舟之。就其淺矣，泳之游之」的詩句，說明那時人們早就懂得游泳，能利用游泳技術來克服江河的天然屏障。隨著生產力的發展、階級的產生和階級矛盾的激化，出現了戰爭。這時，游泳由單純的生活技能又逐步成為一種軍事技能。

　　從古代繪畫雕塑藝術中，也可看到不少反映游泳的場景，如保存至今的戰國時期的銅壺飾紋上的水陸攻戰圖（圖1-1）上的游泳姿勢，形象栩栩如生。

　　游泳活動得以不斷發展，除生產勞動和軍事上的原因外，游泳本身的娛樂功能也是重要的原因。人們從沐浴開始，繼而在水中嬉戲，逐漸形成各種水中娛樂活動。中國春秋時期的「天池」、漢代的「太液池」等都是當時貴族常去玩樂的游泳場所。隋唐時期，宮廷專門設立了可以進行跳水、游泳、拋水球的「水殿」。北宋文學家蘇子瞻（東坡）在《日喻》中說：「南方多沒人，日與水居也，七歲而能涉，十歲而能浮，十五而能沒矣。……日與水居，則十五而

圖 1-1　戰國時期銅壺飾紋上的水陸攻戰圖
（四川成都出土）

得其道；生不識水，則雖壯見舟而畏之。」可見，當時南方
人多熟識水性並掌握了泅水之道。

　　中國古代的游泳可概括為三種形式，即涉——在淺水中
行走，浮——在水中漂浮，沒——在水下潛泳。後來，勞動
人民在長期的實踐中，創造和發展了不少的泅水方法和游泳
技術，如狗爬式、寒鴨浮水、扎猛子（潛水）、大爬式、扁
擔浮（踩水）等等，至今尚在民間流傳。

二、現代奧運會游泳發展概況

　　1888 年，法國教育家皮埃爾・德・顧拜旦提出了恢復奧
林匹克運動會的建議後，得到了很多人和國家的支持，1894
年 6 月在法國巴黎召開了國際體育會議，決定 1896 年在希臘
舉行第 1 屆奧林匹克運動會並成立奧林匹克委員會，決定每
四年舉行一次奧林匹克運動會。

　　在舉行第 1 屆奧林匹克運動會時，游泳就被列為競賽項
目之一。當時設有男子 100 公尺、500 公尺、1200 公尺自由
泳三個比賽項目。第 2 屆增設了仰式、障礙泳和潛泳比賽。

第 3 屆取消了障礙泳和潛泳，比賽距離以「碼」為單位。

　　1908 年，在英國倫敦舉行第 4 屆奧運會時，成立了國際業餘游泳聯合會（簡稱國際游聯），審定了各項游泳世界紀錄，並制定了國際游泳比賽規則，規定比賽距離單位統一用「公尺」。比賽項目，自由式設 100 公尺、400 公尺、1500 公尺和 4×200 公尺接力，仰式設 100 公尺，增設蛙式項目（200 公尺）。第 5 屆奧運會，開始把女子游泳列入比賽項目，並設有 100 公尺自由式和 4×100 公尺自由式接力。

　　1952 年第 15 屆奧運會時，國際游聯決定增設蝶式項目比賽。從此，競技游泳發展成四種泳式。以後比賽項目逐漸增加，從 1996 年第 26 屆奧運會開始，游泳比賽項目達到 32 項。

　　每屆奧運會，都集中了世界各國的優秀游泳選手進行比賽，大大促進了游泳運動技術水平的提高，世界紀錄不斷被刷新。第 27 屆奧運會創造了 13 項游泳世界紀錄，第 28 屆創造了 7 項。從近幾屆奧運會成績看，美國、澳洲以絕對優勢佔據前兩位，荷蘭、日本、烏克蘭、羅馬尼亞、義大利等國的實力也較強。各項目的最新世界紀錄見附錄一。

　　隨著游泳運動的不斷發展，國際游聯認為四年一度的奧運會游泳比賽相隔時間太長，決定在兩屆奧運會之間增添世界游泳錦標賽。從 1973 年起舉辦世界游泳錦標賽。繼後，為了大力促進世界游泳的迅速發展，國際游聯從 1990 年開始舉辦世界杯短池游泳系列賽，從 1993 年起又增加了世界短池游泳錦標賽。

三、中國游泳運動發展概況

　　在中國，游泳在各個歷史時期都有一定的發展，但在過去

的歷史條件下，它不可能作為一個運動項目發展起來，只能是民間流傳的那些「涉」「浮」「沒」及其派生出來的水上漂、寒鴨浮水、扎猛子、狗刨等姿勢的水上活動。游泳作為一個體育運動項目開展並成為競技游泳，那還是近代才逐步形成的。

中國近代游泳運動是 19 世紀中葉，由歐美傳入並逐漸流行起來，開始在香港及沿海各省，如廣東、福建、上海、青島、旅順、大連等地，而後傳及內地。1887 年，廣州沙面修建了 25 碼室內游泳池，以後逐漸有了競技游泳比賽。

舊中國自 1910 年 10 月至 1948 年 5 月，共舉行 7 屆全國運動會。據資料記載，自 1924 年第 3 屆全運會起均設有游泳項目。舊中國規模比較大的游泳比賽還有華北運動會游泳比。這些比賽推動了各地游泳運動的開展，但發展緩慢，比賽的水平處於發展中的開始階段。1948 年的全國紀錄相當於現在的二級運動員水平。

新中國成立後，在黨和人民政府的領導與關懷下，全國廣大的城市鄉村，群眾性游泳活動發展很快。很多的塘堰水庫、江河湖海，為群眾性游泳活動提供了條件。有條件的省市積極地修復了一些舊游泳池館，同時也很快開始建造一些新的游泳池。隨著群眾性游泳活動的開展，游泳技術水平迅速提高。1952 年 9 月在廣州市舉行了五大行政區（華北、東北、中南、華東、西南區）、解放軍及鐵路工會共 7 個單位參加的新中國首次全國游泳競賽大會。到了 1954 年，舊中國的游泳最高紀錄全被刷新。

由 1952 年起，每年舉辦一次全國性比賽。同時，中國運動員已經頻繁地參加國際性比賽，運動成績得到大幅度的提高，給中國爭得了榮譽。如 1953 年在第 1 屆國際青年友誼運動會上，中國優秀運動員吳傳玉獲得男子 100 公尺仰式冠

軍，新中國的五星紅旗第一次在國際運動場上空飄揚。1957年至1960年間，中國著名游泳運動員戚烈雲、穆祥雄、莫國雄3人，先後5次打破男子100公尺蛙式世界紀錄。中國男子100公尺自由式、100公尺蝶式、200公尺蛙式也先後達到相當於世界前10名成績的水平。

為了更好地推動普及和提高，國家從1959年起舉辦全國運動會，四年一屆，在每屆的比賽中，游泳運動水平都有顯著的提高。

1966—1972年，由於「文化大革命」的原因，游泳訓練處於停滯狀態，使中國游泳技術水平與世界先進國家相比，差距拉大了。1982年12月國家體委在河北保定召開了全國游泳訓練工作會議，提出了發展中國游泳運動的設想，確定了一批游泳訓練基地，積極開展建設「游泳之鄉」「游泳之城」和「先進池館」的活動。為鼓勵運動員刻苦鍛鍊，努力提高運動技術水平，國家體委制定並頒布了《游泳運動技術等級標準》，以後曾多次修訂，最近的《游泳運動員技術等級標準》是2001年頒布的（詳見附錄二）。為逐步完善游泳比賽制度，1985年起舉辦全國青少年運動會游泳比賽，1988年起把每年春秋兩季的全國比賽改為全國冠軍賽和全國錦標賽，並開始舉辦全國城市運動會游泳比賽和全國短池游泳錦標賽。在競技游泳提高的同時，群眾性游泳也進一步得到普及和發展，1998年國家體育總局推出《全民健身游泳鍛鍊標準》，成立「中國游泳協會成人委員會」，並在廣州舉辦了首屆「全國成人分齡游泳比賽」。

以上措施都有效地促進了中國游泳運動的發展和技術水平的迅速提高。

在亞運會游泳比賽中，中國的首要目標是趕超日本。我

國運動員在 1982 年的第 9 屆亞運會游泳比賽中奪得 3 枚金牌，實現游泳金牌「零」的突破。在 1986 年第 10 屆亞運會上奪得 10 枚金牌。在 1990 年第 11 屆亞運會上一舉奪得 23 枚金牌，第一次超過了日本。

1988 年，在廣州舉行的第 3 屆亞洲游泳錦標賽上，中國奪得 24 枚金牌，女運動員楊文意在 50 公尺自由式決賽中，以 24.98 的成績創女子世界紀錄。同年，在漢城舉行的第 24 屆奧運會上，中國女選手實現了獎牌「零」的突破，並取得 3 枚銀牌、1 枚銅牌的優異成績，進入女子團體前 3 名。

1991 年在珀斯舉行的第 6 屆世界游泳錦標賽中，中國獲得 4 枚金牌、1 枚銀牌、1 枚銅牌，女子團體居第二位。

1992 年在巴塞羅那舉行的第 25 屆奧運會游泳比賽中，中國獲 4 枚金牌、5 枚銀牌，並破兩項世界紀錄。其中林莉奪得女子 200 公尺個人混合式金牌，創世界紀錄；楊文意獲女子 50 自由式金牌，創世界紀錄；莊泳獲女子 100 公尺自由式金牌；錢紅獲女子 100 公尺蝶式金牌。這是中國首次在奧運會上獲得游泳金牌。

1994 年 9 月，在羅馬舉行的第 7 屆世界游泳錦標賽的比賽中，中國獲得 12 枚金牌，破 5 項世界紀錄，女子團體居第一位。這一成績震驚了世界泳壇。在比賽中，樂靖宜獲女子 50 和 100 公尺自由式冠軍，並創該兩項世界紀錄；賀慈紅在女子 100 公尺仰式和 200 公尺仰式中奪得金牌，100 公尺仰式創世界紀錄。

1994 年 10 月在廣島舉行的第 12 屆亞運會比賽中，中國隊獲得 23 枚金牌，但由於有 7 名運動員在亞運會期間尿樣呈陽性，於賽後被中國游泳協會宣布取消成績（其中金牌 8 枚）並作出禁賽兩年的處罰。

自廣島亞運會後，中國游泳陸續出了一些興奮劑問題，在國內外造成惡劣影響，對整個中國游泳造成了很大衝擊和損害。興奮劑的干擾，嚴重影響了正常的科學訓練和比賽，致使自 1995 年以來的幾年，中國游泳成績下滑。為杜絕這些違紀行為，為游泳事業的純潔、公正和健康，中國游泳協會已多次召開反興奮劑大會，制定了嚴厲措施，加大檢測和處罰力度，加強宣傳教育，以排除興奮劑干擾。

1996 年，在亞特蘭大舉行的第 26 屆奧運會游泳比賽中，中國隊奪得 1 枚金牌、3 枚銀牌、2 枚銅牌。1998 年在珀斯舉行的第 8 屆世界游泳錦標賽中，中國獲 3 枚金牌（陳妍女子 400 公尺自由式和 400 公尺個人混合式，吳艷艷女子 200 公尺個人混合式）、2 枚銀牌、3 枚銅牌。曾啟亮獲男子 100 公尺蛙式第二名，成為在世界錦標賽上第一位獲得獎牌的中國男選手。同年，在曼谷舉行的第 13 屆亞運會上，中國隊獲 13 枚金牌。金牌數以 13：15 輸給了日本。在 2000 年第 27 屆奧運會上，中國游泳隊與獎牌無緣。

在 2001 年第 9 屆世界游泳錦標賽上，羅雪娟獲女子 50 公尺蛙式和 100 公尺蛙式 2 枚金牌，成績有所回升。在 2002 年第 14 屆亞運會比賽中，中國游泳隊獲 20 枚金牌，金牌數 20：11 勝日本。在 2004 年第 28 屆奧運會上，中國隊獲 1 枚金牌，1 枚銀牌。2006 年 12 月在多哈舉行的第 15 屆亞運會游泳比賽中，中國游泳隊獲金牌 16 枚，與日本隊齊平，但獎牌數卻輸給了日本。

第三節　游泳運動的分類

在現代奧運會游泳比賽中，有游泳、跳水、水球和花樣

游泳四個大項的競技項目比賽。這四個項目統歸在國際游聯管理之下。中國游泳協會也分管這四個運動項目。隨著各運動項目的發展，游泳、跳水、水球和花樣游泳四大類項目，實際上早已各自發展成為獨立的四個競賽項目，並有各自的理論方法體系。因此，本教材所研究的游泳（或游泳運動）是指單純的游泳，不包括跳水、水球、花樣游泳。

　　隨著人類社會的發展和需求的變化，游泳運動的形式、姿勢和功能也發展變化為多種多樣，如根據目的和功能來分，游泳運動可分成競技游泳、實用游泳、大眾游泳三類（表1-1）。

表1-1　游泳運動分類表

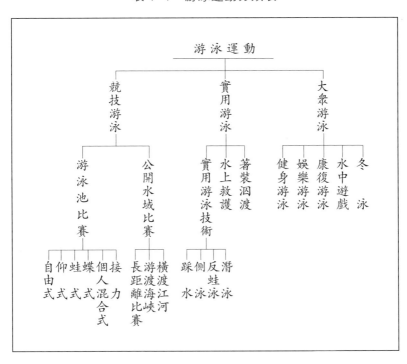

一、競技游泳

競技游泳是指有特定技術要求，按游泳競賽規則規定進行競賽的運動項目。隨著游泳運動的發展，競技游泳的內容不斷充實和豐富。目前競技游泳分為游泳池比賽和公開水域比賽兩大類別。在游泳池比賽的競技游泳包括自由式、仰式、蛙式、蝶式四種泳式和由這四種泳式組成的個人混合式以及接力比賽。

按國際游聯規定在 50 公尺池比賽，列為游泳世界紀錄的項目，男、女共 40 項。奧運會游泳比賽只設其中的 32 項（表 1–2）。在 25 公尺池比賽，國際游聯承認的有男、女共 42 項世界紀錄（增加男、女 100 公尺個人混合式）。

表 1–2　競技游泳比賽項目表

泳　式	比賽距離(公尺)		備　　註
	50 公尺池	25 公尺池	
自　由　式	50、100、200 400、800、1500	50、100、200 400、800、1500	1.男、女項目相同。 2.奧運會游泳比賽在 50 公尺池進行，男子不設 800 公尺自由式，女子不設 1500 公尺自由式。男女都不設 50 公尺仰式、蛙式和蝶式項目。
仰　　　式	50、100、200	50、100、200	
蛙　　　式	50、100、200	50、100、200	
蝶　　　式	50、100、200	50、100、400	
個人混合式	200、400	100、200、400	
自由式接力	4×100、4×200	4×50、4×100 4×200	
混合式接力	4×100	4×50、4×100	

在中國，根據中國游泳協會 2003 年審定的游泳競賽規則，50 公尺池全國紀錄與世界紀錄項目相同，男、女共 40 項，全運會游泳比賽項目與奧運會項目相同；25 公尺池比賽全國紀錄比世界紀錄增加 4×50 公尺自由式接力和 4×50 公尺混合式接力，男、女共 46 項。

　　各種比賽，包括基層的游泳比賽、少年兒童比賽、成人游泳比賽和殘疾人游泳比賽等，可根據比賽目的、對象情況及時間長短的不同，設置各自的競賽項目。

　　公開水域比賽，是指在江河湖海這些天然水域進行的游泳比賽，如游渡海峽、橫渡江河、長距離游泳比賽等。這類比賽各有特定的規則要求，但沒有嚴格的游泳泳式要求，運動員多採用自由式參賽。

　　游渡海峽活動歷史悠久，從 1810 年著名詩人拜倫橫渡了赫勒斯灣海峽，揭開了近代橫渡海峽史的篇章後，世界上許多海峽都被人類征服。橫渡海峽已成為世界性的游泳活動，如橫渡英吉利海峽（直線距離 20.51 海里），第一個被公認的紀錄是英國的韋布 1875 年創造的，成績是 21 小時 45 分鐘。從 20 世紀 50 年代起，橫渡海峽引起越來越多人的興趣。目前，橫渡海峽的活動不但是男子參加，許多女子也加入了這個隊伍。在中國也已組織過多次游渡海峽的活動，如游渡瓊州海峽和渤海海峽等。北京體育大學教師張健於 2000 年 8 月，以 50 小時 22 分鐘游了 123.58 公里，成功地橫渡了渤海海峽。

　　公開水域長距離游泳比賽，在江河湖海等天然水域進行，不限姿勢，按天然的條件確定比賽距離，很受人們的喜愛，已成為一項世界性的比賽項目。在 1998 年第 8 屆世界游泳錦標賽的比賽項目中，就增加了男、女 5 公里和 25 公里公

開水域長距離比賽,以及 3×5 公里和 3×25 公里接力比賽。比賽距離超過 10 英里或相當於 16 公里以上的比賽稱為「馬拉鬆游泳」,國際馬拉鬆游泳錦標賽每四年舉行一次。

此外,也有不限地點而以游的時間長或游的距離遠而獲勝的比賽。中國首屆成人公開水域游泳比賽於 1998 年 9 月在福建古田縣翠屏湖進行,有 17 支隊伍 320 名運動員參加。以後,每年都舉行公開水域比賽,使中國公開水域游泳活動得到不斷發展。

橫渡江河,也和其他公開水域比賽一樣,既是競技游泳活動,也是一種有廣泛群眾基礎的大眾體育活動。例如中國的橫渡長江活動,由於毛澤東主席的倡導,群眾性橫渡長江活動蓬勃發展。

二、實用游泳

實用游泳是指直接為生產、軍事、生活服務的游泳活動,包括踩水、側泳、反蛙式、潛泳、水上救護、著裝泅渡等非競技游泳技術。競技游泳技術雖不包括在實用游泳技術中,但在泅渡、水上救護、運物和水上作積極性休息時,常採用蛙式、仰式。在快速救護時,常用自由式。

三、大眾游泳

隨著人類社會的發展、生產力的提高、社會物質財富的不斷豐富,人們對物質、文化、娛樂生活的質量要求也相應提高。一種以增強體質為宗旨,以豐富人們文化生活為目的的大眾游泳活動,如娛樂游泳、水中遊戲、康復游泳、健身游泳等,已在世界各地蓬勃地發展,成為游泳運動的重要組成部分。這種以健身、實用、娛樂為目的的游泳項目,由於

它不追求嚴格的技術和速度，形式簡便、多樣，已越來越被人們重視，發展相當迅速。國家體育總局推出的《全民游泳鍛鍊等級標準》、舉辦的成人分齡游泳賽和水中健身教練員培訓班等，既是大眾游泳的範疇，又是促進大眾游泳的有效措施。

冬泳是指人們在冬季裡的游泳活動，是大眾游泳中的一項重要內容，包括在人工游泳池和自然水域的低溫水中游泳。冬泳深受廣大群眾喜愛，在中國各省市都成立了冬泳協會或俱樂部，更有效地促進了冬泳的開展。

第四節　游泳的安全衛生常識

游泳是一項深受人們喜愛的體育活動。人民群眾隨著生活水平的不斷提高，對健身強體和文化娛樂活動的追求更為強烈，參加游泳活動的人越來越多。

游泳是在水這種特殊環境中的活動，如果不注意安全和衛生，就有可能發生各種傷病，損害身體健康，甚至會發生溺水死亡事故。因此，每位游泳者和游泳教學（活動）的組織者，都應高度重視安全衛生問題，必須了解游泳安全和衛生知識，落實安全衛生措施，遵守游泳安全和衛生守則，防止發生意外事故和傳染疾病。

一、確立安全第一的思想，落實安全措施

俗話說：「人命關天」「水火無情」「欺山莫欺水」。游泳是與水打交道的運動，切記安全第一，不能麻痺大意，

必須慎之又慎。

對於游泳安全必須反覆地進行宣傳教育，游泳教師在每次上課時都要強調，並且在備課時要備安全教育和安全措施，學生必須切實遵守安全規定。游泳場（館）必須加強安全管理，按規定配備合格的救生員和救生器材與設施，認真制定安全制度（規定）並嚴格執行。

游泳活動，最好是有組織地進行，或三五人結伴前往，不要獨自行動，尤其是在天然水域更不能獨自游泳。在游泳時要互相關心互相照顧，同去同返，中途離開時應有所交代。上游泳課或集體游泳活動，教師須嚴密組織，經常檢查人數，安全措施必須落實（游泳課的安全組織工作見本教材第四章第二節）。

二、選擇安全衛生的游泳場所

人工游泳場館的管理比較規範，池水經常消毒、排污和過濾，清晰度較高，深水和淺水有明顯標誌，有救生設施，應成為游泳的首選場所。

如果到自然水域游泳或上課，一定要預先進行考察，選擇水質較好、無污染，水溫、水深適宜，水底平坦、無淤泥、無障礙物和水流平緩的水域。

如在海邊游泳，則要了解潮汐規律，摸清漲潮、退潮時間，盡量不要遠離海邊。選擇好場所後，要進行必要的布置，如用繩子將場地圍起來，標明深淺區，備有救生圈和繩子等救生器材與必要的藥品。

三、游泳前進行體檢

游泳前進行身體檢查，主要是防止患病者游泳時發生事

故，同時也避免疾病的相互傳染。凡患有心臟病、高血壓、癲癇、活動性肺結核、傳染性肝炎、皮膚病、紅眼病、精神病、中耳炎、感冒、發燒、開放性創傷者，都不宜游泳。婦女月經期游泳要採取衛生措施，未採用措施不宜下水。

四、飲酒、飽食後和飢餓、過度疲勞 時不能游泳

飲酒能刺激中樞神經系統使之處於過度興奮或抑制狀態，酒後游泳容易發生溺水事故。飽食後游泳會減少消化器官的血液供應，使消化器官功能降低，影響食物的消化和吸收。另外，由於水的溫度和壓力會使胃腸的蠕動功能受到影響，容易引起胃痙攣，出現腹痛或嘔吐。因此，飯後不要馬上游泳，一般需相隔半小時到一小時後再下水。飢餓時游泳也不好，因為空腹時人體血糖含量下降，游泳時易發生頭暈或四肢無力現象，甚至有昏厥的可能。

在劇烈運動或大強度體力勞動後，身體已經感覺疲勞，肌肉的收縮及反應減弱，動作不易協調，如果馬上游泳就會造成疲勞的積累，容易引起抽筋，發生溺水事故。因此，在劇烈運動和強體力勞動後，應休息一會兒，待體力恢復正常後再游泳。

五、游泳前要做好準備活動

準備活動可提高神經系統的興奮性，增強心血管系統和呼吸系統的功能，加快血液循環和新陳代謝，可使肌肉的力量和彈性增加，身體各關節的活動範圍相應加大，靈活性也有所提高。這些變化，有利於身體更好更快地適應游泳運動

的需要,同時,對防止抽筋、拉傷也有積極的作用。

游泳前的準備活動,一般可做廣播操、跑步、游泳模仿動作及各種拉長肌肉和韌帶的練習。特別要活動頸、肩、腰、髖、膝、踝、腕各部位的關節。

準備活動後稍事休息,然後淋浴。這既是保持游泳池水質清潔的措施,也是為了使游泳者在下水前先適應冷水刺激,以避免突然下水遭意外。

六、游泳時量力而行不逞能

下水游泳時,初學者應在淺水區域活動。已會游泳者也要量力而行,不要好勝逞能,應合理安排運動量,當自感身體有異常反應,如頭暈、頭痛、胃痛、噁心或嘔吐時,應立即上岸,擦乾身體,休息到恢復後再下水。

如過高估計自己的體力和技術,因而遠游,結果無力返回,容易造成溺水事故。

在游泳時要避免一切危險動作,如在淺水區跳水、互相打鬧、過長時間地憋氣潛水,以及在濕滑的池邊奔跑追逐等,均應避免。

七、遇意外時鎮定自救和呼救

游泳時,如發生抽筋等意外時,應保持冷靜,不要慌張,應立即上岸或在水中自我緩解抽筋部位(方法見本教材第八章第二節中的「三、自我救護」),與此同時,也可呼救,以便周圍的人及時來幫助、救護。

如發現他人抽筋或溺水時,應迅速過去救護(救護方法見本教材第八章的「第二節水上救護」),並同時大聲呼救,讓周圍的人能來與你一起搶救。

八、注意個人和公共衛生,文明游泳

游泳時應講文明,要穿乾淨的不透明的游泳衣褲,自覺遵守泳場守則和維護公共衛生,下水前應先淋浴,從頭到腳沖洗乾淨。

不隨處吐痰、擤鼻涕,不准在泳池中排便和拋棄雜物,以免污染水質,損害自身和他人的健康。游泳出水後,應及時沖洗身體,然後擦乾,穿上衣服,以防感冒。

九、預防眼、耳疾病

由於水中有雜質和細菌,游泳者容易產生眼、耳疾病。要預防眼病,除要選擇乾淨的游泳場所進行游泳外,還要注意維護公共衛生,經常進行游泳池水淨化處理和水質檢驗。

游泳後要向眼中點氯黴素眼藥水或金黴素眼藥膏,切勿用髒手亂擦眼睛,以防損傷結膜或使細菌進入眼內。

游泳時如果有水進入耳內,常常有刺癢、耳鳴等不適感,這時切勿用手指挖耳,以免擦破耳道,招致污水感染,引起中耳炎。水進入耳內時,可把頭偏向進水耳朵一側,並用同側的腳連續震跳,使水從耳朵內流出來;也可將頭偏向進水耳朵一側,用手掌緊壓耳廓,屏住呼吸,然後迅速提起手掌,反覆幾次後,就可以吸出水來。實在倒不出水時,也不要著急,應及時請醫生診治,排出耳中積水。

思考題:

1. 游泳的定義是什麼?
2. 游泳運動有什麼意義?
3. 游泳運動分為幾大類?

4. 什麼叫競技游泳？50 公尺池比賽世界紀錄設置了多少個項目，與奧運會比賽項目有什麼不同？

5. 什麼是實用游泳？什麼是大眾游泳？

6. 人類的游泳是怎樣起源的？中國古代的游泳可概括為哪三種形式？

7. 奧運會從第幾屆開始設游泳比賽？從第 26 屆開始游泳比賽設置了哪些項目？

8. 新中國成立後，游泳取得了什麼突出成績？創造過多少項次世界紀錄（運動員姓名、項目）？

9. 試述游泳安全的重要性。

10. 游泳安全衛生常識有哪些？

第二章

游泳運動原理

內容提要：

　　本章運用水的自然特性、流體力學和生物學等理論，討論與分析了人體沉浮與平衡的基本條件；游泳時所受阻力的成因與減小阻力的方法；影響游泳推進力的因素及增大推進力的途徑；提出了合理游泳技術的基本要素。

　　透過本章學習，使學生掌握游泳技術的基本理論知識，提高分析、診斷和評價游泳技術的能力。

第一節　游泳技術的力學基礎

　　游泳是一項人在水環境中運動的體育項目。

　　水具有壓力、密度、黏滯性、難以壓縮性和流動性的自然特性，人游進時推動的是水，而不是固體物質，獲得的推進力比陸上小；水的密度比空氣大八百多倍，身體在水中運動時所受水的阻力比空氣阻力大，所以，游泳的運動效率比陸上運動要低得多。因此，游泳時要充分利用水的自然特性提高技術效率。

一、人體在水中平浮的條件

(一)人體在水中沉浮的現象

人體的比重介於 0.96～1.05 之間。根據人體不同的比重,可分為天然漂浮體、受呼吸制約的漂浮體和天然的下沉體。天然漂浮體指無論是吸氣、呼氣、胸廓擴張與否均不影響其在水面的漂浮;受呼吸制約的漂浮體則指吸氣時胸廓擴張身體才能漂浮,呼氣時則下沉;天然的下沉體指不管呼吸與否均下沉。人體浮力對游泳速度影響較大,是選材的重要指標之一。

影響人體浮力的因素主要是身體密度、浸水面積和呼吸。身體密度決定於體脂百分比,體脂百分比高則浮力好,反之則浮力差。

女子和肥胖者體脂百分比高,身體密度小於水,故浮力較好;而肌肉骨骼發達的青年男性則浮力較差。

人體自身的浮力可以由呼吸和增減浸水面積進行調節。深吸氣時,胸腔體積擴大,排開的水量增加,所受靜水浮力增大;呼氣時,胸腔體積縮小,排開的水量減少,所受靜水浮力減小。浸水面積對浮力的影響是游泳的一個技術問題。從嚴格意義上講,人體浮力大小是人體完全浸泡在水中的結果,但實際上游泳過程中,身體不可能完全浸泡在水中,約 1/15 的身體表面是在水面上,加上必要的技術動作如移臂,使部分肢體露出水面,就更加減小了身體的浸水面積。身體質量不變而浸水面積變化也會使浮力發生變化,浸水面積減小則浮力也減小。

優秀游泳選手游進時身體位置高,除了自身浮力好之

外，主要是游泳技術好的原因。正確的游泳技術使運動員游進速度快，身體縱軸與水面所構成的適宜的迎角使身體位置升高。

正確的游泳技術還體現在掌握正確的呼吸節奏（快吸、暫憋、慢呼）和呼吸動作；盡可能地避免身體在游進過程中離開水的支撐（如抬頭呼吸等），即便是移臂動作也應盡量減少空中滯留時間，這既防止了過分減小靜水浮力，又有利於提高手臂動作頻率；加快移臂動作必須做到手臂動作放鬆，以免造成身體其他部位的緊張和身體擺動。

另外，在游泳教學與訓練中，可利用增加或減小浮力設計練習手段，調節練習難度，提高練習效果。

(二)人體在水中平衡的條件

人體在水中的平衡取決於重心和浮心是否在一條垂直線上。由於身體結構上的原因，身體各部分的密度分布不均勻，身體的質量中心和浮力中心並不在同一點上，這就很難使人體在水中保持水平姿勢。

當人體成自然姿勢平躺於水中時，下肢的密度大於上體，下肢就會下沉（圖 2-1a），直到重心和浮心處在同一條垂直線上為止。而下肢下沉的速度取決於浮心與重心之間的

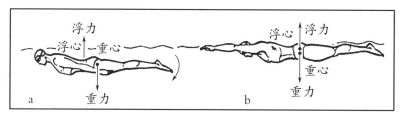

圖 2-1　人體不同姿勢在水中平衡的狀態

水平距離,不同的人浮心和重心之間的水平距離不同,下肢下沉的速度也不同。

為了使身體在水中保持水平姿勢,游泳選手可以將手臂置於頭前,使重心向浮心靠近,達到身體在水中平衡(圖2-1b)。但手臂位置的調整也有其侷限性,原因是對重心和浮心水平距離較大的人來說,還不足以保持身體平衡。

為了彌補這一點,就必須依靠打腿保持身體成水平姿勢。因此,平衡差的游泳選手更需要加強打腿練習,才能保持身體水平姿勢。

另外,注意使上體保持較低的姿勢,也能提高腿部位置。

二、游泳時的阻力

游泳選手向前游進必須排開水流對身體的擠壓並從水中穿過,其結果是破壞了水的層流而產生湍流,從而形成對身體游進的阻力。雖然無法避免湍流的產生,但可由改進技術減小湍流的形成。

游泳選手要向前游進,只能使所獲得的推進力大於游進時所遇到的阻力,所以,游進速度在不同動作周期的不同時間裡的變化,取決於推進力和阻力相對值的關係。隨著游泳速度的提高,水的阻力對運動的影響就更大,增大推進力和減小阻力成為游泳技術的核心。

(一)水流的特性

水阻力產生的原因,是水流過物體時從層流變成了湍流(圖2-2)。通常水分子趨向於以平滑完整的水流形式存在,平滑的水流稱為層流(片流),被擾亂的水流稱為湍流。

在水中運動物體後面形成的水分子盤旋流動的現象,稱

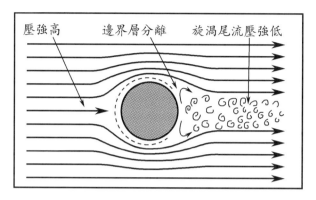

壓強高　　　邊界層分離　　旋渦尾流壓強低

圖 2-2　水流過物體時的變化圖

為渦流。湍流區大，渦流區也大，渦流消失的時間也慢，對物體運動速度的影響也大；反之，湍流區小，渦流消失得快，對運動物體的影響也小。

　　游泳運動員在游進中所受阻力的大小，在一定程度上取決於產生湍流的大小，而影響湍流大小的因素是身體形狀、運動姿勢和游進速度。

(二)阻力的類型

　　游泳阻力主要有三類，即形狀阻力、波浪阻力和摩擦阻力。

1.形狀阻力

　　形狀阻力亦稱壓差阻力、外形姿態阻力或旋渦阻力，是指物體在水中運動時引起物體前後水流的改變，即物體前面是層流，而物體尾部形成湍流或渦流。當流體的流速增加時，流體內部的壓強減小（伯努利定律），物體前面壓力高於後面的壓力，從而形成前後壓力差（圖 2-3），亦稱壓差

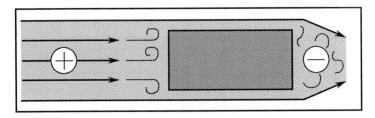

圖 2-3　運動物體前後壓差示意圖

阻力。由於運動物體形狀和運動姿勢與阻力的大小存在著對應關係，所以也稱外形姿態阻力。

形狀阻力的大小受物體的外形輪廓、運動姿態和運動速度的影響。

① 外形輪廓

物體外形輪廓決定了物體在水中所佔的空間，其阻力大小受物體縱軸迎面相對水流所沖擊的面積的影響，即迎水截面；也受到水流經物體表面所形成的水流速度非衡定變化並產生湍流程度的影響。減小形狀阻力首先應減小迎水截面。由於人身體的迎水截面不可能改變，每個人身體的迎水面都有衡定的值，所以，減小迎面阻力的關鍵在於游進過程中能否保持這個值或盡可能不要增加太大（關於這個問題將在運動姿態中詳細討論）。

研究證明，迎水截面積相同而外形輪廓不同的物體，運動時所受水的阻力是不同的（表 2-1），其中流線型體阻力最小。

由此可見，阻力小的形狀（亦稱流線型）所具備的基本特徵是：兩頭尖的流線型體，其阻力系數取決於長徑與橫徑之比。在橫徑恆定的前提下，長徑越長阻力越小，從而保持水流平穩地流向運動物體後面。值得注意的另外一個方面

表 2-1　物體形狀與阻力值

物體形狀	阻力（倍數）
→ ⬭	1
→ ▷	7～9
→ ◁	9～12
→ ●	10～14
→ ▮	24～27
→ ◗	30～100

是，運動物體尾部的形狀，尾部形狀與運動物體尾部形成的渦流大小有極密切的關係。

手臂位置和姿勢對身體形狀的影響也大，不同的手臂位置改變著身體的形狀，其阻力值也發生變化（圖 2-4a）。而手臂前伸的不同姿勢也同樣影響阻力的大小（圖 2-4b）。

實驗表明，人體最好的流線姿勢是軀體伸展，腳尖繃直，手臂充分前伸，一隻手壓在另一隻手上，兩臂緊靠耳朵的滑行姿勢。因為流線型的身體姿勢前部使水分子的運動方向逐漸改變，這些逐漸改變方向的水分子只對鄰近數量不多的水流造成影響，產生的湍流不多，水流經尾部時水分子能馬上復原，使有限的渦流區立即消散（圖 2-4c）。

② **運動姿態**

即便是流線型物體，如果在水中不能保持水平的運動姿勢，也會導致物體在水中迎水截面增大，受到的阻力也大。

圖2-4　不同手臂位置和姿勢與阻力的關係

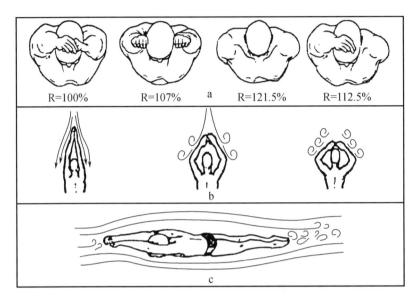

由此可見，運動物體只有好的外形輪廓是不夠的，還應考慮物體運動時的姿態。不同的運動姿態其迎水截面不同，迎水截面小則阻力小。因此，物體運動姿勢一定要保持盡可能小的迎水面，這樣運動時的形狀阻力才能減小。

研究表明，身體俯臥姿勢與水平面構成不同的角度時，所受阻力的大小是不一樣的（表2-2），身體某部分變化也會增大形狀阻力，如頭露出水比頭不露出水的阻力約大36%。當運動員身體在水中不能保持水平姿勢（圖2-5a），或身體在水中左右擺動幅度過大時（圖2-5b），阻力會急劇加大。原因是身體迎水面積增大，佔據了較大的空間，擾亂了較多的水流。

為了減小形狀阻力，游泳時應該調節自己的身體姿勢，使身體形狀和身體運動姿態處於最佳狀態，即保持以最小的

表 2-2　不同身體姿勢的阻力值

身體姿勢		牽引速度 (公尺／秒)	阻力值 (千克)
	與水面成 0° 夾角	2	12.8
	與水面成 5° 夾角	2	13.4
	與水面成 18° 夾角	2	19.2
	蛙式收腿結束姿勢	2	24.0

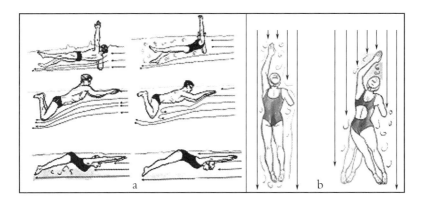

圖 2-5　不同身體姿勢所造成的水流變化

迎水截面對水，佔據盡量小的空間的流線型體身體姿勢。具體要求是：

　　第一，在出發和轉身後的滑行階段，身體應成兩頭尖的流線型體，運動姿勢平直，以保持滑行速度和增加滑行距

離；在游進過程中，防止手臂在體側停留，而使肩部暴露，導致形狀阻力增大；蛙式收腿和向前伸臂時，要盡可能減小動作過程的迎水面，伸臂和蹬腿動作結束時，手臂和腿要伸直併攏；自由式、仰式和蝶式時手臂入水的動作和打腿動作都要控制在肩寬以內，腿部上下打水動作應採用小幅度的技術，避免增大形狀阻力。

第二，在不影響推進力的前提下，盡量使身體保持水平姿勢。

第三，儘管身體牽引試驗證明俯臥姿勢受到的形狀阻力小，但實際上運動員在游進中，很難保持平臥的身體姿勢。由於產生推進力的需要，在每個動作周期中，身體姿勢需要不斷變化，使相對於水流的形狀也不斷地變化，這都會使潛在的對抗阻力增加，為了在減小阻力和增大推進力之間尋求平衡，自由式和仰式由身體的滾動，而蛙式和蝶式則由身體的小波浪動作，降低身體因臂腿動作產生推進力的過程而形成的阻力；而正確的臂腿動作，在產生推進力的同時也能控制著身體直線游進。在這一點上，優秀運動員快速游進時身體保持流線型姿勢的能力比一般運動員強。

③ 運動速度

物體靜止在水中時只受到重力與浮力的平衡影響，因為四周水流沒有改變，一旦物體運動，即破壞了層流產生湍流和旋渦，則阻力隨之呈比例增大，阻力與運動速度的平方成正比（$F = -1/2SC \rho V^2$）。雖然游泳速度越快阻力越大，但不能為了降低阻力而降低速度。

不論是健身游泳還是競技游泳，都是由速度提高鍛鍊強度或奪取比賽勝利的。因此，游泳只能是在不斷提高速度的前提下，盡最大可能地實現技術最優化而減小阻力。

2.波浪阻力

物體在水與空氣的共界面上運動時,由於兩種流體密度不同,物體運動時破壞了水的平衡,並使水向空中湧起,形成了波浪(水面湍流)。人體游進時同樣產生波浪,如肩、臀部以及當頭和軀幹做水平和垂直運動時,就產生波浪。

波浪是身體做功的結果,因此,在產生波浪的過程中就消耗了能量。消耗的能量表現為波浪產生,稱為波浪阻力。波浪阻力在人游進速度不快時阻力的作用不大,但在高速游進時,運動員頭部和肩部前面的波浪就會變得很大,形成弓形波或梯形擴散波,成為運動員快速游進的最大阻力。

波浪的大小與運動速度、身體姿勢和技術動作有著密切的關係,因此,把游進過程中波浪形成的大小,作為鑒別游泳技術優劣的一項重要指標。

游泳時,最常見的是頭前浪(圖2-6),游進時頭部向側擺動或身體上下起伏都可使頭前浪增大。這就要求游泳選手在游進中保持身體呈流線型姿勢,速度均勻,身體平穩;

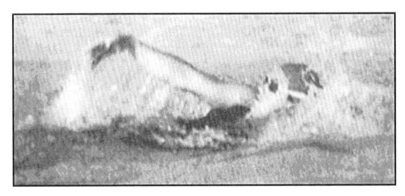

圖2-6 仰式游進時頭前的波浪

移臂動作放鬆，向前性好，手臂入水時應以手掌側先入水，減小手掌入水時的擋水面；出發轉身後的滑行宜在水下 30 厘米（公分）深處，可有效減小波浪阻力的形成。

在訓練、比賽中，尾隨另一運動員游進可節省體力，因為在前一運動員渦流中游進無須付出很多體力就可以保持一定的游速。

3.摩擦阻力

物體在水中運動時，由於水具有黏滯性的特點，使一部分水黏附在物體表面隨物體游進，並引起與其相鄰層流的摩擦現象，這種狀況在層層水流之間持續不斷，直到距離物體一定距離後，摩擦作用約束力才消失。物體所受摩擦制動力的總和，稱為摩擦阻力。緊貼物體表面，並與其一同游進的水流稱為邊界層。

影響體表摩擦阻力大小的主要因素有體表面積、體表的光滑程度和運動速度。儘管摩擦阻力對游泳速度的影響較小，但在激烈的游泳競賽中，往往百分之一秒便決定了勝負。因此，摩擦阻力的存在仍然不可忽視。為了盡可能地減小摩擦阻力的影響，目前主要是從兩個方面著手解決：

一是游泳服裝（泳帽）的革新，主要體現為游泳服裝的面料和游泳服裝的設計，選擇薄而光滑的面料製作緊身舒服的泳裝。2000 年雪梨奧運會游泳比賽中出現的鯊魚皮游泳服裝，便是這兩者結合的高科技成果，為運動員創造優異成績提供了保證。

二是剃光頭、刮體毛和塗減阻油，也都在一定程度上減小了摩擦阻力。

4.游進時的流體總阻力

理論上認為，人體在被拖時的流體總阻力是摩擦、波浪和形狀阻力之和。

$$F_{總} = F_{摩擦} + F_{波浪} + F_{形狀}$$

研究證明，三大阻力與游速的比例關係是不同的，摩擦阻力與游速呈線性關係，形狀阻力與游速的平方成比例關係，而波浪阻力則隨游速的 3 次方變化。由於人體不是完美的流體力學體系，在不同的拖速下三大阻力值對總阻力的貢獻率是不同的（表 2-3）。

摩擦阻力是沿著人體表面，在層流時它的總阻力貢獻率較大，隨著速度提高，沿人體表面的層流轉變湍流，摩擦阻力對總阻力作用減小。而波浪阻力，則隨游速的增加而增大。在游速為 2.0 公尺 / 秒或以上時，波浪阻力可能達到最大值，其增幅也最大。由於波浪阻力隨游速的 3 次方變化，而成為影響流體總阻力的不可忽略的成分。但絕大多數研究發現，游體總阻力與游速的平方成正比，說明在游泳中形狀阻

表 2-3　三大阻力在不同速度下的變化

速度 比值 數據種類 （千克）	0.6 公尺 / 秒		1.6 公尺 / 秒		2.027 公尺 / 秒		增長值	
	阻值	%	阻值	%	阻值	%	阻值	%
總阻值	1.01		7.4		13.4		12.39	13.267
摩擦阻力	0.173	17.13	1.001	13.53	1.53	11.42	1.357	8.843
形狀阻力	0.813	80.5	4.705	63.58	7.191	53.66	6.378	8.845
波浪阻力	0.024	2.376	1.694	22.89	4.678	34.91	4.654	194.91

力仍然是最大的阻力。

在游進過程的每一個動作周期裡，游進阻力與推進力的相互制衡始終都在起作用。表現在游泳者的每個動作的實際速度上，都是由起動—加速—降速這種非勻速的位移構成的。而且個體的重力與浮力的差異，對形狀阻力和波浪阻力的系數變化的影響作用，也以隱蔽的方式參與了游進阻力與推進力相互作用和相互制衡的全過程。

5. 靜態阻力與動態阻力

在游泳中，人體運動受阻力影響的形式有兩種，即靜態阻力和動態阻力。靜態阻力指採用固定的速度牽引人體時所產生的阻力，亦稱被動阻力；動態阻力是指人體在水中游進時所產生的阻力，亦稱主動阻力。要使靜態阻力減小應保持身體的流線型，而要使動態阻力減小則要複雜得多。

研究證明：身體形狀對於動態阻力的影響基本沒有，動態阻力主要受身體運動的生物力學系統的影響，即受運動速度和動作的內部結構、節奏等因素的影響。人體在水中運動時是不可能完全勻速的，實際上是時快時慢。速度變化越大，動態阻力就越大；體重越大，動態阻力也越大。在用同一速度游泳時，增加或減小動態阻力的值同改變技術有關。合理的技術體現在游進阻力小、推進力大和能量消耗節省化三個方面。

如蛙式的收腿是蹬腿的準備動作，沒有收腿動作就蹬不了腿，收腿時所產生的阻力即為動態阻力，為了不使動態阻力過分增大，對蛙式收腿動作就有較多的技術要求；自由式和仰式游進時常出現左右擺動的身體姿勢，這也是動態阻力增加的一種現象，這種游進的身體姿勢比身體滾動的直線游

進的阻力要大得多。

前者說明正確技術也會產生動態阻力，但這種動態阻力是為了獲得推進力的同時而伴隨產生的，在處理推進力與阻力兩者關係時，應著眼於追求淨推進力的最大化；後者是由於錯誤動作而導致動態阻力的增大，應依靠不斷改進技術，提高技術質量和增強技術控制能力加以克服和避免，從而將動態阻力降低到最小。

由此可知，用力大並不一定會提高速度。游泳速度的提高在於增大推進力減小阻力，其關鍵是提高技術效率，而不是追求最大功率值。如蝶式與蛙式動作周期中最大速度與最小速度之差的大小是形成動態阻力的主要因素，所以，蝶式和蛙式速度的提高應著眼於在一個動作周期中盡可能地降低速度下降值，而不是單純追求最大速度。

在研究優秀游泳選手之間游進速度時發現，浮力和力量之間的差異很小，對成績的影響也小。導致他們之間游泳速度差異的主要因素是游進時所受阻力大小明顯不同，也就是說，在減小阻力方面的能力存在差異。游泳速度的提高取決於技術和體能兩個方面。就這兩個方面來說，改進技術提高動作效率，是提高游泳速度最經濟的途徑。

三、游泳的推進力

(一)游泳推進力的理論

關於游泳推進力最初的觀點認為，推動人體游進的動力是牛頓第三定律，即作用力與反作用力。為了獲得水的反作用力，手臂應直線向後划水以產生推進力（圖 2-7a、b）。

隨後由水下攝影發現，運動員手臂划水時，手並不是在

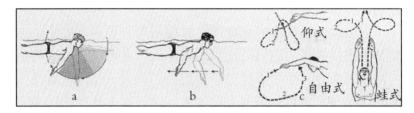

圖 2-7　游泳三種划水方式軌跡

身體中線下直接向後划水，而是採用屈臂和伸臂交替，划水路線呈 S 形的方式划水，繼而提出了划「靜水」的觀點，認為水具有流動性的特性，曲線划水是為了划到相對靜止的水或流速較慢的水，這比直線向後划流動的水更省力、更有效，同時延長了划水路線。這一觀點直到 1971 年美國康西爾曼博士透過在黑暗游泳池，拍攝運動員水下划水時的手指光點軌跡，發現運動員的划水路線與以前所看到的完全不同，運動員在水平和垂直方向上所做的曲線划水運動比向後運動多時才得以改變（圖 2-7c）。

　　游泳選手在水下的划水動作是由水平和垂直方向的運動構成，這就使得人們對牛頓的作用力—反作用力定律是人類游泳推進力的主要機制產生懷疑。在解釋曲線划水產生推進力的過程中，提出了升力推進理論。康西爾曼和布朗認為，人體手的形狀與機翼近似，所以手掌能以類似機翼產生推進力的方式來產生升力，游泳的推進力也許來自伯努利定律的應用（圖 2-8a、b）。

　　根據伯努利定律，游泳划手時，手背部的水流速快，手掌部的水流速慢，這樣就造成手背和手掌的壓力差，產生了一個升力（圖 2-8c）。這個升力與手受到的阻力形成了推動身體前進的合力。

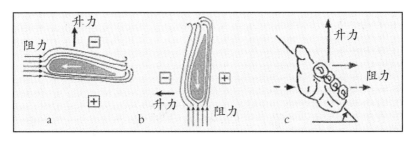

圖 2-8　手掌划水的升力效應

　　20 世紀 90 年代開始，人們在游泳實踐中逐漸發覺，解釋游泳推進力存在著偏重伯努利定律而忽略了牛頓第三定律的現象。其中，人們忽略了由手臂對水方向的變化，進行斜向的划水和打、蹬腿動作，以對角線方向用力，同樣可使水轉向後流，獲得有效的反作用力。為了進一步解答游泳推進力中升力推進與阻力推進的關係，研究者進行了多項實驗研究，根據實驗結果提出了以下觀點：

　　攻角是由手掌與其運動方向所形成的傾斜角度。根據伯努利定律，攻角對增加手的上下方的壓差（產生升力）起著重要的作用。

　　然而近十幾年來的一些實驗研究發現：手掌的形狀並不像描述的那樣是一個升力面，水從手的上方經過時，水流湍急以至於水邊界層無法維持原始狀態而產生分離，邊界層分離現象的存在，說明游泳選手的手不能像機翼那樣產生升力，手掌表面更容易產生阻力推進；手掌在 40～90°的攻角下，產生的阻力系數和阻力值都遠大於升力系數和升力值，只有在 10～30°時升力系數和升力值大於阻力系數和阻力值（圖 2-9a），而游泳選手實際划水過程攻角的變化在 40～70°之間（圖 2-9b）。這些研究使人們更加深信，牛頓第三

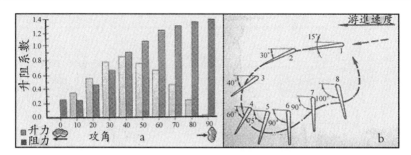

圖 2-9　各種攻角的升阻系數與自由式划水時的角度變化

定律為人類游泳推進力提供了可靠的解釋。

　　美國游泳專家馬格利索博士也認為，牛頓第三定律在解釋游泳推進力方面的作用比伯努利定律更大一些。以曲線運動使水向後移動推進身體前進的概念，相對來說比較容易理解，而且更加準確地描述了推進力的產生機制與划槳推動船只的方式比較相似。游泳選手在划水過程中僅靠盡力划水是不夠的，相反，在整個划水過程中，手臂必須是靈活地改變其運動方向，使得「流體反作用力」的矢量盡可能接近游泳方向。划水過程改變划水方向的另一個目的是，為了划動相對靜止的水或流動速度較慢的水，從而獲得水更大的「流體反作用力」。一旦運動員將水推到後面，就獲得了動量，此時應加快手的划水動作速度，使手能夠繼續推住水。運動員在一段划水中獲得足夠的推進力後，就會改變手臂的方向，去推動另外那些尚未被擾亂的水分子。

　　這樣划水至少有兩個好處：一是不必用很大的力量使手臂動作加速，因為推動的是相對靜止的水；二是可以延長推進力階段。

　　當前，關於游泳推進理論還存在爭論，除了「阻力推進理論」和「升力推進理論」外，還提出了「渦流推進理

論」，說明人們對游泳技術力學問題的認識仍受到科學技術發展水平的限制，隨著科學技術的進步，人們對游泳技術原理的探索和認識會更加深入。

(二)增大游泳推進力的途徑

阻力與推進是兩個方向不同、性質一樣的力，增大游泳推進力應增加手臂划水和打（蹬）腿的阻力（作用力），從而獲得水所給予的「流體反作用力」。由於水不能像陸地那樣給予人體運動以固定的支撐，所以我們討論推進力時，就必須研究水的自然特性，提高游泳技術效率。

1.動作對水面

根據阻力公式，擋水面大產生的阻力就大。游泳選手為了盡可能地使阻力對推進力的貢獻最大化，在手臂划水和打（蹬）腿過程中，以盡可能大的對水面向後推水來實現（圖2-10）。因此，增大四肢划水面積是產生推進力的基本前提。手臂划水對推進力的貢獻是最大的，手臂划水動作是以肩關節為轉動軸，做複雜的弧形曲線運動。手掌距肩關節最

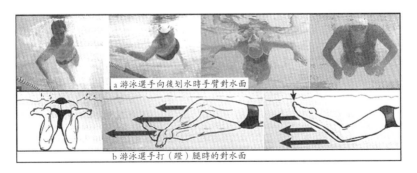

圖 2-10　不同泳式運動員臂腿動作的對水面

遠,且形狀的阻力係數大,根據圓周運動中線速度的公式（$V = r \times w$）和阻力與速度的平方成正比原理（$F = kv^2$）,手臂划水時反作用力的合力中心在高於手腕 5～7 厘米處。游泳選手的划水過程不僅僅是手掌在划水,而是整個手臂都在划水。

有關研究認為,儘管前臂在划水中的運動速度比手慢,但它對手臂划水推進力的貢獻在 15%～38%之間。

由此可見,手掌和前臂所產生的推進力是最主要的,其次是上臂。但要保證這一點,還取決於肘關節的位置,只有保持肘關節高於手掌才能最大限度地使手臂擋水面增大。高肘屈臂動作（仰式是低肘）是通過手和前臂以肘關節為軸的划水動作而逐漸形成的,高肘動作是游泳手臂划水動作的核心技術。高肘屈臂划水不僅僅增大了手臂划水面積,更為重要的是延長了有效划水路線。因此,增大手臂划水面積必須充分發揮手掌和前臂的作用。

有關研究發現:近 20 年來,游泳運動成績大幅度的提高與游泳技術的不斷改進有著必然關係,其中一個因素是游泳選手手臂（包括手掌和前臂的對水面,以及上臂做內划時的面）划水的對水面有明顯的增加。

手臂在划水的整個過程,其對水面是有變化的,它在肩前划水是逐漸增大對水面,由屈腕、屈肘動作,使手掌和前臂依次對水,划至肩下時屈肘最大,且對水面也最大。肩後的推水則是逐漸減小對水面的過程,由伸肩、伸肘,最後伸手腕完成向後推水動作。

在整個划水過程中,手臂各環節協調運動能使各環節依次達到最大速度。這樣,可避免手臂肌肉過多的負荷,以更經濟的方式做功,尤其是肘關節屈、伸變化的划水方式,使

手臂划水過程的「流體反作用力」逐漸增加。

2. 動作方向

手臂划水動作的軌跡分動作軌跡和運動軌跡。動作軌跡是手臂動作相對身體的運動路線，主要作為陸上示範動作，向學生展示不同泳式的划水路線。運動軌跡是游泳時手臂划水動作的實際路線，它真實地反映了手臂划水的動作方向。

最近研究表明，游泳時手臂划水的運動軌跡遠沒有傳統理論所描述的划水運動軌跡彎曲，其原因首先是傳統理論所描述的手臂划水時的運動軌跡是手指尖的運動軌跡，而手臂划水的壓力中心在前臂中段高於手腕 5～7 厘米處，此處所獲得的推進力比手的推進力更大。以手臂划水壓力中心點的運動路線，作為手臂划水的運動軌跡就沒有手指划水軌跡彎曲。其次是游泳時游泳選手隨著身體轉動控制著手臂划水路線，盡量減小側向運動，使其更向後划水（圖 2–11），這有利於使前臂的對水面積增大，產生更大的阻力推進力。

正是對手臂划水運動軌跡的研究，促使人們重新認識游泳推進力。

水具有流動性的特點，因此，人在水中運動時難以獲得固定的支撐，這就需要由改變動作方向以求獲得相對靜止或流速較慢的水的支撐，提高推進效果。

圖 2–11　自由式手臂划水前視圖

在對游泳選手划水動作分析後發現，手臂划水動作像船槳一樣向斜後方划水。游泳選手的斜向划水可以以較小的力，並在每個划水點上，手臂和腿與流速較慢的水相互作用。因此，游泳選手可以在較慢的頻率下，透過推動一些緩慢的水，以較少的肌肉消耗獲得更長的划步。雖然斜向划水產生分力，但與直接後划相比，在划水階段會使大量的水向後流而肌肉消耗較少。

　　實驗證明，斜向划水在每一個划水周期，其推進力比直接後划所產生的推進力只降低一點（圖 2–12）。然而斜向划水以其增加划步和降低頻率來保存相當數量的能量的優勢，足夠補充那點損失的推進力。由於手臂做斜向向後划水過程中身體在手臂上方向前運動，因此，划水運動路線在顯示手

	划水角度 （度）	攻角 （度）	手臂划水推進力 （M）
	0	90	65
	30	75	63
	45	60	57

圖 2–12　手掌角度變化對推進力的影響

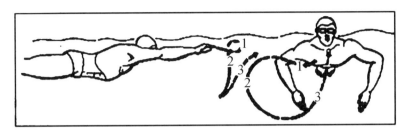

圖 2-13　蛙式划手側視和前視圖

臂向後划水的軌跡就不明顯（圖 2-13）。

　　游泳選手經由逐步改變運動方向來克服四肢的慣性，減少肌肉的消耗。根據慣性定律，在較長一段距離逐漸改變運動方向所需的力較小，而在一小段距離內迅速改變運動方向，則要施加額外的肌肉力量用來改變運動方向，這種突然改變划水方向極易產生扭矩作用於身體，從而導致身體擺動，破壞了身體的流線型，增加了游進阻力。

　　游泳肢體動作的軌跡呈三維曲線，不同泳式其肢體水下動作的運動軌跡不同。手臂划水動作的軌跡還存在個體差異，即不同的人手臂划水動作的軌跡是不同的，這取決於每個人的水感和技術風格。

3.划水攻角

　　游泳推進力是以阻力為主導，為了使划水過程阻力達到最大化，游泳選手本能地選擇了划水方向的攻角，同時手臂如船槳那樣向後划水。對優秀游泳選手手臂划水動作與速度的關係研究發現，在手臂划水產生推進力階段，手的攻角較大（大多數游泳選手為 50～70°）產生的阻力推進力也較大。

　　划水時手臂傾斜和向後划水的攻角與推力的生成有著必

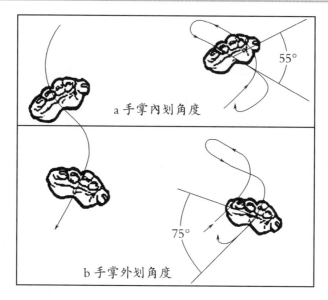

圖2-14 自由式右手划水時手掌角度變化

然關係。試驗證實，當手臂向後划水攻角接近90°時可獲得最大推進力，游泳選手也認為手划水時總是與划水方向垂直（圖2-14左邊的動作軌跡）。但從划水的運動軌跡來看，手划水的真實攻角要小於90°（圖2-14右邊的運動軌跡），產生推進力階段的手臂划水攻角在50～70°之間，因為這個範圍的角度很好地利用了阻力推進。斜向划水的適宜攻角是為了把水盡量向後推，以便減少分力的影響。由於手臂划水路線是三維曲線，需要運動員在每次改變動作方向時都必須調整手臂的動作，使划水的每個階段都能形成最有效的角度。

4.動作速度

根據阻力與速度的平方成正比的關係，游進時臂腿的動作速度是決定游泳推進力極為重要的因素之一。為了保證在

每一划水點都獲得推進力，在不影響合理的划水方向和角度的前提下，必須加速划水，並使划水動作速度超過被划的水的流速和身體游進的速度。手臂划水動作不是一個勻加速過程，運動員划水的動作速度從頭到尾都不穩定，在划水的不同階段和不同方向上的動作速度是變化的（圖2-15），加速划水是對划水動作的總要求。動作速度的變化反映了手臂划水和打（蹬）腿動作的內部節奏的規律，在不同的划水階段，由於手臂的對水面、角度不同，所遇到的阻力也不同，划水的動作速度也因之而變化。

動作速度是動作頻率的保證，加快了動作速度必然提高了動作頻率。從對近幾年游泳成績提高的分析結果來看，競技游泳成績的提高主要體現在划水效果的改善和比賽各階段

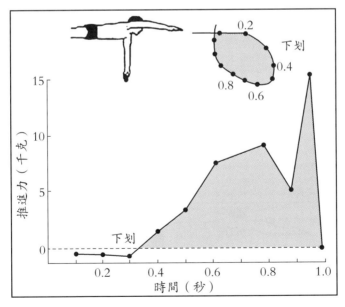

圖2-15 自由式划手動作速度變化

技術的改進（如出發、轉身等），而動作頻率對成績提高的貢獻率不高。這種現象在一定程度上說明，動作速度的提高必須建立在不影響划水質量的前提下，而划水效果是提高游泳運動成績的核心。

5. 軀幹和腿部動作產生推進力的機理

軀幹和腿部動作產生推進力主要體現在兩個方面：

第一，軀幹和腿的動作直接產生推進力。蝶式、仰式和自由式都是採用上下打腿的動作，向下打腿時雖然運動方向是向下（仰式則是向上踢水），但由於膝關節受大腿的反向運動和水的壓力的雙重作用而彎曲，使小腿與水面形成一個攻角（圖 2-16a），小腿前部的對水面在向下打腿時，能夠將水推到後面，從而獲得向前運動的推進力。蝶式打腿除了腿部的作用外，軀幹的波浪動作也能夠產生推進力。這一動作過程實質上是人類模仿魚類的擺動動作。蝶式打腿時軀幹動作由沿身體縱軸由前向後傳遞的力使軀幹和腿形成波浪式擺動，在擺動過程中像魚在水中的波浪動作一樣能夠使水後

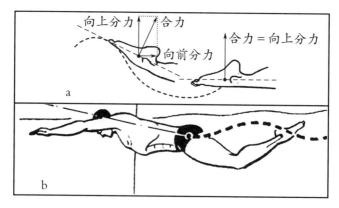

圖 2-16　游泳打腿的力學效應

流，獲得向後流水的反作用力使身體向前游進（圖2-16b）。由於膝關節的結構限制，向上是直腿打水，那樣就限制了打腿的推進作用，所以游泳打腿動作要產生向前的作用只能是向下打腿（仰式是向上踢腿）。有關研究發現，蝶、仰、自由式打腿產生推進力的階段是向下（仰式上打）打腿的前半段，此時身體前行較快，因此，打腿應避免動作幅度過大，以免增大身體的形狀阻力。

踝關節柔韌性和打腿動作肌肉放鬆程度影響打腿效果，踝關節柔韌性好容易形成良好的對水面，提高腿打水的效果。應盡量利用流體與柔軟物體之間的作用的這一特性，提高踝關節的柔韌性，並使肌肉最大限度地放鬆，從而獲得盡可能大的推進力。

蛙式腿部動作是以蹬腿動作產生推進力。由於收腿產生阻力，蹬腿產生推進力，這就必須處理好兩者的矛盾，才能獲得盡可能大的淨推進力。

第二，軀幹在游泳中起固定肢體的划水和打腿動作的作用，從而保證了手臂划水和打腿所產生的力能有效地推進身體游進。游泳選手游進時，由於產生推進力的需要，身體並不是完全的俯臥姿勢，而是由軀幹的配合動作提高臂腿動作的效果，如波浪式蛙式重視游進時的軀幹動作，旨在發揮腰腹力量，提高划臂和蹬腿的力量。再如自由式、仰式游進時身體繞縱軸左右滾動，對維持身體的流線型，使手臂划水能處在一個有利的位置，並方便移臂起重要作用。身體滾動所產生的扭力，對保持手臂在交替運動中身體姿勢的穩定也起重要作用。

打腿對游泳的推進作用因人們觀念的改變而越來越受到重視。研究發現，在完整配合泳中游泳選手臂腿動作對推進

力的貢獻也不相同。一些游泳選手在完整配合泳中，打（蹬）腿對推進力的貢獻約佔 12%，另一些游泳選手在完整動作情況下游進時，腿部動作實際上是失去了推進力。

第二節　游泳運動的生物學基礎

一、游泳時肌肉工作特點

人體骨骼肌包括兩種肌纖維，即快肌纖維（FT）和慢肌纖維（ST），快肌纖維又分為 FT_a、FT_b 和 FT_c 三種。兩種肌纖維在人體骨骼肌中的百分比例受遺傳影響大（遺傳度為96.5%）。慢肌纖維收縮慢，有較強的有氧供能能力，一般在低強度負荷中被募集使用，所以慢肌纖維比例高的運動員比較適合長距離游泳項目；而快肌纖維收縮快，但容易疲勞，因此，快肌纖維比例高的運動員適合於短距離游泳項目。然而這種優勢並不大，運動員透過訓練、改進技術、提高比賽能力，很容易取得更大的優勢。

不同類型肌纖維的動員取決於動作的用力大小，而不是動作的速度。中樞神經系統根據游速的要求發出不同的衝動頻率，動員相應類型的肌纖維參與工作。如中等和中等以下強度時，只需慢肌纖維參與工作，維持運動，此時快肌纖維不參與做功，強度繼續加大使慢肌纖維參與工作的數量逐步增加；在接近極限負荷前（相當最大攝氧量負荷的 80%～85%或極限負荷的 70%～75%），主要由 FT_a 參與工作，隨後 FT_b 型肌纖維參與工作，極限負荷時，所有類型肌纖維參與工作（不是所有肌纖維！）。游泳沒有達到最大攝氧量之前，FT_b 型肌纖維不會全面參與工作。

雖然研究證明，訓練能使相應的肌纖維增粗和酶活性增強，如短衝訓練可提高慢肌纖維的收縮速度及收縮力量，長距離訓練可提高快肌纖維的有氧能力，但這只是肌纖維自身能力的適應性提高，而不能增加其數量或轉變成另一類型肌纖維。也有報導表明，訓練能夠造成肌纖維類型的轉變，但多限於耐力訓練後 FT_b 轉變為 FT_a。多數認為訓練使慢肌纖維轉變為快肌纖維是不可能的。

　　游泳時通常是幾塊肌肉協作直接產生力量，並且還包括許多對固定身體有間接作用的其他肌肉，因此，神經系統在協調參與工作的肌群上起著極為重要的作用，神經調節的改善是決定肌肉力量大小的生理因素，使參與工作的肌群更加協調，能夠動員更多的肌纖維參與工作。游泳主要是上肢用力，而下肢參與了打（蹬）腿、出發蹬臺和轉身蹬壁的用力；游泳划水動作的肌肉是克制性的動力工作，划水各階段肌肉用力的大小卻相差不大，動作速度的變化也不十分明顯。由於游泳時動作過程中肌肉的力在強度和速度上所表現出的特點，游泳屬於等動性肌肉工作性質。

　　游泳時，由於人體是在一個流動的環境裡進行運動，腰腹力量能夠使運動員在水中保持好的流線型，減小阻力，使技術的發揮更為有效，所以也有利於防止傷病。

　　雖然力量是決定游泳成績的重要因素，但力量本身並不意味著會有較快的游泳速度，肌肉力量必須有效地應用在水中才能產生推進力。因此，在游泳專項力量訓練中，應緊密結合專項技術特徵和運動特徵選擇和設計練習手段與方法，提高力量的轉化效率，這時力量才能成為決定游泳成績的關鍵因素。

二、游泳的供能特點

ATP（三磷酸腺苷）是肌肉工作的直接能源，由於肌肉中 ATP 儲存不多，僅能維持十餘秒的運動時間，這對於游泳運動員來說，只能供全力游 25 公尺左右，因此，僅靠肌肉中的 ATP 是不能維持持續運動的，這就需要重新合成 ATP 供給肌肉運動。

合成 ATP 有兩大系統三個途徑，即有氧供能系統和無氧供能系統，其中無氧供能系統又分糖酵解供能和磷酸肌酸供能。運動時動用什麼供能系統取決於運動強度，不同運動強度（或運動距離）所依賴的主要供能途徑不同（表 2-4）。

短距離游泳時肌肉消耗能量接近安靜時的 200 倍，運動的維持主要依賴乳酸—ATP 供能系統，其明顯的標誌就是乳酸急劇升高。通常，血液中乳酸急劇增多時的運動強度稱為無氧閾。最近研究認為，無氧閾前後氧供應都是充足的，氧缺乏並不是乳酸增多的唯一原因，認為糖酵解過程中葡萄糖轉變為 ATP 的限速步驟更為重要。當 ATP 需求增多而儲備耗

表 2-4　不同距離全力游時的供能比例

競賽距離	%ATP-CP	%無氧代謝	有　氧　代　謝	
			%糖代謝	%脂肪代謝
50 公尺	20	60	20	忽略不計
100 公尺	10	55	35	忽略不計
200 公尺	7	40	53	忽略不計
400 公尺	忽略不計	35	65	忽略不計
800 公尺	忽略不計	25	73	2
1500 公尺	忽略不計	15	78	7

竭時，生成乳酸是產生更多 ATP 的一個較為快捷的方式，雖然這一過程中氧氣沒有直接參與，但如果沒有氧的參與，乳酸的形成、糖酵解就會受到限制。

由於乳酸可以自由轉換而不需要消耗能量，並且大量的乳酸被認為可以在以後的訓練或訓練之後被氧化，所以認為運動能力的下降並不是乳酸堆積所造成的，而是與 H+ 堆積造成的酸中毒有關。訓練可以提高血液和組織內的鹼儲備（無氧能力的訓練更有效），由鹼對酸的緩衝作用，可以提高在乳酸和自由基存在的情況下機體的工作能力。

有關研究發現，訓練後肌糖元含量明顯低於訓練前水平，而這正是運動員訓練後產生疲勞的關鍵方面，如果從訓練開始盡早獲取葡萄糖，對於機體糖元的再合成是很關鍵也是最有效的。

耐力項目最主要的供能系統是有氧供能，需要機體具備較強的向肌肉運送氧的能力。由於機體幾乎不能儲存氧，血液流經肺臟時吸收的氧可以看做有氧代謝所消耗氧的直接反映，通常最大攝氧量的值被看做是測量心肺耐力和有氧能力的最佳指標，因為它代表了心血管系統的最大能力和有氧系統供能潛力，可以由測定攝氧量來精確估計有氧代謝的速率。

通常肌纖維內的糖元不足以提供數分鐘或數小時的 ATP，這就必須依賴肝糖元分解成葡萄糖供給肌肉運動。隨著運動持續時間的延長，脂肪代謝供能的比重隨之加大，脂肪可以為長時間訓練或中長距離游泳比賽提供能量。在以低於最大強度的有氧強度游泳時，脂肪可以提供 30%～50%的能量。由於脂肪代謝釋放能量的速度很慢，就不能達到較快的游泳速度，所以在 1500 公尺距離比賽中，運動員供能主要依靠糖元的供能，脂肪代謝比例很小。

但脂肪供能的意義在於：脂肪代謝在訓練和鍛鍊中的主要任務是提供了再合成 ATP 的能量，維持中等速度長距離游泳的供能，減小肌糖元的使用比例。訓練可以提高脂肪代謝產生的能量，從而減小肌糖元供能的需求。這一作用意味著經長時間游泳，運動員仍然保留可供快速游的肌糖元；脂肪代謝能力的提高還可以逐漸減少肌糖元的消耗，使運動員能夠保持持續高強度訓練達幾天。蛋白質是機體的主要構成部分，並且有助於組織的修復，在較高無氧強度運動中還能夠起到緩衝酸性物質的作用，控制肌纖維內的酸度。蛋白質也可以提供能量合成 ATP，但像脂肪一樣，蛋白質供能的速度很慢。事實上蛋白質的供能是最慢、最不經濟的一種。

　　游泳技能的提高可以減少能量的消耗，主要是由減小了阻力，提高了技術效率實現的，所以說游泳運動員的成績受技術影響程度超過了攝氧量。研究發現，以相同速度游四種泳式，其能量消耗不同（表 2-5），蛙式的耗能量最大，自由式最省。這一特徵，成為各泳式訓練的基本特點，也是設計訓練中各泳式訓練分量等的重要依據。

　　心血管系統功能增強的一個明顯的特徵是，定量運動的節省化體現在心率降低。呼吸功能的增強加大了氣體交換

表 2-5　不同泳式能量消耗情況

姿勢	速度	攝氧量（升／分）	心率（次／分）
蛙　式	1.0	3.42	162
蝶　式	1.0	2.85	150
仰　式	1.0	2.42	138
自由式	1.0	1.83	125

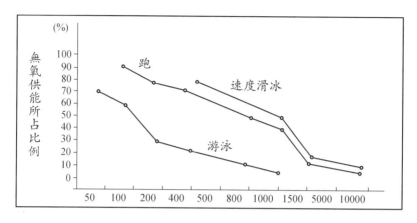

圖 2-17　不同項目比賽距離供能比例示意

率，運動時需氧量的增加可以透過增加流經肌肉的血液量來滿足。氧的運輸和攝取取決於血液的氧含量、血流量和局部肌肉的環境。在以最大強度游泳時，以上這些因素都可能限制運輸，使肌肉難以達到有氧代謝的條件。

　　游泳與跑、速度滑冰等陸上運動相比，相同距離運動的能耗大 4 倍左右，但無氧供能的比例卻遠低於陸上運動（圖 2-17），說明游泳競賽更加依賴有氧供能，提高運動員有氧供能能力在游泳訓練中具有重要意義。

第三節　合理游泳技術的基本要求

　　技術是轉換體能為運動效率的唯一途徑，所以，有人認為游泳是一項以技術驅動為主的運動項目。游泳技術的明顯特點表現在既要符合人的生理和解剖特點，又要遵循水中運動的規律，充分發揮和利用人體運動潛力，而後者更是游泳技術的核心。

一、游泳技術術語

技術動作術語是技術的專業名稱,是評定技術的標準術語。游泳技術術語標準化,有利於教學訓練和科研規範與標準統一,有利於相互比較和評價。

(一)動作周期

動作周期是指一次完整的臂腿配合所做的動作的全過程,亦可指做一次臂或一次腿完整動作所需要的時間。不斷重複一個動作周期的運動稱為周期性的運動,游泳屬於周期性運動項目。

(二)動作頻率

動作頻率是指單位時間內所完成的動作周期次數,亦稱划頻。根據教學訓練和科研需要,也可選擇划水、打腿或蹬腿動作的次數作為單個動作的頻率。常用次 / 分表示。計算公式:

動作頻率 = 動作次數 / 成績(除出發和轉身時間)

在游泳訓練中,為了測量某游距段的頻率或推測全程的動作頻率,也有採用 5 次動作(自由式和仰式以單臂計算)的時間表示動作頻率。

動作頻率 = 5 次動作 / 5 個完整動作的時間(秒)

(三)動作節奏

動作節奏是指游泳時每一個動作周期內各技術組成部分的動作速度與時間的比例關係。動作節奏是評定技術的重要指標,是運動員個人技術風格的具體體現。

(四)動作次數

動作次數是指游完一定的距離所用的動作周期次數，亦稱划水動作次數或划步。一定的划水次數反映了划水的效果，與划水距離直接相關。如 50 公尺用了 20 個動作周期，實質上也反映了每一次划水身體位移的距離為 2.5 公尺（划步、划距），划水距離的計算公式如下：

划水距離 = 游進距離（除出發和轉身距離）/ 動作次數

但有一點值得注意，陸上周期性運動動作幅度與移動距離是一致的，可是水上運動有很大的區別，在大多數情況下，划水的動作幅度不能與身體的游進距離等同。

(五)出發時間

出發時間指出發信號發出後，運動員出發到達 15 公尺（也有採用 10 公尺）處所用的時間。包括出發反應時、出發動作時間、騰空時間和水下滑行時間。

出發時間是游泳比賽成績的組成部分，是比賽全程技術的重要環節，其重要程度與比賽距離成反比，即距離越短出發越重要，距離越長其重要性降低。也是評定運動員比賽技術的重要指標之一。

(六)轉身時間

轉身時間是指運動員從轉身前 7.5 公尺（也有採用 5 公尺）到轉身後 7.5 公尺處所用時間。包括游近池壁和轉身後的滑行。轉身時間是評定運動員比賽技術的重要指標之一，是游泳比賽成績的組成部分，是比賽全程技術的重要環節。轉身時間對短池比賽和中長距離項目比賽成績影響較大。

二、游泳技術要素

游泳技術最根本的問題是減小阻力增大推進力，因此，合理的游泳技術就必須符合流體力學原理，利用水的自然特性；必須符合生理和解剖學特徵，發揮機體潛能；還必須符合游泳比賽規則的要求，這樣才能提高游泳技術效率和游進速度。

(一)高而平的流線型身體姿勢

軀幹是形成游進阻力的主要部位，不同的身體姿勢其阻力值不同。為了減小阻力，在游進時保持高而平的流線型身體姿勢極為重要。良好的身體姿勢取決於運動員在游進中保持身體姿勢的能力，它受兩方面因素的影響：

其一是控制身體姿勢的能力，如自由式和仰式身體繞縱軸的滾動和移臂動作都應防止身體的側向擺動，自由式眼看池底和仰式目視正上方的頭部動作，有利於保持高平直的身體姿勢和位置；蝶式的小波浪動作、波浪式或平式蛙式的技術都力求減小游進阻力。

其二是浮力和速度，浮力好身體位置高，速度快也能使身體位置升高。所以在游進過程中應盡可能地減小因技術動作而造成的浮力損失，減小游進阻力，增大推進力。

(二)協調而有節奏的動作

不同的泳式其動作周期內部的速度都有其自身的規律，又在一定程度上體現運動員個人的技術風格。合理的動作節奏可節省體能的消耗，由調節大腦興奮與抑制可使肌肉收縮與放鬆活動更加協調，並可獲得動作的附加效果。

游泳動作的協調和有節奏，是運動員個別協調能力和節

奏感的具體表現，綜合地反映了運動員個體對技術動作的理解
和控制能力，這種能力不僅體現在技術各部分配合的細節上，
更突出地體現在運動員身體各部分動作協調一致的整體動作效
果上。如自由式和仰式兩臂動作與身體滾動動作和打腿動作的
自然連貫的配合、蛙式和蝶式臂與腿及軀幹動作的配合節奏
等，說明身體整體動作的協調，更能實現游泳技術的效率。

(三)高肘屈臂划水

手臂划水是游泳產生推進力最主要的來源，在手臂划水
過程中，手掌處於重要的位置，因此，手掌的形狀影響划水
效果。研究表明，在不同的手掌形狀中，手指自然併攏或稍
分的手掌形狀所受阻力最大。屈臂高肘划水技術已為游泳界
所共識，屈臂高肘動作是在手臂入水後，由屈腕、屈肘逐步
形成的，其中前臂內旋和「肘關節前頂」動作對手臂形成高
肘姿勢尤為重要。屈臂高肘划水不僅增加了手臂划水的擋水
面，動員更多的肩帶肌群參與划水，延長了有效划水路線，
增加了划水動量，更重要的是在整個划水過程中，手臂各環
節的協調運動使各環節依次達到最大速度，這可相應降低手
臂划水過程的負荷，以更經濟的方式划水。

(四)曲線划水

曲線划水是現代游泳技術特點之一。由於運動介質——
水具有難以壓縮和流動性的特性，使游泳推進力的產生與陸
上運動有較大的區別，游泳推進力大小取決於與划水軌跡的
傾斜度以及手水平運動速度。為了獲得有效的「流體反作用
力」，手臂划水過程就必須不斷改變方向和調整划水角度，
這一過程不僅吻合肩帶肌群的肌拉力線方向，使更多的肌群

參與手臂划水，提高了划水的肌肉力量，而且也使身體獲得向前的衝量的持續時間增加，把更多的水向後推，從而有效地提高了划水效果。

有關研究發現，在水下的推進力階段，優秀運動員多採用沿對角線方向划水，並以 50～70° 的攻角保持手臂向後的最大對水面，使阻力推進力的效力達到最大化。因此，有關專家認為，曲線划水軌跡是運動員手臂在划水過程，屈臂、伸臂、入水、出水和身體滾動等一系列整體運動的結果。由於運動員個體身體形態、技術風格和水感上的差異，導致划水軌跡和手的划水角度並不完全相同。

然而，從整個划水周期看，划水路線的變化應滿足兩個條件：一是盡可能獲得最大的「流體反作用力」，即在划水過程中，通過手臂改變划水方向支撐住更多的水，並將其向後推；二是必須避免使獲得的「流體反作用力」所產生的有效力，明顯偏離游進方向，從而提高有效推進力。

(五)加速划水

從阻力與速度的平方成正比關係來看，划水應該是加速進行才有利於增大推進力，但實際划水過程中，手臂划水並不是逐漸加速，這主要是受划水方向和攻角變化的影響。由於手臂划水路線是呈三維曲線，所以划水速度不僅體現在向後、向側、向上、向下方向上，而且還反映在划水角度變化上，每當划水方向改變和角度變化時，划水速度也有節奏地加快或減慢。

在實際測量中，游泳運動員手掌是有節奏地加速、減速，然後再加速划水，最後階段划水速度最快，所以划水速度從整個划水過程上看是呈加速趨勢。划水速度快慢與身體

游進速度快慢的關係十分密切，在以最大速度游泳時，手相對於水流的絕對速度可達到 3～4 公尺／秒，但身體游進的最快速度卻只有 2 公尺左右，說明划水速度快慢應建立在有效推進力的基礎上。如果划水速度快慢與身體游進速度的快慢不成規律的變化，說明划水效果不好，划水速度也就沒有實際意義。縮小划水速度與身體游進速度的差距，其根本的途徑是不斷改進技術，提高技術效率。

(六)適宜的划頻與划步

　　游速取決於划頻和划步，就游泳而言，划水效果是關鍵。對於每一位運動員來說，應尋求兩者的最優化的比率。從理論上分析，划頻和划步的比率不同都能獲得相同的游速，但過高的划頻不僅會導致划步的損失，且易使肌肉產生疲勞，而低划頻高划步的比率，也使手臂在每次划水中不得不過度用力而降低工作能力。運動員應透過訓練，並依賴個體神經系統和肌纖維組成特徵，建立個體「適合的」，且相對穩定的划水頻率，為不斷提高划步奠定基礎。而划步的提

表 2-6　優秀運動員不同項目的動作頻率與動作效果

選手	項目	用時	平均速度(公尺／秒)	划頻(次／分鐘)	划步(公尺／次)	速率×划步
波波夫	50 自	21.99	2.27	53.00	2.45	5.25
北島康介	100 蛙	59.78	1.67	47.04	2.02	3.17
克羅克	100 蝶	50.98	1.96	54.90	2.01	3.70
佩爾索	100 仰	53.61	1.87	52.19	2.04	3.61
波波夫	100 自	48.42	2.07	47.36	2.53	5.07

高依賴於技術、體能和個體的「水感」。因此，每位運動員都有自己最合適的動作頻率，而這恰恰是建立在自己最有效的划水效果基礎之上（表2-6）。

思考題：

1. 人體在水中沉浮的條件及影響因素。

2. 人體在水中平衡的條件與影響因素。

3. 游泳時三大主要阻力的成因及減小阻力的方法。

4. 游泳時如何減小阻力增大推進力？

5. 「鯊魚皮」泳裝的出現說明了什麼？

6. 游蛙式時身體姿勢傾斜增大了什麼阻力？爲什麼？

7. 爲什麼蛙式划臂和蹬腿結束後要求腿都要伸直併攏？

8. 就自己身體形態結構而言，減小形狀阻力的基本要求是什麼？

9. 爲什麼物體在水中運動要產生形狀阻力？

10. 在游泳比賽的整個過程中，什麼時候沒有波浪阻力？爲什麼？

11. 在游泳過程中，隨著速度的加快，三大阻力會發生什麼變化？

12. 爲什麼波浪會影響人游進的速度？

13. 如何正確處理划步與划頻的關係？

14. 增大推進力的基本要求是什麼？

15. 爲什麼游泳划臂不能直線向後划水？

16. 斜向划水的效果是怎樣獲得的？

第三章

競技游泳技術

內容提要：

　　本章主要闡述四種競技游泳姿勢及競技游泳出發、轉身技術的發展概況和技術動作分析，從基本技術各環節到完整配合技術，進行了比較全面的論述，旨在使學生透過本章的學習，了解和掌握競技游泳技術的基本知識，掌握四種競技游泳姿勢及出發、轉身的動作要領，爲學習游泳技術提供理論的指導。

第一節　自由式（爬式）

　　爬式的名稱來自它的動作外觀特徵。游進時，游泳者的身體在水中成俯臥姿勢，兩腿交替上下打腿，兩臂輪流划水，動作類似於爬行，因此稱爲爬式。1922 年美國運動員韋斯摩勒在總結前人爬式技術的基礎上，採用了流線型身體姿勢，6 次打腿 2 次划臂的爬式技術，多次在國際游泳比賽中贏得金牌，並以 58.6 的成績成爲世界上第一個突破 100 公尺爬式 1 分鐘大關的運動員，這種美國式爬式奠定了現代爬式技術的基礎。在現代競技游泳比賽中，設有「自由式」項目，游泳競賽規則允許運動員在自由式項目的比賽中採用任何姿勢游進，由於爬式游進阻力小，臂腿動作連貫，在四種

泳式中其游速最快，故在自由式項目比賽中，運動員都採用爬式參賽，因此爬式亦稱為自由式。

在游泳教學和訓練中，自由式是最基礎和最重要的泳式，學會了自由式有利於學習仰式和蝶式技術。在游泳訓練中，自由式是訓練的主要泳式。在奧運會的游泳比賽中，自由式項目最多，因此自由式在競賽中有著重要的位置。由於自由式速度快，在水上救生、遊戲、娛樂等方面具有較高的實用價值。

20 世紀 80 年代，中國女子短距離自由式項目邁進了世界高水平行列，楊文意於 1988 年在第 3 屆亞洲游泳錦標賽上打破了女子 50 公尺自由式世界紀錄。1994 年樂靖宜在第 7 屆世界游泳錦標賽上獲女子 50 公尺、100 公尺自由式金牌，並創造世界紀錄。

自由式技術動作由身體姿勢和腿、臂、呼吸動作並由這些動作協調配合構成。

一、身體姿勢

自由式理想的身體姿勢應該能使人體最大限度地減小身體迎水截面，形成流線型姿勢，有利於提高四肢划水（打水）動作效果，增大推進力。游進時，自由式的身體姿勢有以下特點：

(一)身體位置高且平直

游自由式時，身體俯臥水中，眼看池底，頸部自然伸直，頭與水面平行，與軀幹成一直線，身體盡量位於水面較高的位置，並保持正直的姿勢，以減小阻力（圖 3–1、2）。

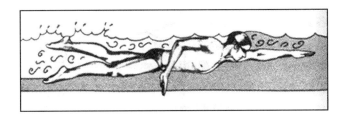

圖 3-1　水平的身體姿勢

圖 3-2　身體的正直姿勢

(二)良好的流線型姿勢

　　身體充分伸展，軀幹保持適度的緊張。游進時，身體的所有部分都好像處於一個假想的通道內，這個通道略寬於兩肩的距離，做臂、腿和呼吸動作時都應控制在這條通道之內。打腿時兩腿不宜過於分開，划水動作應保持在身體截面內完成，吸氣時應繞身體的中軸轉動，不能有明顯的側向擺動，以保持流線型的姿勢。

A 前視　　　　　　　　B 側視

圖 3-3　身體圍繞縱軸的轉動

（三）保持身體的合理轉動

自由式游進中，身體會隨划水和呼吸動作而圍繞縱軸有節奏地轉動。這一轉動是身體在保持一定緊張度的情況下，肩、髖和腿繞縱軸的整體轉動，其轉動的角度為 40～50°，呼吸一側轉動稍大於非呼吸一側（圖 3-3）。

身體的合理轉動有利於臂的出水和移動，便於頭轉出水面吸氣，同時能較好地發揮上肢和肩帶肌群的力量，有利於身體保持良好的流線型姿勢，減小阻力。

二、腿部動作

自由式腿部動作的主要作用是維持身體平衡，保持身體的水平位置，配合兩臂的划水。同時，打腿也能產生部分的推進力。

自由式打腿是以髖關節為軸，由髖部發力，傳至大腿，帶動小腿和腳做上下交替的鞭狀打水。打腿時，兩腳應稍內扣，踝關節自然放鬆。自由式打腿分為向上打腿和向下打腿，兩腿的打水動作是相對的，一腳處在最高點準備下打時，另一腳處在最低點準備上打，兩腳間的距離為 30～40 厘

圖 3-4 自由式打腿的幅度與路線

米（圖 3-4）。

　　向上打水不產生推進力，動作應相對地放鬆；向下打水能產生推進力，動作應較為有力，速度較上打快。

(一)向上打水

　　向上打水時，大腿帶動小腿直腿上擺（圖 3-5 右腿）。當腿部擺至與水面基本平行時（圖 3-5c），大腿停止上移，轉入向下壓水，這時小腿和腳由於慣性的作用繼續向上擺動，使膝關節處於彎曲的狀態，屈膝角度為 $140 \sim 160°$，這時腳達到了最高點，在接近水面或略露出水面（圖 3-5d）。

　　若腳高出水面太多，容易失去部分浮力，並使腳在向下打水初期只能打到空氣，得不到水的反作用力，而且會攪起大量的氣泡，降低了向下打腿的效果。由於膝關節的彎曲，上打結束時，小腿的前側和腳背是向著後下方，形成良好的對水截面，為向下打腿做好了準備。

(二)向下打水

　　小腿和腳向上打水結束後（圖 3-5 左腿），在大腿的帶動下開始向下打水（圖 3-5a）。當大腿向下打水至最低點開始轉為向上打水時，小腿和腳還未完成向下打腿，膝關節仍保持彎曲（圖 3-5b），隨著小腿和腳加速的向下鞭打動作，

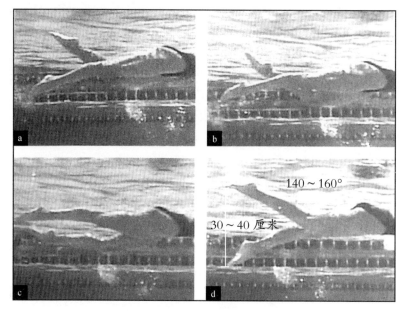

圖 3-5　自由式打腿動作連續圖

膝關節完全伸直，腳達到了最低點（圖 3-5c、d）。向下打腿一結束，小腿和腳就隨著大腿轉入向上打水，開始下一次動作循環。

　　自由式向下打腿是從屈膝到伸膝的過程，腳背要自然伸直，腿部肌肉和踝關節要保持適度的放鬆。僵硬地直腿下打會使腿部的肌肉過於緊張，勾著腳背打水不但不能推動身體前進，反而會造成身體向後的反作用力，使身體後退（圖3-6）。

　　打腿技術的好壞取決於踝關節的柔韌性和腿部肌肉的力量，良好的自由式打腿技術，應能使腿部各關節構成一個類似鏈狀的結構，形成鞭狀的打水動作，保持身體平衡。

　　自由式游進時，由於身體的滾動，打腿也不完全是垂直

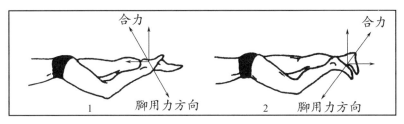

圖 3-6　兩種打腿方法所形成的效果

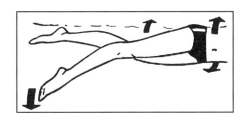

圖 3-7　自由式側向打腿示意圖

上下打水，而是隨身體滾動的上下側向打腿（圖 3-7）。

三、臂部動作

　　游自由式時，兩臂交替地向後划水是推動身體前進的主要動力。為了便於描述動作，我們把臂部動作分為入水、划水、出水和空中移臂 4 個部分，在一個划臂的動作周期中，划水階段會產生推進身體前進的力，而入水、出水和空中移臂是不產生推進力的，但每一動作環節都是緊密相連不可分割的。

(一)入　水

　　臂入水時，手指自然併攏伸直，掌心朝向外下方，肘關節略屈並高於手，由拇指領先，斜插入水（圖 3-8）。整個

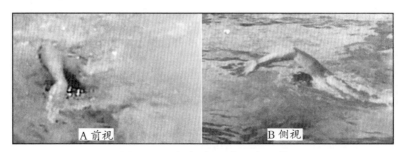

圖 3-8　自由式手臂入水動作

手臂入水的順序應是手、前臂、上臂。入水點在肩的延長線上或在身體中線和肩延長線之間，入水點過寬或過窄都不好，過寬不利於形成下划的抱水動作，過窄會破壞身體的流線型。

入水動作是不產生推進力的，動作要圓滑，盡量減小阻力。

(二)划　水

划水是獲得推進力的主要階段，以肩為界划水可分為兩個動作部分，肩前划水為「拉水」，亦稱內划；肩後為「推水」，亦稱上划。

1. 下划

下划是手臂形成一個有效對水面的動作過程，亦稱抱水動作或抓水動作。手臂入水後，沿水面繼續向前下方伸展20～30厘米，使手臂接近完全伸直（圖 3-9a）。緊接著，上臂保持不動，前臂稍外旋，並逐漸屈腕、屈肘，使肘高於手。掌心從向外下方轉為向後下方（圖 3-9b），形成抱水動作（圖 3-9c）。

下划是手臂尋找發力點的動作，由下划使手臂形成高肘的

圖 3-9　自由式手臂下划時所形成的抱水動作

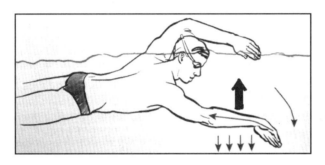

圖 3-10　手臂入水後低肘的作用力效果

姿勢，以較大的截面向後對準水，做好加速划水的準備。如果臂入水後沒有伸肩下划，直接下壓或沒有提肘而是沉肘划水，那麼就會造成用力的方向向下、身體產生上下起伏、對水的截面小的結果（圖 3-10），破壞了後續划水的推進效果。

2. 內划

內划時，肘關節彎曲的程度逐漸加大，手臂保持高肘姿勢，加速沿向後、向內的方向划動（圖 3-11a）。當臂划至肩下方時，手在身體的下方靠近身體中線，手臂與水平面垂直，手掌向後，肘向外，屈肘成 90～120°（圖 3-11b）。手臂划過肩的垂直面，划水轉入上划階段。

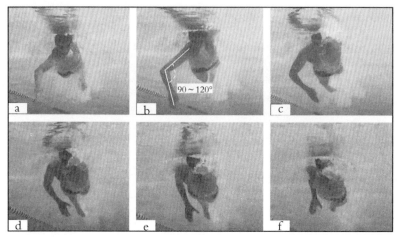

A 前視圖

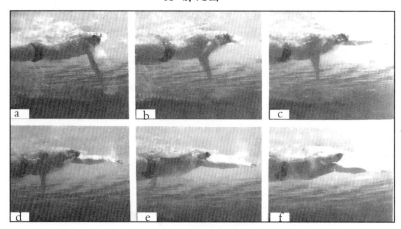

B 側視圖

圖 3-11　自由式手臂划水動作

3. 上划

　　上划時應盡量使前臂和手以最大面積向後對准水，手臂一邊沿向後、向上和向外的運動方向推水，一邊逐漸伸肘和

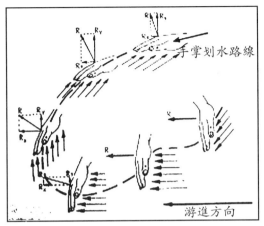

圖 3-12 手划水角度的變化

圖 3-13 「S」路線

伸腕（圖 3-11c、d），當手臂向後推水至大腿旁時，上划結束（圖 3-11e、f）。

由於划水過程中身體圍繞縱軸滾動，所以手掌對水的方向不是自始至終向後的，而是隨划手的過程而變化：手入水時，掌心向斜外方；下划時，掌心向後下方；內划時，掌心向內上方；上划時，掌心向後上方（圖 3-12）。手臂划水相對於身體形成的運動軌跡，類似於「S」的形狀（圖 3-13）。

整個划水過程中間不能停頓，應該連貫並加速地完成。為使划水的推進力能更好地作用於身體重心推動身體前進，划臂應盡量在身體的投影截面內進行。

(三)出 水

推水結束應立即改變手掌的位置，使小指朝上，掌心朝向大腿，肘微屈接近或露出水面（圖 3-14a），借助推水後身體處於側臥位姿勢的時機，在肩的帶動下將臂提出水面，

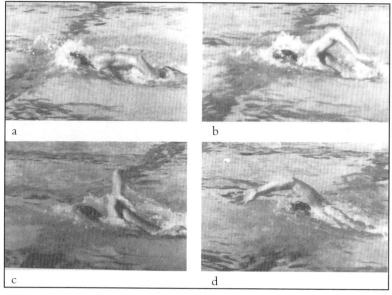

圖 3-14 自由式移臂動作

臂出水的順序依次是肩、肘、前臂、手。

手臂的出水動作應快速連貫，手和前臂盡量放鬆。

(四)空中移臂

空中移臂是出水的繼續，不能停頓。保持手腕放鬆，肘關節微屈，隨著肩關節向前旋動，由上臂帶動前臂和手腕向前上方擺動。在移臂的前半部分，肘領先於手，手臂沿向前、向外、向上的方向移動（圖 3-14b），手臂移過肩後，手和前臂的移動速度領先於肘部，手臂沿向內、向下的方向向前伸出，掌心也由向後上方轉向前下方，手在肩前領先入水（圖 3-14c、d）。

移臂時手臂要自然放鬆，保持肘高於手的高肘移臂姿勢，身體適當加大轉動幅度，以利移臂動作的完成。

(五)兩臂的配合

自由式兩臂的正確配合技術是保證游速均勻的重要條件，依照划水時兩臂所處的不同位置，自由式兩臂的配合通常有三種基本的方式：

1. 中交叉配合。當一臂入水時，另一臂處於肩的下方，與水平面約成 90°角（圖 3-15a）。

2. 前交叉配合。當一臂入水時，另一臂處於肩的前方，與水平面約成 30°角（圖 3-15b）。

3. 後交叉配合。當一臂入水時，另一臂划至腹的下方，與水平面約成 150°角（圖 3-15c）。

兩臂的配合對自由式游進是非常重要的，關鍵在於兩臂的配合要有利於使身體保持均勻的游進速度，根據這一原則，中交叉和後交叉兩臂配合緊湊，推進力較連貫，速度均勻性較好。前交叉配合動作的連貫性和速度均勻性比中交叉和後交叉稍差，但這一配合可使身體在水中有較好的流線型姿勢，阻力較小。前交叉配合臂入水後的滑行時間較長，有利於掌握呼吸技術。

兩臂配合還必須與身體的轉動相協調，以保持每個動作周期身體的流線型姿勢，這有利於減小阻力增加淨推進力。兩臂和身體轉動配合的最佳時機是，一臂（以左臂為例）入水時另一臂（以右臂為例）完成內划，右臂向身體中線的內上方划水時，左臂在水中向前下方伸展，形成抓水動作，這

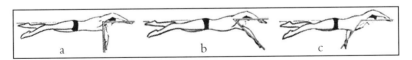

圖 3-15　自由式兩臂的配合

與身體轉向右側的動作相一致。身體繼續向右側轉動，使得身體兩側的運動方向與手臂動作相一致，並保持身體的一側成直線，身體向右側轉動的另一優勢是，使同側臂上划時，直接後划得更多。兩臂配合的另一特點是，一臂在另一臂完成了上划才開始向下划水，這可保證入水臂在前面的流線型姿勢，同時又增加了另一臂划水的淨推進力。因為，入水臂產生的形狀阻力比過早下划動作的小，所以，它對划水臂推進力的影響也較小。

四、呼吸與臂部動作的配合

游自由式時，呼吸動作應有節奏地進行。一般是兩臂各划一次，呼吸一次。以向右側吸氣為例：右手入水後，口或口和鼻開始慢慢地呼氣，當臂內划結束時，身體繞縱軸向右側轉動，頭也隨之開始向右轉動，呼氣量增加（圖 3–16a、b）。當右臂出水時，嘴露出水面，張口用嘴吸氣（圖 3–16c）。待右臂移至接近肩平線時吸氣結束，閉氣，頭開始復原。到右手入水時，頭部已轉回正常位置並保持穩定，開始下一次呼吸（圖 3–16d）。

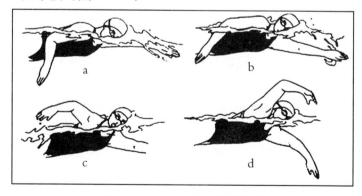

圖 3–16　自由式的呼吸時機

五、完整配合

　　自由式的完整配合是指在一個划水動作周期中與之配合的打水和呼吸的次數與節奏。

　　自由式有多種配合形式。其中 6：2：1 配合是較常見的一種，即 6 次打腿，2 次划手，1 次呼吸（圖 3–17）。這種配合技術能充分發揮打腿作用，動作連貫協調，便於保持良

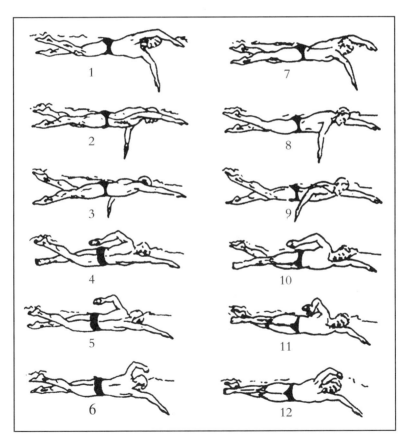

圖 3–17　自由式 6：2：1 配合技術

好的身體姿勢。

此外，還有4：2：1和2：2：1等多種配合形式。而採用4：2：1或2：2：1的配合技術，則不須用較大力量打腿就能使腿浮起成水平姿勢，能節省能量。不管採用哪種自由式配合形式，其根本要求都是全身各個部分的動作要協調一致，游起來輕鬆自然，且整體效果好。

第二節　仰　式

仰式是人體仰臥水中游進的一種泳式。

仰式的歷史較為久遠，18世紀就有關於仰式技術的記載。最初的仰式只是泳者在游泳中仰臥漂浮，借以在水中休息，後來發展為仰臥水上，以兩臂同時在體側向後划水、兩腿做蛙式蹬夾水的動作游進，這一種游法被稱為「蛙式仰式」。1900年第2屆奧運會設立了仰式項目的比賽，1902年開始有人在游仰式時採用類似自由式的兩臂輪流划水技術，後來再發展到兩腿上下交替打水的技術，這種游法被稱為「自由式仰泳」。1912年第5屆奧運會，美國運動員赫布爾採用自由式仰泳獲得100公尺仰式冠軍，證實了自由式仰泳技術的優越性。從此，在仰式比賽中自由式仰泳取代了蛙式仰泳，並在此基礎上使仰式技術不斷發展。仰式在水中呼吸受到的限制少，仰臥水中舒適放鬆，游起來比較自如，為中老年所喜愛，也是游泳休閑的游式。

中國的仰式在新中國成立後進步很快，1953年中國優秀運動員吳傳玉在世界青年聯歡節的男子100公尺仰式比賽中奪得金牌。1994年第7屆世界游泳錦標賽，賀慈紅打破了女子100公尺仰式的世界紀錄，並獲得了冠軍。但與世界水平

相比較，目前中國仰式水平較其他三種姿勢相對落後。

一、身體姿勢

　　游仰式時，身體應自然伸展，平、直地仰臥於水面，頭和肩部略高於腰和腿部，身體縱軸與水平面構成一個很小的夾角，兩腿在水面下5～10厘米（圖3-18）。

　　仰式游進中，髖和頭部的位置非常重要，為保持身體的水平狀態及流線型，腰腹部應保持適度緊張。頭對控制身體位置起著「舵」的作用，因而要保持穩定，應自然地平枕水中，雙耳位於水面下，整個臉露出水面，目視上方（圖3-19a）。如果頭部過於後仰，會使髖部過分抬高，腳和腿露出水面，影

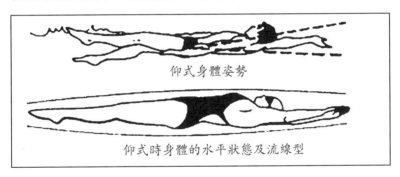

仰式身體姿勢

仰式時身體的水平狀態及流線型

圖3-18　仰式的身體姿勢

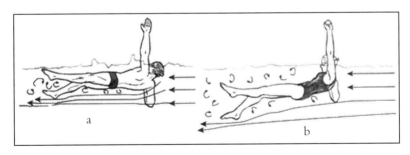

圖3-19　仰式頭部位置對身體姿勢的影響

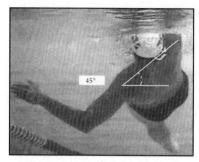

圖3-20 仰式身體轉動幅度

響打腿的效果；如刻意收起下頜，抬高頭的位置，髖和腿就會下沉，增大身體在水中的阻力（圖3-19b）。

仰式時，身體應隨划水和打腿動作繞縱軸自然轉動，轉動角度在45°左右（圖3-20）。

這樣轉動有利於保持划水的深度和保持合適的划水角度，能更好地發揮划臂力量，也有利於臂出水和向前移臂。但應注意，儘管身體不停地轉動，頭卻是固定不動的。

二、腿部動作

仰式時腿部動作的主要作用是維持身體平衡，保持身體良好的流線型，產生一定的推進力。仰式中的腿部動作與自由式中的腿部動作相似，都是做上下交替的鞭狀打水動作，不同的是由於仰式是仰臥，腿產生推進力的動作是「上踢」，打腿時膝關節彎曲的角度和打腿幅度都比自由式稍大一些。

仰式打腿是以髖關節為軸，髖部發力，大腿帶動小腿和腳做上下交替的鞭狀打水動作，由「上踢」和「下壓」兩部分組成。

(一)上　踢

上踢是產生推進力的動作，需要用較大的力量和較快的速度來完成。上踢時腳內旋，屈膝，大腿帶動小腿和腳向上踢水，在踢水的過程中逐漸伸膝，直至膝關節完全伸直。上踢動作結束時，腳趾應位於水面或略低於水面（圖3-21a—c）。

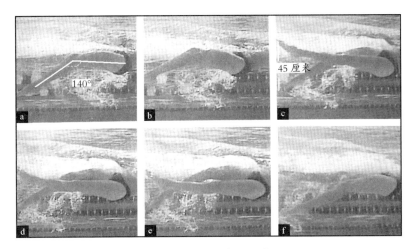

圖 3-21　仰式腿動作

在上踢過程中，踝關節要伸直，不能勾腳，膝關節、小腿和腳都不能露出水面，踢出的水花應像開鍋的水。

(二)下　壓

下壓動作是直腿完成的（圖 3-21d—f）。下壓時，膝關節和踝關節自然放鬆，大腿帶動小腿下壓到一定深度後，大腿停止下壓轉入上踢。此時，小腿和腳在慣性作用下繼續下壓，使膝關節彎曲成 140°角左右（圖 3-21a）。

之後，小腿和腳在大腿的帶動下依次結束下壓動作。此時，小腿前部和腳背形成一個良好的對水截面，這對上踢產生推進力極為有利。

同自由式一樣，仰式游進時，也是伴隨著身體由一側滾向另一側的動作做上下側向打腿（圖 3-22）。側向踢腿可以幫助身體轉動，並抵消由於臂划水動作引起的上下和側向的運動。

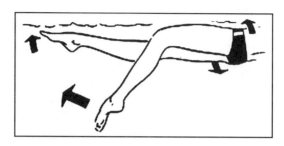

圖 3-22　仰式側向打腿示意圖

三、臂部動作

游仰式時，兩臂輪流交替地向後划水是推進身體前進的主要動力，臂划水技術的好壞直接影響游速。仰式臂部動作分為入水、划水、出水和空中移臂 4 個部分。

(一)入　水

臂的入水動作應與身體的轉動相協調。臂入水時，身體向同側轉動，手臂伸直放鬆，掌心朝外，以小指領先在頭前同側肩的延長線上快速切入水中，以減小入水時的阻力（圖3-23a）。入水時，手掌與前臂成 150～160°角（圖 3-23b、c）。

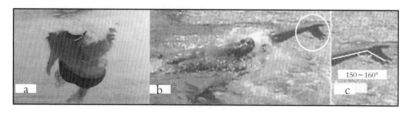

圖 3-23　仰式手臂入水

(二)划水

仰式的划水動作是推進身體前進的主要動力。划水動作從下划開始，手臂以肩為軸，划至大腿側下方為止。根據手臂划水主要軌跡方向，划水包括下划、上划和第二次下划、上划4個動作過程。

1. 下划

臂入水後，應積極下滑，不宜過早向後划水。隨著身體的轉動和積極的伸肩，肩臂向外旋轉，勾腕並稍屈肘，手指向外，使前臂內側和手掌對準水，並有壓水的感覺。此時，划水的主要肌肉群胸大肌、背闊肌和肩帶肌群應得到適當拉長，以便划水時能充分發揮力量。下划結束時，手掌距水面30～40厘米，肘關節彎曲成150～160°角，形成抱水動作（圖3–24），為上划創造有利條件。

2. 上划

上划時身體繼續向側下方轉動，手向後、向上、向內划水，肘關節逐漸加大彎曲程度。上划過程中，手的運動速度應快於肘，逐漸使手、前臂和上臂形成良好的對水面，當手划至肩側上划動作結束，此時身體轉動幅度達到最大，肘關

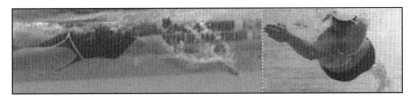

圖3–24　仰式手臂下划所形成的抱水動作

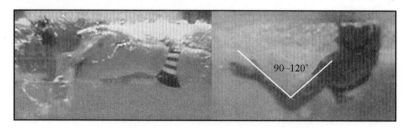

圖 3-25　上划結束時的屈肘角度

節彎曲達到最大程度，呈 90～120°，手掌離水面 10～15 厘米，指尖朝向外上方（圖 3-25）。

3. 第二次下划

當手掌划過肩關節轉入下划階段，身體開始向划水臂的對側轉動，手掌、前臂、上臂同時向後、向下、向內加速推水。為使推水動作更加有力，肘關節和前臂應逐漸向身體靠近。當推水即將結束時，前臂內旋向下做壓水動作，直至在大腿下完全伸直。前臂和手腕的壓水動作要快速，猶如甩鞭子一樣。推水結束時，手臂伸直，手掌朝下，指尖向外，位於大腿側下方，距水面 30～40 厘米 （圖 3-26e、f）。

4. 第二次上划

關於第二次上划的概念是馬格利索最先在《Swimming Even Faster》中提出的。10 年後在《Swimming Fastest》中再次對第二次上划進行分析。第二次上划是指第二次鞭狀下划後和出水前的這段划水。第二次下划後手掌朝下，指尖向外，由直臂外旋和伸腕動作向上划水，手掌由朝下向後、向內撥水至腿旁完成上划動作。第二次划水動作非常短暫，主要體現在一些運動員第二次下划比較靠外（圖 3-26f），在手

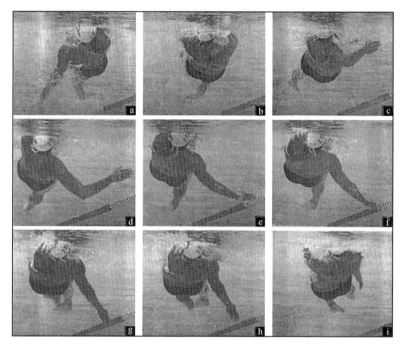

圖 3-26

掌因準備出水而從向下到向內的轉動過程中（圖3-26g、h）。由於手掌此時對水形成一個向後的傾斜角度及由外向內的橫向運動，可能無意中產生了推進力（圖3-27）。如果第二次下划靠大腿近，就不可能出現類似的上划動作，而產生推進力。

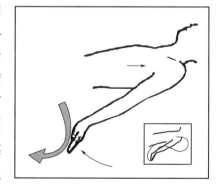

圖 3-27 仰式第二次上划產生推進力的過程

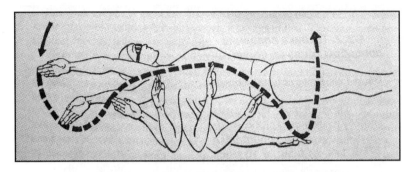

圖 3-28 仰式划水的動作軌跡和手掌的角度變化

從圖 3-28 我們可以觀察到仰式臂的划水呈「S」形的路線。整個划臂過程，掌心一直在不停地改變朝向，目的是讓手臂能處於最好的對水位置。

(三)出　水

出水是指手臂划水結束後迅速提出水面的動作過程。出水時，借助手臂向下壓水的反作用力和肩部肌肉的收縮，迅速把手臂提出水面，要先壓水使手臂伸直，然後提轉肩，使肩露出水面，由肩帶動上臂、前臂和手依次出水（圖 3-29）。與自由式出水動作不同的是仰式是直臂出水。

出水時，掌心轉向大腿，拇指領先出水，這樣阻力小，且手臂比較自然放鬆。

圖 3-29 仰式手臂出水動作

圖 3-30　仰式的空中移臂

(四)空中移臂

　　手臂出水後，應以肩為軸，沿著同側肩的上方，在垂直面上直臂向前移動。當手臂移至肩的正上方時，前臂向內旋轉，使掌心轉向外，小指領先，為入水做好準備（圖 3-30）。空中移臂時，臂要伸直放鬆。

(五)兩臂配合技術

　　仰式兩臂配合應保證身體得到連貫均勻的推進力。兩臂的動作基本處於相對的位置：一臂入水時，另一臂划水結束；一臂處於划水的中部時，另一臂則處於移臂的一半（圖 3-31）。這樣的配合能保證兩臂動作的連貫性，使身體勻速前進。

圖 3-31　仰式的兩臂配合

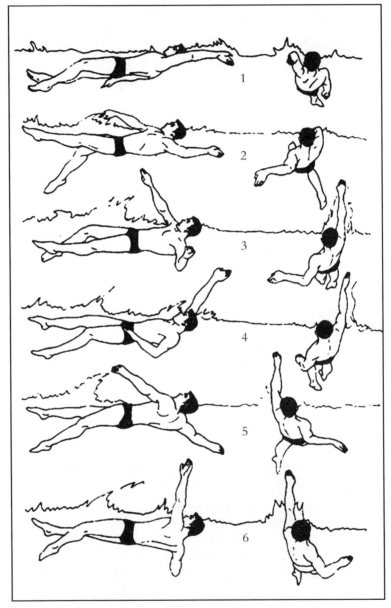

圖 3-32　仰式的完整配合

四、呼吸與臂的配合

仰式時，口和鼻子始終露出水面，呼吸不受限制。仰式的呼吸技術比其他泳式簡單，但為了避免呼吸不充分造成動作紊亂，要注意掌握好呼吸方法和呼吸節奏，一般是兩臂各划 1 次，呼吸 1 次，多數運動員採用一臂移動時呼氣、另一臂移動時吸氣的配合方式。

五、完整配合

現代仰式多採用 6：2：1 的配合，即 6 次打腿、2 次划臂、1 次呼吸的配合技術（圖 3-32）。

第三節　蛙　式

蛙式是因模仿青蛙在水中游動的動作而得名，也是最古老的一種游泳姿勢，在民間廣為流傳。蛙式的臂腿動作方向變化較多，內部技術結構是四種泳式中最為複雜的。由於蛙式水下的移臂和收腿都會給身體帶來很大的阻力，使得身體前進的速度不均勻，因此，它在四種泳式中是游速最慢的。但是，蛙式也有獨特的優點，如呼吸比較容易掌握，每個動作周期都包含一個滑行動作，初學者容易學會，而且在掌握蛙式動作後，很快就能游較長的距離。

蛙式是四種泳式中實用價值最為突出的泳式，它不僅是人們游泳健身中喜歡採用的泳式，而且是水上救護、生產建設和軍事訓練等常採用的泳式之一。

蛙式的發展比較曲折，從成為奧運會比賽項目以來，其技術變化幾經波折險遭淘汰，又幾經發展最終走向成熟。

1904 年第 3 屆奧運會時蛙式成為獨立的比賽項目，在 1936—
1952 年間經歷了蝶式蛙式階段，1953—1956 年間經歷了潛式
蛙式階段，以後才步入蛙式技術發展階段，出現過不同的技
術流派。中國運動員曾在蛙式項目取得驕人的成績，1957—
1960 年間，戚烈雲、穆祥雄和莫國雄三人分別以「高航式」
「半高航式」和「平航式」相繼五次打破男子 100 公尺蛙式
世界紀錄。在 1988 年的第 24 屆奧運會上，黃曉敏以「衝潛
式」獲得女子 200 公尺蛙式的銀牌；2002 年，齊暉打破了女
子 200 公尺蛙式的世界紀錄；在 2004 年的第 28 屆奧運會
上，羅雪娟獲得女子 100 公尺蛙式的金牌，顯示出中國在蛙
式項目上的實力。

一、身體姿勢

蛙式游進時，身體位置是隨著手臂和呼吸動作不斷地變
化。當一次划手一次蹬腿結束後，身體保持一定的緊張度，
臂腿併攏伸直，頭在兩臂之間，眼看池底，俯臥水中成較好
的流線型姿勢，身體與水平面的夾角呈 5～10°（圖 3–
33a），處於一個較高的水平位置。當內划時，肩部上升，身
體與水平面的夾角增大，平式蛙式約為 15°，波浪式蛙式為
20～30°（圖 3–33b）。

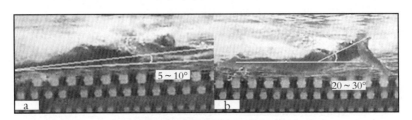

圖 3–33　蛙式的身體姿勢

二、腿部動作

蛙式腿部動作不僅有保持身體平衡的作用，而且是推進身體前進的主要動力之一。蛙式腿部動作可分為收腿、外翻、蹬夾水和滑行四個部分，各部分是一個緊密相連的完整動作。

(一)收 腿

蛙式的收腿動作是為了把腿收至最有利於蹬水的位置，它不但不產生推進力，而且還會造成阻力，所以收腿時要考慮盡量地減小阻力。

收腿時兩腿自然放鬆，兩膝略下沉，兩腿一邊向前收一邊逐漸分開膝和踝，同時屈膝屈髖，腳稍向內旋，腳跟向臀部靠攏。收腿時，小腿和腳要跟在大腿和臀部的後面，藏在大腿投影截面內。收腿力量要小，速度較慢，以減小阻力（圖 3-34）。收腿結束後，大腿與軀幹呈 120～140°角（圖 3-35），兩膝內側與髖關節同寬，腳後跟靠近臀部，大腿與小腿之間呈 30～45°角，小腿與水面幾乎垂直。

在現代蛙式技術中，有的運動員在收腿時採用快收技術，其動作特點是迅速放鬆大腿，快速收小腿，使腳跟靠近臀部，與臂部動作相配合，加快了動作

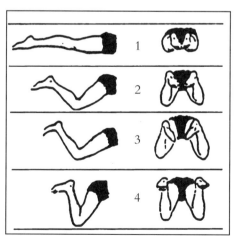

圖 3-34 蛙式的收腿連續動作

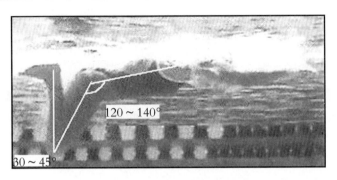

圖 3-35　蛙式收腿結束時大腿與軀幹的角度

的頻率，對提高速度有利。

(二)外　翻

外翻是蛙式收腿與蹬水之間的連接動作，由向外翻腳可以增大對水面，為蹬水創造有利條件。因此，外翻動作是否充分，對蛙式蹬水效果有直接的影響。外翻並不是一個獨立的動作階段，它在收腿沒有完全結束就已經開始了，正確的外翻動作與收腿是一個連續的完整動作過程。當收腿至腳跟接近臀部時，小腿和踝關節外旋，同時大腿內旋扣膝，勾腳尖使其朝向外下方，腳底朝上，腳和小腿的內側對準蹬水方向。翻腳結束時，腳位於臀部的外側，兩腳的距離要大於兩膝的距離，從後面看就像一個「W」，這樣才能形成較好的對水面（圖 3-36）。

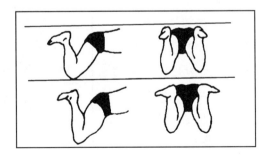

圖 3-36　蛙式腿的外翻

(三) 蹬夾水

　　蹬夾水在外翻即將完成時開始，利用最初向外、向後蹬水所獲得的水的反作用力完成外翻。蛙式蹬腿是大腿帶動小腿向後蹬夾的動作，應先伸展髖關節，然後是膝關節，最後是踝關節，在向後蹬的同時向內夾水。蹬夾過程中，兩腿保持勾腳動作，只能在腿將蹬直併攏時，兩腳踝關節才由原來的背屈轉為跖屈，同時兩腿自然地向上擺到接近水面的位置，使腿與軀幹保持直線。蹬腿結束，兩腿應併攏伸直，踝關節伸直（圖3-37）。

　　蛙式腿蹬夾水運動方向的變化是：蹬夾水動作的前三分之一，兩腿向外和向後蹬（圖3-37b、c）；蹬夾水動作的中間三分之一，兩腿向內和向後蹬夾腿；蹬夾水動作的後三分之一，兩腿向內、向後和向下蹬夾腿（圖3-37d—f），由此形成蛙式弧形鞭狀蹬腿動作。

　　由於蹬夾水能產生較大的推進力，所以要用較大的力量和較快的速度完成。

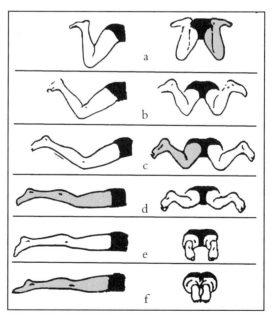

圖3-37　蛙式的蹬夾水

(四)滑　行

蹬夾結束後，由於蹬腿推進力的慣性作用，身體有一個短暫的滑行階段。這時，兩腿應盡量伸直併攏，腿部肌肉和踝關節自然放鬆，借助蹬腿慣性向前滑行。滑行時間的長短，與動作頻率有著直接的關係。

三、臂部動作

現代蛙式技術強調發揮手臂的划水作用。臂部動作在划水過程中能形成較大的對水面，因而能取得較好的推進效果。蛙式臂的一個動作周期，可分為外划、內划、伸臂 3 個階段。

(一)外　划

開始划水之前，兩臂與水面平行伸直，掌心向下，身體充分伸展，並保持流線型。開始外划時，兩臂內旋，使掌心轉向外下方，並同時對稱地向外、向下、向後划水。兩手分開超過肩寬時，手臂略外旋，屈肘、屈腕，手掌從朝外下方轉為朝向外後下方，此時手掌和前臂應有抱住水的感覺。隨著兩臂的繼續外划，手臂外旋，兩手沿向外、向下、向後方向划水，逐漸加大屈肘程度。當兩手划至肩的前側下方時達到最寬點，這時兩手分開大約是肩寬的 2 倍，約成 100°左右的夾角（圖 3–38）。

外划寬度取決於運動員個體的力量和臂長。外划動作主要是為內划創造條件，對上體有支撐和平衡作用，並能產生一定的推進力（圖 3–39）。外划結束，緊接轉入內划。

外划的整個過程，應始終保持兩手之間的距離大於兩肘之間的距離，肘高於手，划水速度逐漸加快，肘關節隨外划

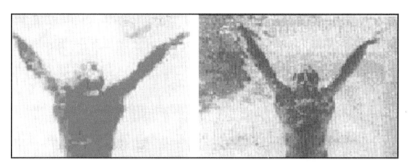

圖 3-38　兩名優秀蛙式運動員外划的寬度

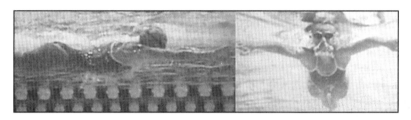

圖 3-39　蛙式外划動作

圖 3-40　蛙式外划結束內划開始時姿勢

的進行不斷加大屈肘的程度，到外划結束時，肘關節彎曲了 30～40°，手位於肩的前下方（圖 3-40）。

(二)內　划

內划是外划的繼續。正確的內划動作不但可以產生推進力，而且可以產生使身體上升的力。

外划結束時，手臂向外旋轉，同時由向外、向下、向後划水快速轉為向內、向上和向後划水，兩手掌轉為斜相對。在內划過程中，應逐漸屈肘。內划結束時，兩手位於頭的前正下方，肘的位置低於手，肘關節彎曲成銳角（圖3-41）。手臂的這一快速轉變動作方向的動作也有人稱它為「收手」。

內划產生的推動力是划水過程中最大的。在內划過程中，當兩手的划水動作由向外、向下、向後轉為向內、向上、向後時，肘關節在手的帶動下，沿向下、向內、向上的運動方向做夾肘動作。

內划時應強調兩手內划需在兩肘內划之前完成，即「以手帶肘」完成內划，這樣可將推進力保持較長的時間，並使划臂過程的阻力減小。

由於內划階段推進作用大，因此應盡量延長這一階段的划水路線，雙手要划至頷下方接近合攏時再開始伸臂，避免

圖3-41　蛙式內划結束伸臂開始

過早進入伸臂階段而減小推進力。

(三)伸 臂

伸臂是在內划的基礎上進行的，當兩手內划至下頜下方接近併攏時，借助兩肘內夾動作向前伸手臂。伸臂動作是由向前伸肘、伸肩直至成伸直姿勢。伸臂開始時，掌心相對，在伸臂即將結束時，掌心轉為向下；伸臂結束時，手腕自然伸直，兩手併攏（圖 3-42）。伸臂動作一般在接近水面時完

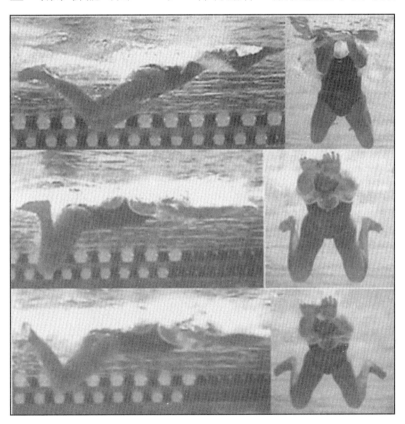

圖 3-42 蛙式伸臂動作

成，但也有運動員為減
小阻力採用手在水面上
的伸臂方法。

　快速向前伸臂是現
代蛙式技術特點之一，
它緊密配合腿的動作，
在伸臂的同時，向前伸
肩。伸臂動作不能有停
頓，整個伸臂動作以指

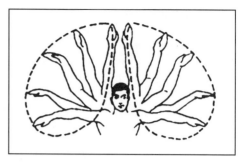

圖 3-43　蛙式的划水路線

尖領先，快速前伸，以求對身體游進起牽拉作用。

　在一次完整的蛙式臂部動作中，手的運動路線是一個
「倒心形」（圖 3-43）；手的運動速度由慢到快，是一個加
速的過程。

　蛙式手臂划水，要強調高肘划水技術，在划水的前部
分，應注意以肘關節為支點，發揮前臂屈肌的作用；在內划
的最有效部分，應注意以肩關節為支點，發揮胸大肌、背闊
肌等肩帶肌群作用，這樣才能充分利用肌肉的力量，產生連
貫的推進力（圖 3-44）。

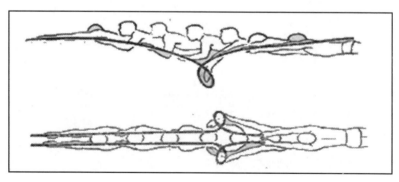

圖 3-44　蛙式划手連貫的推進效果

四、臂與腿的配合

合理的蛙式臂腿配合技術是：臂外划時，腿自然放鬆伸直；臂內划時，開始收腿；手向前伸至約 2/3 部位時，快速蹬腿，腿蹬直後滑行。

蛙式臂與腿的配合技術較複雜，為保持游泳速度的均勻性，臂腿配合應盡可能使游進中每一動作周期內，各個動作階段都有推進力產生。

五、呼吸與臂的配合

蛙式採用抬頭吸氣的方式，即由前伸下頜，使口露出水面進行吸氣。蛙式的呼吸動作與划臂動作配合有兩種形式，即早吸氣和晚吸氣。早吸氣是在手臂外划時開始抬頭吸氣，內划低頭閉氣，伸臂時呼氣；晚吸氣是在內划結束，頭上升至水面最高處吸氣，伸臂時閉氣，外划時呼氣（圖 3-45）。

早吸氣的呼吸技術是吸氣時間相對長些，這種配合比較容易掌握，初學者可以利用外划時產生向上的力幫助上身浮起抬頭吸氣，因此，早吸氣適合初學蛙式的人採用。而晚吸氣的吸氣時間較短，吸氣時不做專門的抬頭動作，頭借助手臂內划使身體上升露出水面完成吸氣，因此，游進時身體姿勢好，阻力小。這種技術要求有強有力的手臂划水動作與之配

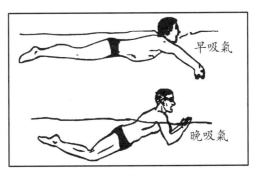

圖 3-45　蛙式兩種呼吸方式

合,有一定的技術難度,通常被運動員採用。

六、完整配合

蛙式的臂、腿、呼吸的配合多採用 1:1:1 的配合形式,即兩臂划水 1 次,蹬腿 1 次,吸氣 1 次。兩臂內划時,抬頭吸氣並收腿,伸臂時低頭閉氣;兩臂向前將伸直時,兩腿蹬夾水,臂腿伸直滑行,兩臂外划時呼氣(圖 3-46)。

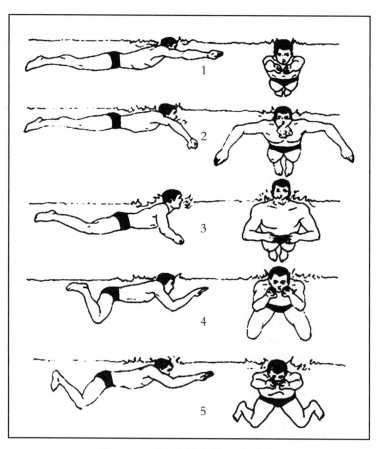

圖 3-46 蛙式的完整配合動作

第四節 蝶 式

蝶式手臂動作的外形像蝴蝶飛舞，故被稱為「蝶式」。在四種競技游泳姿勢中，蝶式是最年輕的一種泳式，它是從蛙式派生出來的。

最初在蛙式比賽中，有的運動員採用兩臂同時向後划水、然後經空中向前移臂、兩腿做蛙式蹬夾的動作參加比賽，這種技術被稱為蝶式蛙式。1952年，蝶式蛙式與傳統蛙式分開比賽，蝶式才成為正式比賽項目並得以發展。

1953年匈牙利運動員董貝克最早模仿海豚游泳的姿勢，採用一種軀幹和腿做上下波浪式打水的海豚式動作參加比賽，並因此大大地提高了游速，這一技術被稱為海豚泳。海豚泳的阻力比蛙式蝶式小，游進速度明顯快於蛙式蝶式，因此，運動員在蝶式比賽中都採用海豚泳。2003年游泳規則規定，游蝶式時不允許蹬蛙式腿，因此，現代的蝶式指的就是海豚泳。

從動作的外形來看，蝶式的手臂和腿的動作與自由式相似，區別在於自由式兩臂和兩腿動作是交替的，而蝶式是同時的。儘管蝶式在划水時產生的推進力比自由式大，但由於兩臂同時划水和移臂，推進力不連貫，身體前進的速度不均勻，因此，它的速度慢於自由式。

一、身體姿勢

游蝶式時，身體俯臥水面，身體各部分由於波浪動作而上下起伏，因此沒有固定的身體位置。

游蝶式時，身體的上下起伏動作是受臂腿及呼吸動作影響的，如向下打腿就會使臀部上升；空中移臂因重心位置的

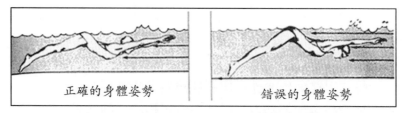

正確的身體姿勢　　　　　　錯誤的身體姿勢

圖 3-47　蝶式正確與錯誤身體姿勢的比較

改變而使身體失去平衡，就會使腿部下沉。蝶式時，軀幹的波浪動作使身體在水中能保持較高的位置，也有利於臂、腿、呼吸的協調配合（圖 3-47）。

　　游蝶式時，身體不要做太大的波浪動作，軀幹的小波浪動作有助於保持重心的平穩，保持身體前進速度的均勻性。

二、軀幹與腿部動作

　　蝶式腿和自由式腿有相似之處，但蝶式打腿對蝶式的完整配合所起的作用比自由式大。此外，蝶式腿打水時屈膝的程度大於自由式。

　　蝶式的打腿動作是由軀幹發力，經過髖、膝、踝關節的動量傳遞，各部分協調配合形成波浪式的動作，它對於保持良好的身體姿勢以及推進身體前進有十分重要的作用（圖3-48）。

　　蝶式打水時，兩腿自然併攏，兩腳稍內旋成內八字，兩腿的動作應同時進行，否則即為犯規。

　　蝶式腿由向上打水和向下打水兩部分組成。

(一)向上打水

　　當兩腿前一次向下打水動作結束時，兩腳處於最低點，膝關節伸直，臀部上升至水面，髖關節屈成 150～160°角

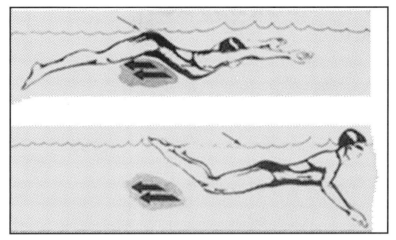

圖 3-48　蝶式的身體波浪動作及推進作用

（圖 3-49e）。接著兩腿伸直向上擺動，髖關節逐漸展開。當大腿上升到與軀幹成一直線時，腰腹和臀部開始下沉（圖3-49f），大腿開始下壓。在大腿下壓時，兩腳和小腿由於慣性的作用繼續向上，膝關節形成自然彎曲。隨著大腿繼續加速向下，屈膝程度增加，直到腳升至接近水面，在水下 4～5 厘米處，此時臀部下沉至最低點，膝關節屈成 110～130°角（圖 3-49c、d），這時向上打水結束。

(二)向下打水

隨著大腿加速下壓，腳和小腿在大腿的帶動下加速向後下方下打，直至小腿和腳向下打水到膝關節完全伸直，腳處於最低點（圖 3-49a、e、i）。向下打水是伸膝的過程，小腿和腳加速向後下方打水，就像鞭子向池底甩去。向下打水時，踝關節跖屈，腳掌內旋。踝關節的柔韌性和靈活性對打水效果起重要作用（圖 3-50）。向下打水是產生推進力的主要階段，要

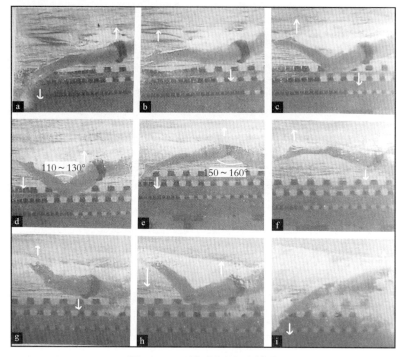

圖 3-49　蝶式打腿連續圖

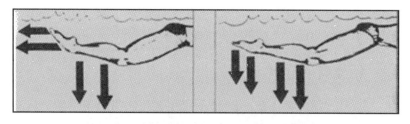

圖 3-50　踝關節靈活性對打腿效果的影響

加速完成。向下打水結束，又進入下一個打水的周期動作。

　　向上打水和向下打水是沒有明顯界線的：當小腿和腳向上打水動作還未結束時，大腿已經開始向下打水；在小腿和

腳向下打水動作還未結束時，大腿已經開始上擺，進入向上打水。軀幹與腿部動作連貫才能形成波浪的動作。

三、臂部動作

蝶式手臂動作可分為入水、划水、出水、空中移臂 4 個部分。

(一)入　水

蝶式兩臂正確的入水位置應該在兩肩的延長線上或略窄於兩肩的延長線上，兩手的入水點太寬易使划水路線縮短，太窄不利於入水後划水。入水應以拇指領先，兩手掌同時對稱地斜插入水，然後前臂和上臂依次入水。入水時，肘關節略微彎曲，掌心朝向外下方，手掌與水面約成 40°角（圖 3-51）。

(二)划　水

划水階段是產生推進力的主要階段，依手划水路線，可將划水分為外划、內划和上划 3 個動作過程。

圖 3-51　蝶式手臂入水動作

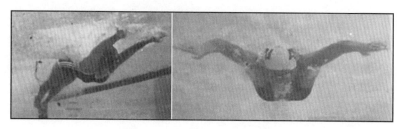

圖 3-52　蝶式手臂外划動作

1. 外划

臂入水後，盡可能沿水面向前伸肩和伸臂，兩手和前臂內旋並外分，向外、向後划水。當兩手外划至超過肩寬時，兩手和前臂外旋，屈腕，使手掌由向外、向後變為向外、向下和向後，同時屈肘完成外划動作（圖 3-52）。

外划動作過程就像是用手臂去抱一個大圓球，在頭前形成高肘的姿勢，這樣可以使背闊肌、大圓肌等大肌肉群預先拉長，為內划和上划做好準備。

2. 內划和上划

外划結束後，手臂繼續屈肘，並保持高肘姿勢，手的運動方向由向下、向外、向後轉為向內、向下和向後（圖 3-53a、b），進入內划階段。隨著手由向內下方划水逐漸轉為朝內上方划水，屈肘程度也隨之加大。當手臂划至肩的下方時，肘關節彎曲成 90～100°，兩手之間的距離最近（圖 3-53c—e），此時內划結束，開始上划。上划時手臂內旋，由原來的向內、向上、向後方轉為向外、向上和向後方的划動，上划是推水動作，划水要逐漸伸肘、伸腕，使前臂和手盡量保持對水（圖 3-53f）。當手划到大腿兩側時，划水動作

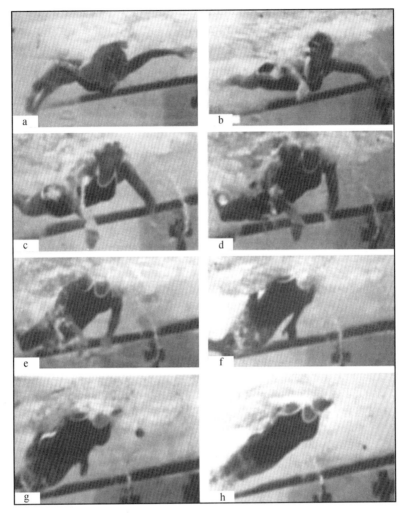

圖 3-53 蝶式手臂划水動作

結束，轉入出水（圖 3-53g、h）。

在蝶式的整個划水過程中，兩手相對於身體的運動軌跡是呈雙 S 形的曲線（圖 3-54）。划水階段產生的推進力是最大的，應用最大力量和最快速度完成。

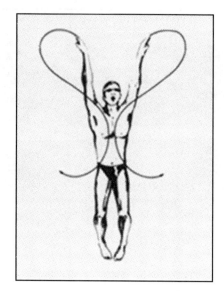

圖 3-54　蝶式的 S 形划水路線

(三)出　水

在手上划尚未結束時，肘已經開始露出水面。當兩手划到大腿兩側時，利用划水的慣性，肩帶動手臂提肘出水。出水時，掌心向內，朝向大腿，小指領先，以較小的截面出水，減小出水的阻力（見圖 3-53g、h）。

蝶式划臂雖然和自由式相似，但也有不同。自由式的上划是向後、向上、向外，而蝶式雙手划到腹下便向外、向後、向上划水。上划和出水是一個很圓滑的動作，如果手划得太後就會覺得出水很困難，並影響移臂。

(四)空中移臂

手臂出水後，在肩的帶動下在身體兩側沿低平的拋物線

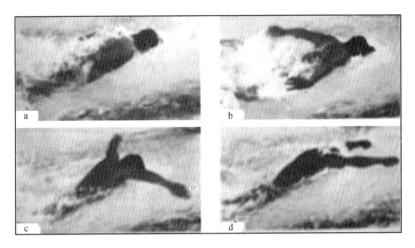

圖 3-55　蝶式移臂動作

經空中向前擺動到頭前，準備做下一個周期動作的入水動作。在移臂過程中，肩應該露出水面，手臂自然伸直，前臂和手腕自然放鬆，拇指朝下，由上臂帶動前臂前擺（圖 3-55a、b）。由於蝶式兩臂同時向前移動，故採用低平的自然直臂姿勢從兩側向前甩臂比較好（圖 3-55c、d）。

四、呼吸與臂的配合

蝶式的呼吸，一般兩臂划水 1 次，呼吸 1 次。

臂入水後開始慢慢呼氣，當兩臂外划結束向內划水時，開始抬頭（圖 3-56）。隨著兩臂向後划水，頭和肩的位置逐漸升高，呼氣也由慢到快地進行，並繼續向前抬頭。當兩手划水至腹部下方時，下巴露出水面並沿水面前伸，當兩手上划結束臂出水時張口吸氣（圖 3-56b），在兩臂向前移至與肩成一平線時低頭閉氣（圖 3-56c），手入水時頭沒入水中憋氣（圖 3-56d）。

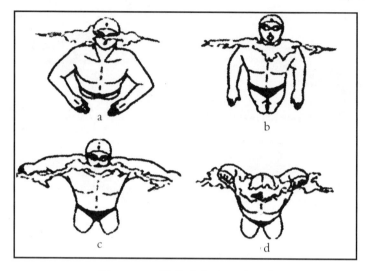

圖 3-56　蝶式臂與呼吸的配合

　　蝶式時多數人採用抬頭吸氣，高水平運動員一般在手臂上划時抬頭吸氣，空中移臂時頭隨肩部向前下方伸展，在手入水前低頭。

五、完整配合

　　蝶式臂、腿配合動作應該是節奏明顯，動作連貫。目前運動員都採用2：1：1的配合方式，即打腿2次，划臂1次，呼吸1次。兩臂入水時，腿做第一次向下打水（圖3-57a、b）；當兩臂划至胸腹下方時，腿開始做第二次向下打水（圖3-57c），臂推水結束，第二次向下打水結束（圖3-57d、e）。移臂時，腿又向上準備做下一周期的打水動作。

　　由於軀幹的波浪動作，蝶式完整配合要求動作準確，節奏感強，臂腿軀幹協調發力，肩帶和腰腹要有較強的力量，並具有良好的柔韌性才能游好蝶式。

圖 3-57　蝶式完整配合動作

第五節　出　發

　　游泳比賽的開始稱為出發。游泳競賽規則規定，自由泳、蛙式、蝶式的比賽必須從出發臺起跳出發，仰式項目在水中出發。出發技術好，能形成一種心理上的優勢，尤其是現代游泳比賽，勝負往往決定於百分之一秒，所以出發技術顯得十分重要。

現代出發技術是經過不斷的改進和發展演變而成的。最初，運動員只是從池邊出發，以後才採用出發臺出發。早期的出發臺出發，預備姿勢是採用「擺臂式」，20世紀60年代末出現「抓臺式」。入水姿勢，從「平式」到70年代中後期出現「洞式入水」的出發技術。80年代中期又出現了「蹲踞式」出發技術。目前，最常見的出發技術是「抓臺式」出發，採用「蹲踞式」出發的運動員有增多的趨勢。在接力比賽中運動員常用擺臂式出發技術。

一、抓臺式出發技術

抓臺式出發技術包括預備姿勢、拉臺、蹬離出發臺、騰空、入水、滑行和划臂出水7個部分。

(一)預備姿勢

運動員聽到發令員發出「各就位」的口令後，兩腳腳趾應扣住出發臺的前緣（圖3-58a），兩腳間距大致與肩同寬，過寬、過窄都會減小蹬離出發臺的力量。兩手手指第一、第二指節拉住出發臺的前緣。兩手可在兩腳外或在兩腳間抓臺。稍屈膝，肘部微屈，低頭，目視出發臺下的水面。

預備姿勢時，臀部抬高，身體重心前移，重心垂點置於出發臺前緣或稍超出支撐面，借助雙臂的力量使身體在出發臺上保持平衡。

快速蹬離出發臺的最重要因素之一是身體重心移過出發臺前緣的速度。

預備姿勢時如下蹲過深，則身體重心會後移。在這種情況下，會延長身體重心移過出發臺前緣的時間。

(二)拉 臺

出發信號發出後，運動員應立即上拉出發臺。拉臺動作使臀部和身體重心越過出發臺前緣，並向前下移，同時屈膝、屈髖，形成良好的蹬臺姿勢（圖 3–58b），以利迅速完成蹬臺動作。此時，切忌推臺，推臺會影響離臺速度。

圖 3–58　抓臺式出發技術

拉臺動作應短促，無須太用力。拉臺時間過長，用力過大，均無助於加快出發速度，也不會增大蹬臺力量。拉臺的目的，就是使身體重心盡快前移。

(三)蹬離出發臺

身體前倒的同時，開始屈膝。當屈膝角度約 80° 時，兩手一離出發臺，即沿弧形路線前伸，兩腿立即開始蹬臺（圖 3-58c）。蹬臺時，先快速伸髖、伸膝，然後快速伸踝。手離臺後，先快速屈臂，在身體前倒的同時，兩手經頦下上伸。然後，在蹬臺的同時，兩臂快速前下伸，指向預計的入水點（圖 3-58d）。

頭部應配合臂的動作，兩眼先前視，再下視。蹬離出發臺前，雙目應及時看下方。起跳角在 30～40° 之間，這一蹬離角度最有利於做出乾淨利索的入水動作。

(四)騰　空

蹬離出發臺後，身體伸展，兩腳併攏，兩臂前擺至前下方時制動（圖 3-58e），身體在空中滑行。身體越過空中最高點後，腰部彎曲成弓形（圖 3-58f）。然後，兩腿上擺，與軀幹成直線，並保持一定的緊張度，以流線型的姿勢準備入水（圖 3-58g）。

(五)入　水

整個身體應盡量都在手入水處入水。入水時，身體應保持流線型姿勢，兩臂併攏並應充分伸直，一手掌心應貼在另一手手背上。頭部應夾在兩臂間。兩腿併攏、伸直，腳背應繃直（圖 3-58g、h），不應屈髖。入水角因泳式的不同而有

所差異。一般來說，自由式出發的入水角比較小。蛙式出發入水後，可在水下做一次長划臂和一次蹬腿動作，滑行較長，因而入水角大些，入水深些。蝶式出發的入水角，隨運動員在水下兩腿打水動作的次數和潛泳的遠近（最多潛 15 公尺）而有大有小。

(六)滑 行

入水後，身體應保持入水時的流線型姿勢滑行。滑行應在接近正常游速前結束，並開始做水下動作。滑行時間過長，一是浪費時間，二是要使游速再提高到正常游速時，要額外消耗很多體力。短距離比賽時，滑行要短些；中長距離比賽時，滑行時間稍長一些。

(七)划臂出水

在滑行速度接近正常游速前蝶式和自由式即開始打腿，蛙式則開始長划臂。蝶式和自由式都可採用海豚泳打腿動作，自由式也可採用兩腿上下交替打水動作，使身體游向水面。

身體接近水面時，開始第一次划臂。這次划水的後划動作應有力，划臂結束時頭部沖出水面，目視池底。臂、腿動作的主要目的是使身體前進，其次才是上移。

游出水面時，動作不應停頓。動作停頓的原因，一是吸氣動作，二是想觀察對手的情況。為避免這一錯誤，對自由式、蝶式運動員來說，出水後第一次划水過程中最好不吸氣。短距離比賽時，第一次吸氣時間要再晚一些。蛙式運動員出發後，在完成水下長划臂動作後，第二次划臂至最寬點時，頭出水開始吸氣。

採用抓臺出發技術時，要特別注意頭部動作，這是入水時

身體能否保持流線型姿勢的關鍵。兩腳一蹬離出發臺，就應立即目視下方。騰空過程中，及時低頭有助於上體及時向下，這樣也便於入水時腿部的上擺，使整個身體在一點處入水。

二、仰式出發技術

(一)預備姿勢

仰式出發預備姿勢，運動員面對池壁，雙手握握手器，兩腳前腳掌蹬在池壁上，臀部在水中（圖 3-59）。

發令員發出「各就位」口令時，運動員應把身體拉起，低頭，目視下方，呈蹲姿。此時應屈肘，兩肘外分，臀部盡量提起（圖 3-60a）。

(二)蹬　壁

聽到出發信號後，頭部應快速向上、向後擺，目視游泳池對面。同時兩手向前下壓握手器，協助身體向後上方蹬出（圖 3-60b）。身體一經開始起動，兩臂即應盡快向頭上方前擺。

此時，兩腿用力蹬池壁，使身體向後上方騰起（圖 3-60c）。

兩臂應經頭上向前擺。開始應屈臂向前擺，擺過頭部準備入水時，兩臂伸直。擺臂與蹬壁動作同時進行，這既加大了蹬壁力量，又有助於入

圖 3-59　仰式出發的預備姿勢

水時身體保持流線型姿勢。

(三)騰　空

騰空時，身體應保持反弓形姿勢，兩臂應向游進方向伸出，頭部後仰，兩腿併攏伸直，並應特別注意伸踝動作（圖3-60d）。

由於預備姿勢時身體在水中所處的位置較低，會給騰空動作造成較大困難，但也應盡量在水上完成騰空動作。如果

圖 3-60　仰式出發技術

起跳角合理，蹬離池壁時身體能保持適宜的反弓形，那麼，在騰空階段的大部分時間內，可避免下體擋水造成的阻力。

(四)入　水

入水時兩手應併攏，並盡量伸向游進方向，身體保持流線型姿勢。為此，兩臂應貼緊頭部，上體、腿和腳伸直。入水角度應合理，以便手指先入水，然後頭部、上體、腿部依次入水（圖 3-60d）。入水時，略提腿、屈髖可大大減小入水時的阻力，有助於兩腿在接近髖入水點處入水（圖 3-60e）。

(五)滑行和海豚泳打腿

入水後，為使身體前進方向由向前下盡快轉為向前，應迅速屈膝，做幾次快速海豚泳打腿動作也有助於改變身體前進方向（圖 3-60f—h）。此時兩臂應充分伸直，一手手背應緊貼在另一手手掌上，兩臂貼緊頭部。

(六)出　水

幾次海豚泳打腿後，應及時開始上下打水，並在水下開始划臂動作，使身體快速游出水面（圖 3-60i、j）。為保持身體的流線型姿勢，出水前不應有抬頭動作。一旦游出水面，即應盡快以比賽動作頻率向前游進。

第六節　轉　身

游泳比賽是在 50 公尺或 25 公尺長的游泳池中進行，除 50 公尺池的 50 公尺比賽以外，其餘所有項目比賽都必須在游泳池中往返一次或多次。運動員游到池端後折返回頭繼續

游進，這一折返動作稱為轉身。轉身是游泳比賽的一部分，比賽距離越長，轉身次數越多。可見，轉身動作的快慢，對比賽成績有直接影響。

游泳轉身的方法很多，不同的泳式有不同的轉身方法和規則要求，同一泳式也有多種轉身方法。不論採用什麼方法轉身，在技術上總的要求都是游近池壁不減速、轉得快、蹬得遠、滑行阻力小與起游銜接好、符合競賽規則規定。

一、自由式轉身技術

當前世界優秀選手比賽中主要採用兩種自由式滾翻轉身方法：一種是滾翻後，身體成側臥蹬壁；另一種是滾翻後，身體成仰臥蹬壁。仰臥蹬壁的自由式滾翻轉身技術是速度最快的一種轉身技術。

自由式轉身技術分游近池壁、轉身、蹬壁、滑行和出水5部分。下面介紹仰臥蹬壁自由式轉身技術。

(一)游近池壁

在做轉身前的幾個划水動作時，應注意離池壁的距離。通常在距池壁 1.70～2.00 公尺處開始最後一次划水動作，短距離運動員應更遠一些，以便不減速地開始轉身動作（圖 3-61a）。最後一次划臂和開始滾翻動作之間不應停頓，實際上應在結束最後一次划臂動作之前就開始滾翻動作。如果轉身前有滑行動作，會延長結束划臂動作至雙腳觸壁之間的時間，從而延長了完成轉身動作的總時間。

(二)轉 身

轉身前做最後一次划臂動作時，應目視池壁，另一臂應

停在體側。當划臂動作進行一半時，快速低頭。同時做一次幅度不大的海豚泳打水動作，協助臀部提出水面（圖 3-61b、c）。水上擺腿時，兩腿應收緊，採用屈腿擺動，以便快速完成滾翻動作。在轉身過程中，低頭和頭向水面移動速度應盡量快些，這有利於兩腳迅速擺至池壁。

當轉身動作進行到一半時，位於體側的兩手手掌向下轉，並向下划水，幫助頭部向水面靠攏（圖 3-61c、d）。兩腳觸壁前，頭部進入兩臂間，以便兩腳一觸壁，身體即能做好蹬壁前的預備姿勢。腳趾應向上，略向外觸壁。身體面對的方向與兩腳腳趾所指的方向應一致（圖 3-61e）。

(三) 蹬　壁

兩腳應在水深 30～40 厘米處觸壁。觸壁時，屈膝角度接近 90°，屈髖角度應大於 90°（圖 3-61e）。兩腳一觸壁，立即開始蹬壁。在蹬壁和隨後的滑行過程中，身體轉為俯臥姿勢（圖 3-61f、g）。蹬壁動作應有力，應與伸臂同步進行，這有助於增大蹬壁動作的力量。蹬壁的方向應是水平的，應避免向上的動作。

蹬離池壁時，身體應轉為側臥，再轉為俯臥姿勢。為此，兩腳一觸壁，頭部即應稍向身體將要側轉的方向轉動（圖 3-61e）。運動員既可向左，也可向右轉動。多數運動員是向游近池壁做最後一次划臂動作的那只臂的方向轉動。身體應沿水平方向滑行，這樣有助於避開游近池壁形成的尾流。

(四) 滑　行

滑行並向俯臥姿勢轉動時，身體應保持流線型姿勢。為向俯臥姿勢轉動，兩腿有扭動的動作（圖 3-61f）。滑行時間

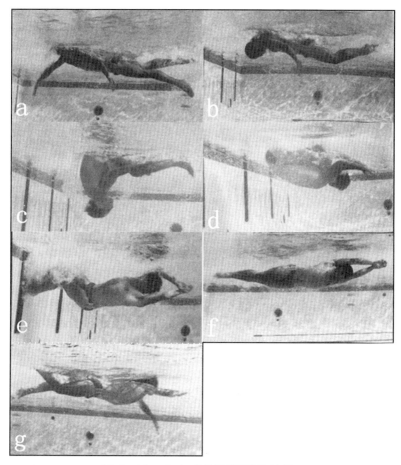

圖 3-61　自由式前滾翻轉身技術

不應過長，當滑行速度接近游進速度時，滑行即應結束。此時，運動員應做兩三次蝶式打腿或多次自由式打腿，使身體游近水面。

(五)出　水

當運動員意識到做一次划臂動作能使頭部游出水面時，

開始划臂動作。頭部應在這次划水進行一半時沖出水面（圖 3-61g）。出水時，身體應注意保持流線型姿勢。出水後，保持正常游進姿勢。

二、仰式轉身技術

2005 年國際游聯對仰式轉身規則修改為：在轉身過程中，運動員身體的某部分必須觸壁。轉身過程中允許肩的轉動超過垂直面，之後可進行一次單臂或雙臂同時划水的動作，並此划水作為轉身的開始。運動員必須呈仰臥姿勢蹬離池壁。規則的這一變化，允許運動員更早、更快地完成轉身動作。

(一) 游近池壁

運動員應利用距池壁 5 公尺處的仰式轉身標誌線確定轉身時間，並根據此標誌線確定開始向俯臥姿勢轉動前的划水次數。對大多數成年和青少年運動員來說，通過仰式轉身標誌線後再做兩三次划水動作，即應開始向俯臥姿勢轉動。

(二) 轉為俯臥姿勢

開始轉身，划水臂向下划水時，身體開始朝划水臂的方向轉動（圖 3-62a）。同時，另一臂做類似自由式高肘移臂動作。當划水臂划至胸下，另一臂入水時，完全轉成俯臥姿勢（圖 3-62b）。

(三) 轉　身

身體一旦轉為俯臥姿勢，即開始做自由式滾翻轉身動作。在向俯臥姿勢轉動時，應注意離壁距離，以便判斷兩腳觸壁的最佳時機。當另一臂划至胸下時，低頭，並向胸部靠

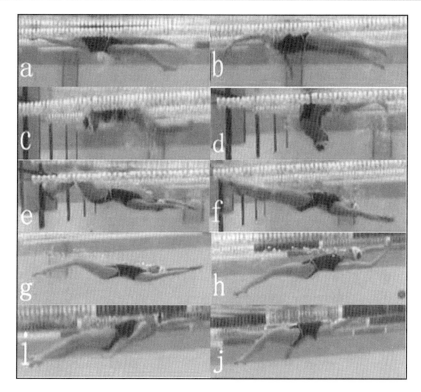

圖 3-62　仰式轉身技術

攏，同時做一下海豚打腿動作，以協助臀部提向水面（圖 3-62c），然後兩手手掌轉向池底，並向頭頂划水，幫助身體轉動（圖 3-62d）。兩腳觸壁前，兩手在頭上併攏，頭部在兩臂間，呈仰臥姿勢，上體和兩臂盡快成直線，以便兩腳觸壁後及時開始蹬壁動作（圖 3-62e）。兩腳觸壁點的深度應適中，以便蹬離池壁後做海豚泳打腿動作。

(四) 蹬　壁

運動員成仰臥姿勢蹬離池壁時，兩臂、兩腿同時伸直。

蹬出方向略向下，以便在湍流下滑行（圖 3-62f）。滑行時，身體要保持流線型姿勢，並應保持一定深度。

(五)海豚泳打腿

運動員做一段距離滑行後，開始海豚泳打腿（圖 3-62g）。海豚泳打腿技術掌握較好的運動員，蹬離池壁後可在水下做多次海豚泳打腿動作，並在規則允許的範圍內，在水下盡量多游一段距離；腿部技術較差的運動員，可不做水下海豚泳打腿動作，而在水下做 2～4 次上下交叉打水動作。

(六)出　水

準備划臂以便游出水面時，兩腿開始做上下交替打水，然後在水下做一次划臂動作，以便頭部游出水面（圖 3-62h—j）。頭出水前應注意身體的流線型姿勢（頭與另一臂應在同一直線上）。比賽時，一旦游出水面，應不失時機地開始划臂動作。

三、蝶式、蛙式轉身技術

與蝶式轉身相比，蛙式轉身蹬離池壁後，滑行方向稍向下，以便於做水下長划臂動作。在其他方面，蝶、蛙式轉身技術幾乎沒有差別。

(一)游近池壁

游近池壁時，應根據離壁的距離調整動作，以便於移臂或伸臂動作一結束即可觸壁（圖 3-63a）。為獲得更大的衝量，觸壁前最後一次打腿或蹬腿動作應有力。這次腿部動作產生的衝量在蹬離池壁時起反彈作用，有助於身體更快地蹬

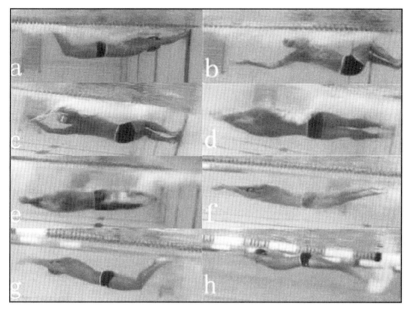

圖 3-63　蝶式轉身技術

離池壁。在打腿或蹬腿所產生最大推進力階段觸壁最為理想，如僅靠滑行動作觸壁，往往會邊滑行邊收腿，從而大大延長收腿時間。

(二)觸壁與轉身

雙手應同時以手指先觸壁，觸壁後兩臂屈肘緩衝，使身體隨慣性靠近池壁（以向左轉為例）。隨之左臂在水下迅速後伸，同時身體左轉，右手過渡到手掌觸壁，手指指向斜上方（斜向轉身方向），同時兩腿收向腹部（圖 3-64b）。為減小收腿阻力，加快擺腿速度，兩腳應重疊併攏，兩腿收緊，應有膝部收向腹部的感覺。兩腿經體下直接擺向池壁。兩腿一旦移過體下，右臂立即將身體推離池壁，配合頭部動

作經空中高肘向前下方擺出，在水下與左臂併攏。與此同時，水下臂前伸，手掌朝上，並向上撥水，以加快身體入水速度。上體擺離池壁的反作用力，可加快兩腿觸壁速度。右手推壁後經水上擺臂與頭同時入水。從此時至蹬壁，身體在水中保持側臥姿勢（圖 3-63b—d、圖 3-64c、d）。

　　推離池壁後，應側倒入水，以減小身體入水時的截面，從而縮短轉身時間。因此，兩腳應上下觸壁，觸壁時腳趾側指。轉身時手掌要在頭部的後前方入水，入水前要目視轉身端池壁上方，以幫助身體蹬壁時保持側臥姿勢。

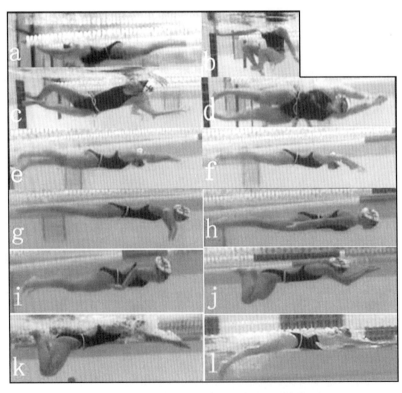

圖 3-64　蛙式轉身與長划划臂技術

(三) 蹬　壁

兩腳觸壁時，兩臂前伸，盡快與身體成直線，並立即開始蹬壁。蹬壁時兩腳應在水面下 45～50 厘米處觸壁（圖3-63c、圖 3-64c）。蹬壁動作應有力。蹬壁的同時伸臂，以便增大蹬壁動作力量。蹬壁過程中，身體逐漸由側臥轉為俯臥姿勢。滑行時，身體完全轉為俯臥姿勢（圖 3-63e、f 和圖3-64e）。

(四) 滑行和出水

蝶式時，運動員蹬離池壁的方向應是水平的（圖 3-63f）。滑行應在水下進行，身體呈流線型姿勢。當滑行速度接近比賽游速時，蝶式運動員應做兩三次海豚泳打腿動作，並適時開始划臂動作（圖 3-63g、h）。划臂結束時，身體向前上方沖出水面。在 50 公尺、100 公尺蝶式比賽時，應在出水後做第二次划臂動作時再開始吸氣。200 公尺蝶式比賽時，可在水下第一次划臂動作臨結束時開始吸氣。

蛙式時蹬離池壁的方向稍向下，以便有效地做長划臂動作和獲得更快的滑行速度。

轉身過程中，正確的呼吸方法是，轉身前吸一次氣，即在頭將入水時結束吸氣；轉身過程中呼氣，轉身滑行後，蝶式第一次划臂，蛙式第二次划臂頭出水面時再吸氣。

四、蛙式出發、轉身後的長划臂技術

比賽規則允許運動員在蛙式比賽出發和每次轉身後，在水下做一次划臂和一次海豚式打水接蛙式蹬水動作。在第二次划臂至最寬點時，頭部必須露出水面。與水面划臂動作相比，水下划臂動作效果尤為明顯，所以運動員應經常進行水

下划臂技術練習，以充分利用水下划臂動作的優勢。

蛙式水下長划臂動作與蝶式划臂動作相似，可將其分為外划、內划、上划、收手和蹬腿出水4部分。

(一)外　划

起跳入水或蹬壁之後，運動員身體應保持流線型姿勢滑行。當滑行速度接近比賽游速時，兩手開始向外上方划水，外划寬度應寬於肩，高於頭，以便形成抱水動作（圖3-64e）。為加長划水路線，加大推進力，外划應充分。兩手外划超過肩寬後，開始屈肘，手掌由外轉向後，形成抱水動作。外划時應逐漸加速。外划動作主要是伸展動作，目的在於為兩手進入有效的內划階段做準備。

(二)內　划

抓水動作完成後，兩手開始在體下向後並向內划水。此時的動作類似蝶式的內划動作，但划水路線較長並呈弧形。內划的同時，逐漸屈肘，當划至胸下時，兩手接近併攏，這時屈肘90°（圖3-64g）。在內划過程中，掌心轉向內上。應注意掌心內轉速度不宜過快。雖說此時的划水方向是向內，但掌心並不完全內轉。

在內划過程中，推進力產生於內划和上划階段。這與蝶式和蛙式臂部推進力產生過程相同，但蛙式長划臂動作推進力更大，產生推進力的時間更長。兩手在內划過程中，划速應適度加快。

(三)上　划

內划動作結束後，開始上划。兩手應向後、向上、向外

方向划水,直至划至大腿旁兩臂完全伸直時為止(圖3-64h)。在上划過程中,兩手掌心轉向後外方。在上划過程中,兩前臂和兩手應偏重向後划水。兩手划至大腿前的上划動作,與蝶式的此階段動作相似。此時,肘部用力伸直,向外上方划水。上划結束時,兩臂在大腿旁完全伸直,掌心向上。上划最後階段的目的不在於產生推進力,而在於身體在划水結束後的短暫滑行中保持良好的滑行姿勢。

上划動作是長划臂動作過程中推進力最明顯的階段。由內划轉為向上划時,兩手划速減慢,隨後划速急劇加快,直至划水動作結束,兩手上划階段的划速應達到最快。

(四) 收手和蹬腿出水

划臂結束後,上臂和肘部仍應靠近體側,屈肘,掌心向上轉,兩手以最小的阻力,盡量貼近大腿、腹部、胸部前收(圖3-64i)。兩手經過頭下時,開始伸臂。伸臂應注意保持流線型姿勢,此時兩肘應靠近,一手掌心壓在另一手手背上。兩臂前伸至充分伸直時為止。兩手收至體下時開始收腿(圖3-64j—l)。兩臂伸向水面時開始用力蹬腿。為減小阻力,收腿動作應盡量柔和。收腿時盡量減小屈髖動作,以減小游進阻力。

蹬水動作結束時,兩臂開始外划抓水,在頭部出水前,兩手划水寬度不應達到最寬點。實驗證明,與頭部滑行出水相比,由划臂動作使頭部冲出水面,游速要快得多(平均每次轉身可縮短近0.30秒)。

思考題:

1. 游自由式時應保持什麼樣的身體姿勢?身體圍繞縱軸

轉動有何積極的作用？

2. 自由式腿的主要作用是什麼？自由式的鞭狀打腿是如何形成的？

3. 自由式手臂划水動作分幾部分？各部分的動作要求有哪些？

4. 自由式兩臂划水配合有幾種形式？各有何特點？

5. 自由式的呼吸是怎樣與臂的動作配合的？

6. 仰式時應保持什麼樣的身體姿勢？正確的頭部姿勢應該怎樣？

7. 仰式腿有什麼作用？打腿技術有什麼特點？

8. 仰式手臂划水動作分幾部分？各部分的動作要求有哪些？

9. 仰式兩臂划水如何配合？

10. 仰式的呼吸是怎樣與臂的動作配合的？

11. 蛙式腿的主要作用是什麼？腿部動作分幾部分？各部分的動作要求有哪些？

12. 蛙式臂的划水動作分幾部分？各部分的動作要求有哪些？

13. 試述蛙式完整配合動作（臂與呼吸配合、臂與腿配合）。

14. 蛙式的早吸氣與晚吸氣各有何特點？

15. 蝶式的鞭狀打腿是如何形成的？

16. 蝶式划水動作分幾部分？各部分的動作要求有哪些？

17. 蝶式的划水與自由式比較有何異同點？

18. 蝶式臂與呼吸、臂與腿是怎樣配合的？

第四章

游泳教學

內容提要：

　　本章內容包括游泳教學的有關理論和游泳技術教學的具體方法，主要闡述游泳教學的特點、教學的組織、教學方法、教學順序和教學計劃的制訂。

　　透過本章的學習，使學生了解游泳教學的特點、方法、組織與進行，並能運用所學的理論知識，正確處理和解決技術教學實踐中的具體問題，具備進行游泳教學的基本能力。

第一節　游泳教學的特點

　　游泳教學與其他體育項目的教學一樣，是教師與學生以課程內容為仲介的有目的、有組織的教和學的雙邊活動。透過教學使學生掌握一定的知識、技術和技能，促進學生身心發展。在教學中，要遵循人們認識事物的規律，動作技能形成的規律，學生生理、心理活動變化和身心發展的規律。

　　由於游泳是在水的特殊環境中進行的運動項目，與其他體育運動項目相比，在教學環境、運動姿勢和呼吸等方面有明顯的不同，因而，游泳教學除具有其他體育項目教學的特點外，還有其本身的特點，研究和認識游泳教學的特點，才能更好地掌握游泳教學的規律，提高教學質量。

一、游泳教學環境的特點

游泳教學主要是在水環境中進行。水的浮力、壓力、阻力等特性與人們日常生活的環境截然不同。

水還有深淺的區別，初學者因對水環境不熟悉，造成了心理壓力或障礙，加上在水中運動的特殊性對學習動作的影響，使初學者學習游泳的難度更大，因而對初學者的游泳教學必須考慮教學環境的特點及影響，要盡快適應水的環境，熟識水的特性。

二、游泳教學對象的主要心理特點

(一)對水的興趣心理

興趣是學習過程中最活躍的心理因素，它在游泳教學中起著重要的作用。小孩子都愛玩水，絕大多數青少年對水和游泳都有極大的興趣，並對游泳活動表現出積極的參與傾向，這對游泳教學是十分有利的因素，應注意加以誘導和保護。對少數學習興趣較差的學生，應採用適當的教學手段來培養和激發他們的興趣。

(二)怕水心理

怕水心理是游泳教學過程中，具有負面效應的不良心理因素。它主要存在於不會游泳和初學游泳的學生之中。怕水心理產生的直接原因是學生在水上活動和學習游泳的過程中，由於對水環境的不熟悉，尤其是在深水中感到害怕；或由於水的浮力作用，曾經親身體驗過在水中失去平衡、呼吸困難、嗆水、喝水或溺水，因而產生害怕；或是由於看見或

聽說溺水事故對他人的傷害，導致怕水心理的產生。

怕水心理的產生不僅會使初學游泳的學生產生害怕、恐懼，給他們造成了較大的心理壓力，挫傷了學習游泳的信心和積極性，而且還會使大腦皮質產生保護性抑制，從而干擾游泳技術、技能的學習與掌握。在對初學者的游泳教學中，教師應首先排除學生的怕水心理障礙。

(三)厭水心理

厭水心理也是游泳教學中的不良心理因素。不同水平的教學對象，都可能出現厭水心理。厭水心理產生的主觀原因是學習動機不明確、意志品質差和對外界環境變化的適應能力弱等。客觀原因是氣溫、水溫過低，水質差，教師安排的運動量過大，學生過於疲勞或教師教學方法單一、枯燥，教學效果不明顯。

厭水心理的產生會使學生對游泳學習表現出冷漠、厭倦，缺乏學習熱情，從而嚴重干擾了游泳教學的正常進行，應在游泳教學中及時對厭水心理予以消除。

三、游泳技術的特點

(一)運動姿勢

游泳是以平臥（俯臥、仰臥、側臥）姿勢在水中進行的運動。由於改變了人所習慣的直立運動姿勢和空間定向的正常感覺，水進入耳內又會對前庭器官產生刺激，平臥姿勢和水的刺激影響了前庭器官的感覺、分析，使平衡感覺受到的刺激強於運動感覺，從而干擾了初學者對所學游泳動作的感知，增加了學習游泳技術的難度。

由於運動姿勢的改變，人們在日常生活和陸上運動中已形成的走、跑、跳、投等動作技能，都不能在水中直接運用，所以幾乎所有游泳技能都要從頭學起。

(二)運動動力

　　人體在陸上運動時，運動動力來源於固定的支撐反作用力。由於水的流動性，游泳時肢體在水中的動作失去了固定的支撐，只能利用水對肢體動作所形成的不固定的支撐反作用力推動身體前進，這就加大了獲取推進動力的難度。游泳教學中，必須注意對水的支撐反作用力的充分利用。

(三)呼吸特點

　　人在陸上的呼吸通常是用鼻進行，呼吸動作是自如的，沒有手臂動作配合的要求。而游泳時的呼吸不同，它要求游泳者在水面用口吸氣，在水中用口和鼻呼氣，呼氣和吸氣之間，有一短暫的閉氣過程。吸氣時為了對抗水對胸廓的壓力，必須加大吸氣肌的用力程度。

　　游泳的呼吸還要求在手臂動作的配合下有節奏地進行。因此，游泳時的呼吸比陸上運動時更為複雜，呼吸已是游泳技術的重要組成部分，如呼吸不得法，就換不了氣，還容易嗆水，導致動作不協調，很難學會游泳，更談不上長游。對初學者的教學，尤應注意對呼吸技術的學習與掌握。

四、游泳教學的特點

　　由於游泳教學時的上述環境特點，教學對象的心理特點和游泳技術的特點，形成了游泳教學的以下特點：

(一)安全第一

游泳教學是在初學者所不熟悉，並對其安全具有潛在威脅的特殊環境中進行的，應將安全視為游泳教學必須考慮的首要問題。在場地選擇、編班分組、組織教學等教學全過程，自始至終都必須落實安全措施，做到萬無一失。

(二)對初學者的教學應從熟識水性入手

透過熟識水性練習，在學生了解了水的特性，熟悉了教學環境，消除了怕水心理，基本學會了漂浮、滑行、呼吸等基本動作後，再開始游泳技術教學。

(三)呼吸是對初學者進行教學的難點

呼吸教學應在教學開始就予以充分的關注，並貫穿於教學的始終。

(四)平浮是對初學者進行教學的重點，每一種泳式的教學多從腿部動作開始

由於游泳時取平臥姿勢，所以初學者必須學會水中平浮和平衡，而腿的沉浮又是身體能否平浮的關鍵。各種泳式的腿部動作，既能產生使身體前進的推進力，又能獲得下肢上浮的反作用力。因此，各種泳式的教學大多是從腿部動作開始，一般是先教腿，後教臂及臂和呼吸配合，再教臂腿配合，最後教完整配合。

(五)教學應以水中練習為主

在水中學習技術動作時，由於水刺激的干擾和視覺的限

制,往往影響了動覺對動作的感覺,給學生學習技術造成了困難,因此,加強陸上模仿練習和誘導性練習,有利於發展相應的肌肉感覺及協調配合能力,幫助體會動作。待學生建立起明確的動作概念後,再到水中進行練習,就容易掌握游泳技術動作了。但不下水,學不會游泳。因此,在教每一個動作時,一般是先在陸上,再半陸半水然後下水實踐,水陸結合,但一定要以水中練習為主。

第二節　游泳教學的組織

游泳教學和其他運動技術項目的教學一樣,是由一定的組織形式來實現的,游泳教學的基本形式是游泳課。本節主要闡述學校游泳課的教學組織問題。

一、學校游泳課的任務

游泳課是學校體育課程的一部分,游泳課的主要任務是傳授游泳的基本知識、基本技術和技能,使學生學會游泳;提高學生健康水平,增強體質;進行思想品德教育和培養意志品質。而體育院校體育教育專業游泳課,除上述任務外,還必須讓學生掌握游泳教學的基本知識和教學技巧,培養和提高游泳教學能力。

游泳課的類型可分為新授課、復習課、綜合課和考核課,但多為綜合課,在一次課中既有新內容又有復習內容。根據人體生理機能活動變化的規律,游泳課的結構可相應地划分為準備、基本、結束三個部分。

游泳課的整個組織與進行過程,是教師靈活運用各項教學原則和教學方法的過程,教師應熟悉各項教學原則和教學方

法，不斷提高自己的教學技巧。

二、游泳課的安全組織工作

游泳課的安全組織工作，是游泳教學順利進行的重要保證。因此，應將安全組織工作認真落實到游泳教學的全過程及每一個環節之中，並將安全組織工作及安全措施作為檢查評定游泳課的重要標準。

游泳課的安全組織工作可分為以下幾個方面：

(一)課前的安全組織工作

1.加強安全教育

透過壁報、板報、掛圖、廣播等宣傳工具，大力開展游泳安全教育，宣傳游泳安全的重要性及安全常識。可組織專題講座，系統地對學生傳授游泳安全知識。亦可以課的形式在第一次課前對游泳安全衛生的有關問題進行講授。

2.進行健康檢查

教學開始前，應對學生進行健康檢查，凡患有心臟病、高血壓、癲癇病、傳染病等對游泳教學存在安全隱患病症的學生，應採用限制性的保護措施，禁止他們下水游泳。

3.了解場地情況

上課前教師應對游泳教學的場地情況，如水的深度，深淺區的範圍，池岸和池底的形狀、坡度等進行全面的了解，標出深淺區。如在天然水域上課，更應勘察好上課場地的水情、地形，對存在安全隱患的水域，必須設置明顯的禁游警

示標誌。

4. 準備好救生、助浮器材

上課前教師應準備一些簡單、實用的救生器材，如救生圈、救生竿、繩子及充氣車胎等。在天然水域中，還應用充氣車胎或木材，並在遠離河岸的一端設立安全島或休息臺。深水游泳教學時，還應準備好浮漂、浮板等助浮器材。

(二)課中的安全組織工作

1. 課的準備部分

（1）第一次水上課下水前，應向學生宣講安全注意事項和上課紀律，強調安全工作對游泳教學的重要性，增強學生的安全意識。以後每次課開始時都要提出本課安全要求，檢查場地和救護器材。

（2）組織好安全小組。將5～6名學生編成一組，挑選責任心強、水性相對較好的學生擔任組長。要求小組成員互相關心、互相幫助，小組長應經常清點人數，發現情況及時報告。

（3）布置救生人員和設置安全監督崗。上課時應視上課水域的大小，配備相應的救生員。上課區域不大，則一個班配1名救生員；如上課區域大或幾個班同時上課，則應多配備幾名救生員（如50公尺×25公尺或21公尺游泳池，可配4名救生員）；在自然水域上課，救生員配備數應相應多一些。如救生員人數不夠，可讓見習的學生擔任安全監督員，負責水面監視，及時報告安全情況。

（4）認真做好準備活動。每次游泳課下水前，都必須組

織學生認真做好準備活動，以避免抽筋和水上不適應症的發生。

（5）認真清點下水人數。

2.課的基本部分

（1）了解學生游泳水平。上第一次課時，教師應對學生進行摸底測驗，切實了解學生的游泳水平，做到心中有數。

（2）經常檢查人數。課的進行中，教師應經常檢查學生的人數，約10分鐘檢查一次，可由安全小組檢查報告。

（3）加強上課紀律，實施令行禁止。要求學生做到「三不」（不在淺水池和水情不明的水域中跳水，不在人多、擁擠的水域中潛泳，不在水中嬉戲、打鬧）。學生起水離隊時須經教師同意，歸隊時須向教師報告後才可下水。

（4）嚴密教學組織。教師應全面觀察，重點照顧，注意深淺水交界處的情況，始終將不會游泳和游泳基礎較差的學生置於自己的監控之下。

3.課的結束部分

（1）及時清點人數。游泳課結束學生起水上岸後，應立即集合整隊，清點人數。

（2）小結上課的情況，針對課中安全情況提出表揚或批評，指出還須注意的事項，不斷增強學生的安全觀念。課後清理場地。

三、游泳教學的分組

游泳教學通常是以班為單位，以分組的形式進行。合理的分組便於教師和學生的教與學，有利於教學活動的順利進

行和教學效果的提高。

游泳教學中，常用的分組方法有兩種：

(一)混合分組

即把技術基礎較好的學生與技術基礎較差的學生混合分組。這種分組形式有利於學生互相幫助，互教互學，並能讓基礎較好的學生協助教師關注基礎較差的學生的安全和完成教學任務。

但不利於對基礎不同的學生提出不同的教學要求和組織不同的教學活動，難以滿足基礎較好的學生相對較高的學習要求，可能影響他們的學習積極性。因此，在教學過程中要安排一定的時間對他們進行專門輔導，使他們得到提高。

(二)按技術水平分組

即按學生掌握游泳技術水平的高低分組進行教學。這種分組形式便於教師根據學生的技術情況，安排不同的練習內容和運動量，有助於區別對待，能滿足不同技術水平的學生的不同要求；教學過程中，還可根據學生掌握技術的進展情況，定期或不定期地調整組別，有利於調動學生學習的積極性。教師在全面照顧的基礎上，應重點輔導較差的組。

上述兩種分組形式各有利弊，應根據學生在不同階段的具體情況靈活採用。例如，在初學階段可採用混合分組，到了中、後期可按技術分組。

游泳教學的分組不宜過大，每組以 5～6 人為宜。也可根據學生的實際按年齡、性別分組。分組時，應充分考慮教學場地的大小、泳道的情況。同時，分組教學也可與適當的個別教學相結合，使區別對待更能落到實處。

第三節　游泳技術教學方法及其應用

教學方法,是教師和學生在教學過程中為實現教學目的,完成教學任務而採取的教與學的活動方式、手段、途徑的總稱。教學活動是教師和學生的雙邊活動,包括教師的教和學生的學,教師的教直接影響著學生的學,因此,教學方法對實現教學目的和完成教學任務有著重要的作用。

游泳技術教學的目的任務主要是使學生掌握游泳技術、技能和相關的理論知識,因此,教學內容包含了技術教學和相關的理論知識教學,這就要求游泳技術教學既要符合人們認識事物的一般規律,又要符合運動技術形成的規律。

根據游泳教學的特點及前人的經驗,目前在游泳技術教學實踐中,人們經常採用的教學方法主要有講解法、示範法、完整法、分解法、練習法、錯誤動作糾正法和預防法,以及深水教學法。

一、講解法和示範法

講解法和示範法是教師常用的教學方法。在游泳教學中,講解法主要是教師運用語言向學生講解、說明所學技術動作名稱、作用、要領、做法、要求等,指導學生學習的方法;而示範法則是教師透過具體的動作示範向學生演示所學技術的動作形象結構,引導學生進行學習的方法。雖然兩種教學方法側重點不同,但正確運用都能在一定程度上啟發學生的思維,加深對教材的理解,建立正確動作的表象,從而加速對知識、技術、技能的掌握。

在游泳教學實踐中,講解法與示範法都是結合運用,以

發揮其最佳教學效果。

如先講解後示範，或先示範後講解，或邊講解邊示範等，這有利於學生加深對所學技術動作的理解、想象和建立正確的動作概念，而且還可提升學生的學習興趣，激發學生的學習積極性，對教學效果的提升有重要作用。

游泳教學中講解與示範法的運用，應注意以下幾點：

(一)目的明確，重點突出

教師講解示範要有明確的目的，應根據課的任務、內容、教學對象，確定講解什麼，示範什麼，怎樣講，如何示範，並根據課的內容突出教材的重點和難點。

如學習蛙泳腿部動作時，應先進行蛙泳腿完整動作示範，然後講解其動作結構和動作過程，使學生對蛙式泳腿部動作有一個完整的了解，再進行分解動作或重點動作的講解和示範，如收腿中大腿與軀幹的夾角、勾腳趾翻腳掌動作等，並圍繞講解的重點動作進行示範。

學習分解動作時，應由講解和示範，讓學生明確該動作在完整動作中的位置。在每次講解示範時，都應強調學生聽什麼、思考什麼和看什麼，不要面面俱到地讓學生什麼都看，泛泛而聽，結果使得學生什麼都不清楚。

(二)注意講解示範位置與隊形

講解示範的隊形和位置，是保證講解示範效果的基本因素之一。游泳教學中講解和示範，可水陸結合，教師位置和學生的隊形，應根據所需示範動作的結構、學生人數、場地條件等情況靈活選擇，其目的是要有利於學生的觀察，使每一名學生都能看得見、聽得清。

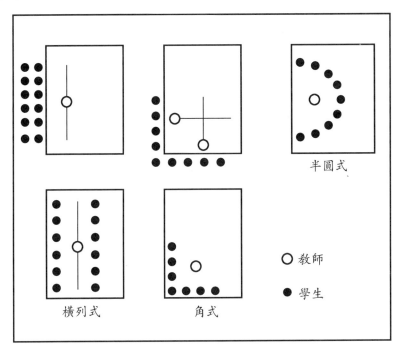

半圓式

橫列式　　　　角式

○ 教師

● 學生

圖 4-1　講解示範隊形與位置

　　在深水池教學，學生隊形常採用直角和平行隊形；而在淺水池教學，學生隊形可採用陸上教學的各種講解示範隊形（圖 4-1）。水中示範時，學生應在岸上觀看，這比在水中容易看得清楚，必要時也可讓學生戴上泳鏡在水下觀看示範的水下動作。

　　游泳教學的示範有正面示範、側面示範和背面示範。示範面的選擇，應根據所教泳式和動作而定。如教自由式腿和配合技術時，應以側面示範為主；在強調仰式手臂入水點時，應採用正面示範；在強調蛙式翻腳動作時，應採用背面示範。示範的速度以中速為宜，有時為了使學生看得更清楚，也可用較慢的速度進行示範。

(三)講解示範要水陸結合

學生在水中，由於多種因素的影響，注意力容易分散，難以聽清教師講解的內容。因此，應在學生下水前將教學內容、要求、組織措施等主要問題講解清楚。

學生下水後，教師主要是根據學生的練習情況做一些補充性的講解，而更多的是以手勢示意和語言強化動作要領。

(四)講解示範要正確

講解示範的正確性是保證講解示範質量的基本要求，為此，教師必須認真鑽研教材和教法，並應勤學苦練教材中技術動作，提高技術水平。

講解時要善於把教材文字變成教學語言，如蛙式收腿時大腿與軀幹的夾角，若直接講 120～140°角，學生對大腿收腿位置非常抽象，也不易掌握，若用「收腿時腳底朝上」來表述（收腿結束小腿與水面垂直），則學生容易理解和掌握動作，可收到良好的教學效果。

為擴大教師講解與示範的效果，可充分利用現代教育技術手段，採用計算機輔助的多媒體教學。如運用游泳 CAI 課件教學、觀看優秀運動員技術和比賽等音像與圖片材料等，提高學生對技術的理解和對技術的欣賞水平。

(五)區別教學對象

講解示範還應根據教學階段、教材特點和教學對象的不同而有所區別。一般對年齡小、理解能力差的對象，應多進行示範；對年齡較大、理解能力較強的對象，應講解、示範並重。教新動作時，講解必須配合足夠的示範；上復習課

時，示範應有重點和針對性，講解應著重於對動作的分析。

(六)講解應簡明生動

教師的講解應簡明扼要，力求精練，抓住關鍵。只有教師「精講」，才能使學生有時間「多練」。游泳術語和口訣能簡明地概括動作的要領和要求，如蛙式泳配合動作的「划手腿不動，收手又收腿，手將伸直蹬夾腿，蹬夾腿畢漂一會」等口訣，既便於記憶，又形象直觀，應在教學中注意研究，廣泛運用。講解要生動形象，示範要技術規範、動作優美，這有利於學生形成粗略的動作表象和加深對技術動作的理解。

(七)講解示範應有層次性

教師應使學生所學習的動作概念在他們頭腦裡逐步發展，過多、過早地講解或示範易導致學生對所學動作難以理解。根據教材的課時量合理安排講解示範內容和重點，循序漸進。基本要求是：先作結構性講解示範——主要講解示範動作過程和結構；再作關鍵性講解示範——講解示範動作的重點與難點。隨著教學的深入，講解示範更要圍繞學生學習情況和教學目標進行，如針對性講解示範，是針對學生練習情況和存在的問題進行講解示範；分析性講解示範，是著重圍繞提高技術效果進行講解示範。

(八)正誤對比示範

在糾正錯誤動作時，教師可對學生的錯誤動作進行形象的模仿，使學生了解自己的錯誤所在。教師可在正確的動作示範之後再做錯誤動作模仿，或在錯誤動作模仿之後再做正確動作示範。

正誤對比示範不僅可使學生透過正確動作和錯誤動作的鮮明對比，對所學動作有更加明確的認識和了解，而且能了解正確動作和錯誤動作的區別，有利於改進和避免錯誤動作，還可提高學生對技術動作的觀察、判斷和分析能力。

(九)手勢的運用

由於游泳動作結構的特點和特殊的教學環境，利用手勢來幫助提高教學效果，已成為游泳教學的基本手段之一。游泳教學中運用的手勢有兩種：

一是表示教師組織工作意圖的組織教學手勢。教師利用不同的手勢，如開始、停止、下水、上岸、組織隊形、示意距離等手勢組織教學。

二是說明技術動作的技術手勢。手勢不僅能演示四種泳式的手臂動作，而且能演示四種泳式的腿部動作，這就極大地方便了教師的教學。

如運用手勢演示游泳技術動作，教師的位置可以在岸上，這樣既能觀察學生練習，又能及時通過手勢向學生示意動作，強化動作要領，有利於教師帶領學生練習。如學生俯臥池邊練習蛙式泳腿時，教師可面對學生透過手勢帶領和指導學生練習，發揮學生視覺（看教師手勢動作）和動覺（控制練習動作）學習動作的優勢，有利於教與學的活動。

二、完整法和分解法

完整教學法是指從動作開始到結束，不分部分和段落，完整地進行教學。其優點是使學生完整地學習和掌握動作，不破壞動作結構的完整性，能保持各部分動作的內在聯繫，容易使學生形成整體動作的概念。但不利於複雜技術動作的

教學，給學生學習和掌握較為複雜的動作帶來困難。分解教學法是指把完整的動作，按其技術結構或身體活動部位，合理地分解成幾段或幾部分，並按所分的段落、部分依次進行教學，最後達到全部掌握。其優點是簡化教學過程，降低動作難度，增強學生的學習信心，利於加快掌握複雜技術動作的速度，更有利於突出重點。若分解和運用不當，容易破壞動作結構完整性及動作的內在聯繫。

完整教學法與分解教學法既是教師教的方法，也是學生學習和練習的方法。在游泳教學實踐中，這兩種教學方法都要根據教材特點和教學需要，有機結合運用到游泳技術教學之中，充分發揮各自的優勢，提高教學效果。

採用完整法和分解法進行教學時，應注意以下幾點：

(一)合理選擇和組合分解法與完整法

根據游泳技術教學特點和動作結構合理選擇和組合分解法與完整法。在游泳教學中，教任何泳式基本上都是按先腿後臂再臂腿配合這種分解形式和教學順序進行的。在教具體動作時，再根據該動作結構特點選擇不同的教學法。如教蛙式腿部動作，常採用分解法練習收、翻、蹬夾動作；而在教自由式、仰式和蝶式腿的動作時，則常用完整法教學。

(二)分解法與完整法要有機結合

分解教學不是目的，而是為了降低學生學習的難度，因此，分解教學應有利於向完整教學過渡。在游泳教學中，分解教學向完整教學過渡有兩種形式：

一是逐步過渡，即逐步減少分解部分達到完整教學。如自由式的直腿打腿、蝶式的水下側擺腿等，再逐步過渡到完

整打腿練習;自由式和仰式兩臂配合技術也可採用扶練習板單臂練習→兩臂扶練習板左右臂交替練習→前交叉配合練習;蝶式配合可採用單臂蝶式配合→左右臂交替蝶式配合→完整蝶式配合。在完整教學過程中,同樣要發揮分解教學在改進和提高技術環節動作中的作用,提高學生的完整技術的質量。

(三)突出重點,逐步提升

依據游泳技術的特點,游泳技術教學應首先強調動作姿勢(形狀、角度),即對水面、高肘屈臂、蛙腿翻腳等;再強調動作過程的方向、路線和幅度的變化,如曲線划水和動作幅度等;最後要求掌握動作節奏,如自由式腿上打慢下打快,蛙腿慢收快蹬、加速划水等。

三、練習法

練習法是游泳教學的基本方法之一,既是教師的教法也是學生的學法。練習法的特點是學生在練習中,有機體要承受一定的運動負荷,消耗一定的體力,引起一定的疲勞。因此,練習之間有適量的休息時間,以調節學生的體力,恢復工作能力。游泳教學中常採用的練習法有重複練習法、變換練習法、遊戲法、比賽法等。

(一)重複練習法

重複練習法是根據練習任務的需要,在相對固定的條件下反覆進行練習的方法。重複某一動作或姿勢的練習,有利於加速所學動作和條件反射的形成與鞏固;有利於加強身體鍛鍊,提高游泳所需的專項素質,並可迅速增長游距;有利於教師觀察、指導學生改進動作。

運用重複法時應注意控制練習的重複次數和練習的距離，還要控制好每組練習之間的間歇休息時間，以免負荷過大，使學生過早出現疲勞而影響技術動作的學習與掌握。

　　在游泳教學中，重複練習的距離應根據學生技術動作掌握的情況和練習內容難易程度確定，通常是先短然後逐步加長。重複次數則依練習距離和對練習動作強化的具體要求而定，練習距離短時重複次數多，反之則重複次數少一些。但在一些原地練習中，如俯臥池邊蹬蛙式腿或扶池邊自由式打腿等，一次練習通常以動作練習次數或練習時間為固定的練習單位，此類練習則主要以重複練習單位的次數，強化練習動作和增加練習強度。重複練習的間歇時間，在游泳教學中沒有很嚴格的規定，一般是以分組（2～3組）輪流游作為間歇控制，若不分組，則每游完一次，教師即以簡要講解或示範或糾正錯誤作為休息間歇。

(二)變換練習法

　　變換練習法是根據教學任務的需要，在變換條件下進行練習的方法。其變換的條件主要有動作形式、練習內容組合結構、附加條件練習、練習速度等。

　　在游泳教學中，變換練習法的設計與運用應貫徹由以視覺控制為主向以動覺控制為主過渡；由直立體位練習向平臥體位練習過渡；由有固定支撐練習到無固定支撐練習向無支撐練習過渡；分解練習向完整過渡；臂腿配合動作練習相互交替。

　　變換動作形式的練習設計，如自由式腿教學中可採用俯臥、仰臥或側臥打腿練習，透過體位變換強化學生的動作感覺；又如蛙式腿教學的練習組合，採用坐池邊蹬腿練習→垂

直支撐池邊蹬腿練習→俯臥池邊蹬腿練習→扶池邊憋氣蹬腿練習→憋氣滑行蹬腿練習→扶練習板蹬腿練習。練習內容組合的設計，如夾板蛙式划手與扶板蹬蛙式腿組合、扶板蹬蛙式腿與扶板自由式打腿組合等。

附加條件練習，如以固定的距離扶板蹬蛙式腿數蹬腿次數計算動作效果的「計算法」、仰式練習時額頭上放置蘋果以提高頭部穩定性的練習等。變換練習速度，如 25 公尺快 25 公尺慢或 50 公尺滑行式蛙式 50 公尺連接式蛙式等。

由於練習條件和運動負荷的不斷變換，有利於提高學生對上述變化的適應能力和進行練習的積極性，而且可使局部肢體和機體張弛相濟、勞逸結合，有利於動作技術的學習掌握和運動水平的提高。採用變換練習法時，應注意條件的變換和運動負荷的安排，既要符合練習任務的要求，又要考慮學生的接受能力和負荷能力。

(三)遊戲法和比賽法

遊戲法是以遊戲的方式組織學生進行練習的方法，比賽法是在比賽的條件下組織學生進行練習的方法。前者具有較強的娛樂性，後者具有較強的競爭性，因而採用上述方法進行練習時，可造成生動活潑、熱烈緊張的練習氣氛，不僅可提高學生的興趣，激發學生進行練習的積極性，加快學習掌握動作技術的進程，而且還可培養學生團結協作的團隊精神和競爭意識。

游泳教學中的水上遊戲內容豐富，應注意有針對性地選用。遊戲、比賽過程複雜多變，應加強組織工作，注意控制運動負荷，警惕傷害事故的發生。

四、錯誤動作糾正法和預防法

錯誤動作糾正法是指教師針對學生練習中產生的錯誤動作的原因，有針對性地選擇有效的手段，及時矯正錯誤動作的一種方法。在游泳教學中，由於教、學雙方的原因，學生的動作常會出現錯誤，如因不注意糾正或糾正不及時而導致錯誤動力定型的形成，不僅掌握不了正確的技術動作，而且錯誤動作還難以糾正。

(一)錯誤動作產生的原因

要糾正錯誤動作必須首先了解錯誤動作產生的原因，才能有的放矢地進行糾正。游泳教學中產生錯誤動作的原因有以下幾種：

1. 動作概念不清

如自由式的打腿，是直腿打水還是屈腿打水；蛙式腿的「蹬夾」動作，是邊蹬邊夾還是先蹬後夾。

2. 身體素質差

如肩關節靈活性差，造成移臂困難；踝關節靈活性差，造成勾腳打水等。

3. 某些動作動力定型的影響

如側泳的剪絞腿動作影響了蛙式腿動作的對稱，「大爬式」移臂影響了自由式的高肘移臂。

4. 心理緊張

初學游泳的學生，在水中進行練習時，尤其是在較深的水中時，因擔心自己的安全而產生緊張心理，造成動作僵硬、不協調，甚至導致亂蹬、亂划現象。

5. 教法不當

如蛙式腿的分解動作練習的時間過長，易造成動作脫節；自由式兩臂分解配合練習過多，易造成完整配合動作不連貫等。

(二)糾正錯誤動作的方法

學生一旦出現錯誤動作，教師首先要幫助學生找出原因，分析原因，反覆講解示範，尤其是正誤示範，使學生明確動作要領，建立自覺改進動作的意識。

第二，針對錯誤動作選擇有效的糾正方法，對症下藥。對於由學生內因而引起的錯誤動作，如身體素質較差產生的錯誤動作，教師要有預見，應有計畫地在課中或課外同步安排有關身體素質的練習，如蛙式腿教學應從教學開始就要安排壓蛙式腿練習，這既發展了蛙式腿的專門柔韌性，又強化了蛙式腿的翻腳動作；而對由舊動作定型產生的錯誤，則可運用誘導法和矯枉過正法等方法加以糾正；由心理緊張而引起的錯誤，應運用改變教學環境、加強保護幫助和增加引導性與準備性練習等，逐步消除心理緊張，形成正常學習的心理狀態。

由於外因的影響導致學生產生錯誤動作，如教師教法不當，教學環境和條件太差，教師則應加強教學理論的學習，鑽研教材，改進教學方法，提高運用教學方法的能力與技巧。教師還應針對現有的游泳教學場館，提出有利於教學的建設性意見，加強游泳場館和池水衛生管理，改善教學條件，為學生營造一個優良的教學環境。

糾正錯誤動作時應注意的事項：

1. 教師對學生出現的錯誤動作，應認真分析。糾正錯誤動作時，應抓主要矛盾，先主後次依次解決。抓主要矛盾，

一是要抓同時出現的幾個錯誤中的主要錯誤，二是要抓產生錯誤動作的幾個原因中的主要原因。

2. 區別對待，有的放矢，對症下藥，不同的錯誤動作應採用不同的糾正方法，即使多名學生出現同一錯誤，也應根據學生各自的情況，因人而異地採用不同的糾正方法。

3. 帶有共性的錯誤，應集體進行糾正。在學生人數較多的情況下，可將學生在一個基本教材中所產生的錯誤歸納成幾種類型，先集體糾正普遍存在的錯誤，再單獨糾正個別人的錯誤。

4. 觀察學生的錯誤動作時，應根據學生產生錯誤動作的部位（頭、軀幹、腿、臂），選擇適宜的觀察位置，避免光線直射眼睛，要充分考慮到水中光線折射的影響，必要時可潛入水中觀察。

(三)錯誤動作的預防法

在游泳教學中，減少學生學習過程中出現的錯誤動作，是提高教學質量的根本保證，也是教學技巧的具體體現。因此，預防錯誤動作的產生是教師教學設計必須考慮的主要因素。

教師教學前應認真分析教材的特點、重點、難點和常見錯誤動作，針對學生的具體情況，對教學過程中學生可能出現的錯誤動作應有預見性，並制定預防方法和應激措施；教學中，教師的講解與示範要啟發學生思考，幫助學生建立正確的動作表象，尤其是教師要對易出現的錯誤動作提出警示，使學生對錯誤動作產生警覺，這種教學前饋作用對預防錯誤動作有著良好的效果；教法和練習方法的選擇與組合，要符合認識規律和技能形成規律，進行每一個練習時都要提出準確而具體的要求，使學生明確練習的目的，按照練習要

求進行練習；加強課堂教學組織，營造優良的教學環境等，都是保證教學過程順利進行、減少學生學習過程中出現錯誤動作的基本措施與要求。

五、深水教學法

在深水環境中進行游泳教學，必須設法使學生浮於水上，並置於可靠的安全措施的保護之下。任何缺少安全保護措施的深水教學方法和手段，都是不可取的。目前採用較多的深水教學方法有繩索牽拉助力法和深水浮具法兩種。

(一)繩索牽拉助力法

這種方法是教師在岸上，由牽拉捆繫在學生腰部的繩索助力，使學生浮於水上，再進行游泳技術的教學。

此教法的優點是安全、可靠，學生在教師的牽拉助力下，可放心大膽地進行游泳技術的學習。缺點是採用此法，只能進行「一對一」的教學，不僅不能滿足學生人數較多的集體教學的需要，並且會大大增加教師的體力負擔。此外，還會因教師施加助力的不當，限制學生的動作和影響學生體會水中動作的實感。

(二)深水浮具法

這種方法是將浮具佩戴在學生的腰部（常採用的浮具有浮漂、浮帶、浮漂背心等），使身體在浮具浮力的支持下浮於水上，再進行游泳技術的學習。

此教法的優點：一是學生佩戴浮具後，由於無須擔心自己的安全，即可全力專注於動作技術的學習，有利於教學效果的提高。二是浮具的浮力，有助於學生的身體在水中處於

高平位置，有利於動作技術的學習和掌握。三是佩戴浮具後，學生可在水中獨立進行各種動作練習，避免了繩索牽拉的外力限制，並有利於增強水中的動作實感。四是在浮具的助浮、保護之下，教師可放手進行人數較多的集體教學，既可提高教學效率，又可減輕教師體力和精神上的負擔。

　　缺點是浮具佩戴位置不當，會影響身體的水平位置；佩戴浮具的時間過長，會使學生對浮具產生依賴。

　　運用深水浮具法時應注意以下幾點：

　　1. 浮具的浮力，應足以支持身體的重力，使用時應使頭部完全浮出水面。

　　2. 浮具應由2～4個單獨的浮子（球）組成，以便於教學過程中根據需要增減浮具的浮力。

　　3. 串聯浮子（球）並捆繫於學生腰間的繩索或橡皮筋，必須結實可靠，使用中不會斷裂、脫落。

　　4. 浮具佩戴的位置，應根據所學動作技術需要適時調整，使浮具的浮心始終處於身體重心之上。

　　5. 學生第一次佩戴浮具下水後，應先透過深水熟識水性練習，掌握在水中持板平浮和身體平衡，再開始腿部動作的學習。

　　6. 學生基本掌握動作技術後，應適時地減小或逐步取消浮具的浮力支持，以免造成學生對浮具助力的依賴。

第四節　游泳教學的順序

　　根據游泳教學的特點，對初學者的游泳教學必須首先熟識水性，繼而轉入游泳技術的教學。至於先教哪一種泳式、教某一泳式時應先教什麼動作、學習多種泳式時其順序如何

安排，均須根據教學任務，學習時間，教學對象的年齡、性別、技術基礎等具體情況而定。

一、首教泳式

初學者首先學習哪種泳式，必須根據教學任務和學生的情況而定。

(一)先教蛙式

如教學任務是盡快掌握一種泳式，並要求在較短的時間內完成一定的游距時，可首先選擇蛙式進行教學。一般高等和中等學校的游泳教學，教學時數不多，為盡快教會一種泳式和保證學生的安全，可先教蛙式。因為蛙式採用的是正面抬頭呼吸，動作自然，相對簡單易學，對稱的臂腿動作便於保持身體平衡。動作節奏有明顯間歇，游進時較為省力，基本掌握後即可迅速增長游距。蛙式動作與踩水、反蛙式動作相似，掌握蛙式後可迅速掌握踩水和反蛙式等實用游泳技術，或在蛙式教學中結合踩水、反蛙式等實用技術進行教學，有利於保證學生的安全。

但蛙式臂、腿和臂腿配合動作複雜，對初學者具有一定的學習難度，因此，對教師的教法和運用練習手段有較高要求。

(二)先教自由式

如教學任務是系統學習競技四式技術，則可先教自由式。因為自由式動作接近人的行走動作，臂、腿動作相對簡單，其配合節奏也不如蛙式要求高，較易學習掌握。而且，在掌握了自由式技術之後，由於動作技術的相似轉移，對學

習仰式、蝶式技術均有一定的幫助。再則，自由式比賽項目多，競賽意義大。在業餘體校對少年兒童進行游泳教學時常將自由式作為首教泳式。

但自由式的轉頭吸氣技術較為複雜，掌握較為困難，是自由式教學中的一個難點，教學中應給予充分關注。

(三)先教仰式

仰式腿、臂及配合技術比較簡單，臉露出水面呼吸可不受水的影響，易於初學者學習與掌握。另外，由於仰式動作與自由式相似，掌握了仰式後有利於學習自由式。但仰式作為首選泳式教學時，應加強保護，最好與踩水結合進行，以保證學生的安全。

在教學時，也可根據學生原有技術基礎來決定首教泳式。如已會大爬式者，可先教自由式；已會對稱性動作者，可先教蛙式；已會仰臥浮體者，可先教仰式。

二、一種泳式的教學順序

各種泳式的動作技術都包括腿、臂、臂與呼吸配合、臂腿配合和完整配合動作。無論教哪一種泳式，在採用分解教學法時，一般都按照腿→臂（臂與呼吸配合）→臂、腿配合→完整配合的順序進行教學。

在分解教學中應強調「先腿後臂」的教學順序，因為各種泳式的腿部向下動作的反作用力，可使腿部上浮，從而有利於保持身體的平浮和手臂動作的學習與掌握。

三、每個單一動作的教學順序

游泳的每個單一動作（臂或腿部動作）的教學，無論採

用完整法或分解法，原則上都應按以下教法順序進行：

（一）講解、示範，使學生明確動作要領。

（二）陸上模仿練習（包括半陸半水模仿練習）。

（三）水中有固定支撐練習（扶池邊、池槽、同伴或由同伴扶持，牽引進行腿部動作練習，站在淺水中或由同伴扶腿進行划臂練習）。

（四）水中無固定支撐練習（滑行打腿、拖腿划臂或利用浮板、浮枕等助浮器材進行腿部或臂部動作練習及徒手進行各種分解、配合練習）。

（五）逐步增長游距，鞏固和提高動作質量。

四、四種競技泳式的教學順序

隨著游泳運動的發展，學生對競技游泳的要求日趨全面，四種競技泳式的教學已在游泳教學中得到實施，尤其是在青少年群體中更為普及。在目前的游泳教學實踐中，四種競技游泳姿勢的教學順序主要有以下四種排列：

（一）熟識水性 → 自由式 → 仰式 → 蛙式 → 蝶式

（二）熟識水性 → 自由式 → 仰式 → 蝶式 → 蛙式

（三）熟識水性 → 仰式 → 自由式 → 蝶式 → 蛙式

（四）熟識水性 → 蛙式 → 自由式 → 仰式 → 蝶式

五、四種競技泳式的教學安排

(一)單一教學法

單一教學法是指在一定的時間內，只教一種泳式，待學生掌握後，再轉入另一泳式的教學方法。單一教學法的優點是重點突出，能集中時間和精力，全力以赴地解決主要教材

內容，使學生掌握一種泳式。缺點是教學內容單一，容易引起學生部分肢體疲勞，或因教學內容單調而使學生產生厭學情緒。因此，採用此教學安排時應增加遊戲內容和豐富教學手段，以利學生減輕肢體負擔和提高學習興趣。

(二)綜合教學法

綜合教學法是指在一段教學時間內幾種泳式連貫地或幾乎同時地進行教學。綜合教學法又有「平行連貫教學法」和「相似動作教學法」等不同教學安排方法。

1.平行連貫教學法

平行連貫教學法是指在一定的教學時間內，將四種泳式系統連貫地、幾乎平行地進行教學安排（表4-1）。

表 4-1　平行連貫教學法進度表

分量 內容 ＼ 課次	1	2	3	4	5	6	7	8	9	10	11	12	13	14	15	16	17	18	19	20	21	22	23	24
熟識水性	▨	▨	▨																					
自　由　式			▨	▨								▨	▨										▨	▨
仰　　　式					▨	▨							▨	▨									▨	▨
蝶　　　式						▨	▨							▨	▨							▨	▨	▨
蛙　　　式								▨	▨	▨							▨	▨						
考　　　核																								▨

此教學安排的優點是能使在初步學習而未完全掌握一種泳式時立即轉入另一種泳式的學習，四種泳式初步學習後，又開始第二輪、第三輪的學習，平行連貫地進行。使學生在一定的時間內進行多種泳式的學習，既可加快教學進度，又可提高學習興趣和避免局部肌體疲勞，使學生較快地學會多種泳式。平行連貫教學課的密度和運動量較大，教學過程的

組織要求比較嚴密。

2. 相似動作教學法

相似動作教學是指在游泳教學中,將各種泳式中動作結構基本相同、技術環節大致相似的動作加以綜合歸納,在一個階段的教學中,同時或相繼教學這類動作或泳式,例如踩水 → 蛙式 → 反蛙式 → 仰式 → 自由式 → 蝶式。此順序安排的優點是運用相似動作的技能轉移,能促使學生較快掌握多種游泳姿勢,並可提高學生學習興趣。

但教學時必須注意對相似動作的正確認定,才可達到動作技能良性轉移的目的。相似動作教學法中,也有先採用自由式或仰式開始動作順序進行教學的方案。

第五節　游泳技術教學

一、熟識水性

熟識水性是游泳教學中的一個重要環節,是初學者必須首先經過的一個階段。

其目的是讓初學者體會與了解水的浮力、壓力、阻力等特性,逐步適應水的環境,消除怕水心理,培養對游泳的興趣,並掌握一些學游泳最基本的動作,如呼吸、浮體、滑行等,為以後學習各種游泳技術打下基礎。

熟識水性教學的手段與方法多種多樣,在運用這些手段與方法時,能與水中遊戲結合,寓教於樂,其效果會更好。這裡只介紹幾種典型的熟識水性的練習方法。

(一)水中行走

水中行走練習的目的，主要是體會水的阻力，掌握在水中站立和行走時維持身體平衡的方法，消除怕水心理。

1.練習方法

（1）扶池邊向前、向後、向兩側行走。
（2）集體拉手向前、向後、向兩側行走。
（3）各種方向的走、跑及轉身、躍起。

2.教法提示

水中行走宜在齊腰深的水中進行，練習時應提醒學生相互注意，以防止因滑倒而嗆水或發生溺水事故。

(二)呼　吸

呼吸練習的目的，在於初步掌握游泳時的呼吸方法（呼吸過程、呼吸動作和呼吸節奏），適應頭浸入水中的刺激，消除怕水心理。

1.練習方法

（1）閉氣練習：面對池壁，兩手扶池邊站立。練習時用口吸氣後閉氣，將面部和頭沒入水中，在水中停留片刻後起立，在水面上呼氣和吸氣。在水中閉氣的時間，可隨練習次數的增加而逐漸延長，但須控制在學生能力範圍之內。

（2）呼氣練習：同上練習，當面部和頭沒入水中稍閉氣後，用口或口和鼻緩慢而均勻地呼氣，但不要把氣呼完，在呼氣的後部分，一邊呼氣一邊抬頭，當口出水面時用力將氣

呼完。然後起立在水面上用口吸氣。

（3）連續呼吸練習：同上練習，但要求練習動作連貫。如此反覆，直到能連續做 20～30 次。

2. 教法提示

（1）呼吸是游泳教學的難點，應貫穿教學的始終。

（2）強調呼吸的方式是用口吸氣，用口或口和鼻呼氣；呼吸的過程是吸氣 → 閉氣 → 呼氣；呼吸的節奏是快吸氣，慢而逐漸加速地呼氣；呼吸動作是抬頭或轉頭吸氣。

（3）為了不中斷練習和適應游泳時的呼吸動作與節奏，在做連續呼吸練習時，盡量不要用手去抹臉上的水，或用甩頭的方式將臉上的水甩掉。

（4）在學生能比較熟練地做呼吸練習後，可要求學生在水中睜開眼睛。

(三)浮體與站立

浮體與站立練習的目的是體會水的浮力，掌握在水中浮體、維持身體平衡和由浮體到站立的方法，進一步消除怕水心理。

1. 練習方法

（1）抱膝浮體：站立在齊胸深水中，深吸氣後閉氣，下蹲低頭抱膝團身，使身體自然漂浮於水中。站立時，鬆手，向前伸兩臂，然後輕輕下壓使頭抬起，同時兩腿下伸，腳觸池底站立，兩手臂在體側撥水維持身體平衡（圖 4–2a）。

（2）展體浮體：站立在齊胸深水中，兩臂放鬆前伸。深吸氣後，屈膝下蹲，身體前傾並低頭，兩腳輕蹬池底，兩腿

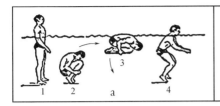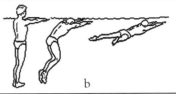

圖 4-2

放鬆上浮成俯臥展體姿勢漂浮於水中（圖 4-2b）。站立時，收腹、屈膝、收腿，兩臂向下輕輕壓水並抬頭，同時兩腿下伸，腳觸池底站立，兩手臂在體側撥水維持身體平衡。

2. 教法提示

（1）教授浮體時，必須同時教授站立的方法，以確保安全。

（2）在開始做浮體練習時，應提醒學生相互關照，需要時，出手幫助同學站立。

（3）在做展體浮體時，身體要展平，運用低頭和向前伸兩臂的動作，調節重心與浮心的位置，使身體能較長時間地平浮於水中。

(四) 滑 行

滑行練習的目的，是使學生體會和掌握游泳時身體的水平位置與流線型姿勢，提高學生在水中控制身體的能力，為學習各種泳式打好基礎。

1. 練習方法

（1）蹬池底滑行：兩腳前後開立於齊胸深水中，兩臂前伸，兩手併攏。深吸氣後上體前傾並屈膝，當頭和肩沒入水

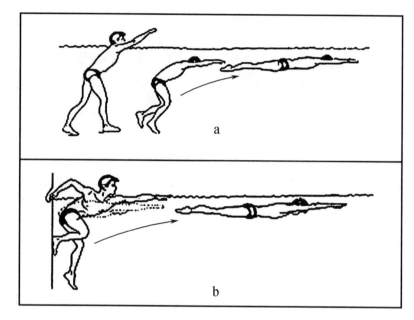

圖 4-3

中時，前腳掌向後下方用力蹬離池底，隨後兩腿併攏，使身體成流線型向前滑行（圖4-3a）。

（2）蹬池壁滑行：背對池壁，一手扶水槽或池邊，一臂前伸，一腳在池底站立，另一腳蹬在池壁上。深吸氣後低頭，上體在水中前傾成俯臥姿勢。然後提臀向上收支撐腿，兩腳貼於池壁，臀部後移，兩臂前伸併攏，頭夾於兩臂之間，兩腳用力蹬池壁，使身體成流線型姿勢向前滑行（圖4-3b）。

2.教法提示

（1）滑行是熟識水性的重點。

（2）滑行時，身體應適度緊張，保持流線型姿勢。

二、蛙式技術教學

(一)腿部動作

1.動作要領

兩腿從併攏伸直開始，大腿放鬆，膝下沉，小腿跟在大腿後面向前收，邊收邊分，當大腿收到與軀幹成 120～140°角時，兩膝與髖同寬，兩腳盡量靠近臀部，小腿與水面垂直，腳底朝上。接著，兩腳勾腳外翻，使腳內側和小腿內側對准後方。然後，大腿發力，小腿和腳加速向後做弧形蹬夾，蹬夾動作同時結束，兩腿併攏伸直，身體成流線型向前滑行。

2.練習方法和步驟

（1）陸上模仿練習

① 坐撐模仿：坐在池邊或凳子上，上體稍後仰，兩手後撐，按口令做蛙式腿部動作（圖 4-4）。練習時，先按

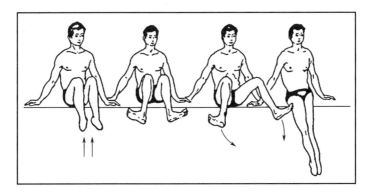

圖 4-4

「收、翻、蹬、停」四拍進行,再過渡到「收、翻」「蹬、停」兩拍,最後是一拍的完整練習。

　　②俯臥池邊模仿:趴在池邊,下肢置於水中,按同上的口令做蛙式腿部動作(圖4-5)。

　　③池邊垂直蹬腿:面對池壁,雙手扶池邊將身體撐起成直立懸垂姿勢(圖4-6a),手臂力量弱者則可手抓池邊(圖4-6b),做向下蹬腿練習。因手臂支撐時間有限,每次練習

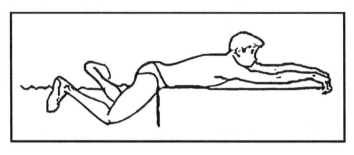

圖 4-5

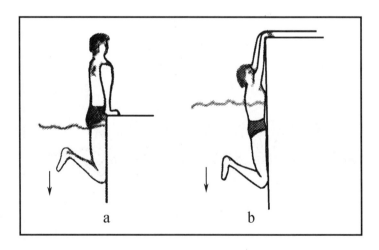

圖 4-6

圖 4-7

做 3～6 次蹬腿為宜。

（2）扶池邊水中蹬腿練習

① 雙手扶池邊，憋氣後身體成俯臥姿勢平臥水中，做蹬腿練習（圖 4-7a），每次練習 3～6 次。

② 滑行蹬腿：在蹬邊滑行的基礎上，兩臂伸直，兩腿做蛙式腿動作練習。

③ 扶板蹬腿：兩臂伸直，兩手扶浮板俯臥於水中，兩腿做蛙式腿動作練習（圖 4-7b）。

3.教法提示

（1）對初學者來說，蛙式蹬腿是蛙式推進力的主要來源，應重視腿部動作的練習。

（2）蛙式腿部教學的重點是蹬夾腿動作，難點是翻腳動作。

（3）在蛙式腿部動作教學中，除了要強調動作的路線外，還要強調動作節奏，即慢收快蹬。

(二)手臂和手臂與呼吸配合

1.動作要領

手臂的動作要領：兩臂從併攏前伸開始，前臂內旋，稍屈腕，掌心朝外斜對後下方，兩手外划至比肩寬時，邊划邊

圖 4-8

屈肘,前臂外旋,形成高肘姿勢轉向內划,兩手划至頜下靠攏向前伸,掌心轉向下方。整個划水過程要加速進行。

手臂與呼吸配合的動作要領:

早吸氣。兩臂外划時抬頭,口露出水面時吸氣,內划時閉氣,臂前伸滑行時呼氣。

晚吸氣。兩臂外划時呼氣,內划結束口露出水面時吸氣,前伸滑行時閉氣。

2.練習方法和步驟

（1）陸上模仿練習

① 站立模仿:兩腳開立,上體前屈,兩臂前伸併攏,做手臂動作的模仿練習。先按口令做外划、內划、前伸分解練習,然後做完整練習。熟練後做手臂與呼吸配合練習。

② 俯臥池邊划臂練習:練習方法如圖 4-8 所示,做手臂划水動作和手臂與呼吸配合練習。

（2）水中練習

① 水中站立划臂:站在齊腰深的水中,上體前屈,兩臂前伸併攏,先做手臂划水練習,然後做手臂與呼吸配合練習（圖 4-9）。

② 行進間手臂和手臂與呼吸配合:站在齊腰深的水中,

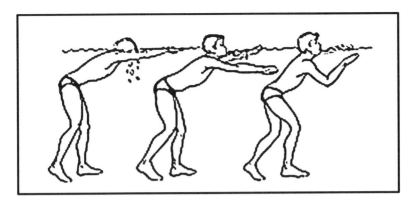

圖 4-9

上體前屈，兩臂前伸併攏，邊做手臂動作邊向前慢慢行走（抬頭），熟練後做手臂與呼吸配合練習。

③夾板手臂與呼吸配合練習：將浮板夾於兩大腿之間，俯臥水中做手臂與呼吸配合練習（圖 4-10）。

④滑行蹬腿手臂與呼吸配合：滑行蹬腿兩次，手臂與呼吸配合一次。

圖 4-10

3.教法提示

（1）手臂動作教學的重點是划水路線和動作節奏，難點是內划；手臂與呼吸配合教學重點是配合時機，難點是呼吸。

（2）在手臂動作教學初期，不要強調用力划水和划水效果，防止學生兩手過多地向後划水，宜採用「小划臂」練習，幫助學生體會和建立正確划臂的動作概念與肌肉感覺。

（3）在練習中，應強調兩手臂向前伸直併攏後一定要有滑行階段。

（4）從技術的合理性來講，晚吸氣技術要優於早吸氣技術。但對於初學者，早吸氣技術較容易掌握。在開始學習時，可要求採用早吸氣技術，學會蛙式後再改用晚吸氣技術。

（5）練習時，應注意呼吸的節奏，呼氣量應由小到大，口將出水時應加速呼氣。呼與吸之間應無停頓，口出水面後應快而深地吸氣。

（6）練習時，要掌握好臂與呼吸配合的時機。採用早吸氣技術時，應緩慢地抬頭，不要過猛地抬；採用晚吸氣時，應強調吸氣時手臂動作不能有停頓。

(三)完整配合動作

1.動作要領

游蛙式時，一般採用划臂一次、蹬腿一次、呼吸一次的配合方式。

採用早吸氣技術時，完整配合動作要領是：兩臂外划時腿不動，外划過程中抬頭吸氣，內划時收腿、閉氣，臂向前將伸直時蹬夾腿，臂腿伸直滑行時呼氣。

採用晚吸氣技術時，完整配合動作要領是：兩臂外划時開始呼氣，腿不動。內划時收腿，同時，頭隨肩部的升高而口露出水面時吸氣。臂向前將伸直時蹬夾腿，在手臂前伸和滑行時閉氣。

2.練習方法和步驟

（1）陸上模仿練習

① 單腿配合練習：兩腿稍開立，兩臂向上伸直併攏。一腿支撐，另一腿與臂配合做模仿練習。

練習時，可先按 4 拍進行分解練習，即第 1 拍，兩臂向外側划臂；第 2 拍，內划並收腿、翻腳；第 3 拍，臂將伸直時蹬腿；第 4 拍，臂腿伸直併攏後稍停片刻（圖 4-11a），然後做連貫動作。

② 臂腿配合練習：兩腿左右開立，兩腳成外八字，兩臂向上伸直併攏。

按口令做配合模仿練習，開始時分 3 拍進行：第 1 拍，兩臂向外側划臂；第 2 拍，內划並稍屈膝下蹲；第 3，臂將伸直時伸膝站立（圖 4-11b），之後做連貫動作練習。

圖 4-11

③完整配合模仿練習：在上一練習的基礎上，增加與呼吸的配合，做蛙式完整配合模仿練習。

（2）水中練習

蛙式完整配合練習一般分三個練習步驟：第一步，滑行後蹬腿兩次、划臂一次、呼吸一次的配合練習；第二步，按划臂（呼吸）→蹬腿→滑行的配合方式進行練習；第三步，逐步過渡到蛙式緊湊式配合練習。

3.教法提示

（1）蛙式完整配合的教學重點是臂與腿的配合，難點是臂腿配合時機。

（2）在完整配合教學的初期，應強調頻率要慢，一定要有滑行階段。

（3）練習時，呼氣要充分。

（4）隨著學生蛙式技術水平提高，應向晚吸氣技術過渡。

（5）在學生基本掌握了蛙式技術的基礎上，可採用加長距離和變換速度等練習，提高和鞏固技術。

(四)蛙式常見錯誤動作及其糾正方法

蛙式常見錯誤動作及其糾正方法如表 4-2 所示。

表 4-2　蛙式常見錯誤動作及其糾正方法

動作部位	常見錯誤	產生原因	糾正方法
腿	平收腿	1.動作概念不清 2.收腿時兩膝外展	1.講解、示範，明確收腿動作要領。陸上模仿加深體會 2.採用矯枉過正法，收腿時兩膝併攏

（續表）

動作部位	常見錯誤	產生原因	糾正方法
腿	收腿時腳的位置太低	1.動作概念不清，大腿收得過多 2.頭和上體抬得過高 3.腰部肌肉過於放鬆	1.講解、示範，明確要領 2.低頭提臀，使身體平浮 3.腰背肌肉適度緊張
	無翻腳動作或翻腳不夠	1.動作概念不清 2.缺乏翻腳動作的肌肉感覺 3.踝關節柔韌性差 4.伸踝的錯誤動作定型的影響	1.講解、示範，明確翻腳動作要領 2.做陸上模仿，增強翻腳動作的肌肉感覺 3.加強踝關節的柔韌性訓練 4.強調翻腳時的勾腳動作，反覆進行踝關節的屈伸練習
	收蹬腿時兩腿動作不對稱，有剪紋水動作	側泳及類似錯誤動作定型的影響	陸上模仿，加深對正確動作的體會。加強水中分解動作練習，強調兩腿動作應同時、對稱
	收蹬腿時身體上下起伏	1.收腿時頭、肩過低或提臀 2.大腿收得過多、過猛 3.蹬腿時挺腹	1.頭肩稍抬高，使身體平臥水中 2.慢收腿，不主動收大腿 3.蹬腿時腰腹保持適度緊張
	翻腳後未形成有利的蹬水面	1.動作概念不清，小腿未收至與水面垂直位置 2.下肢柔韌性差，大小腿折疊不緊 3.大腿收得過多	1.講解、示範，明確翻腳時小腿應收至與水面垂直位置 2.加強下肢柔韌性練習，盡量折緊大小腿 3.減小大腿收腿幅度
臂	直臂划水	1.動作概念不清 2.手臂外划後，未及時轉手、屈臂	1.講解、示範，明確划水動作要領。強調划水時臂應先直後屈 2.手臂外划後，應及時轉手、屈臂內划

（續表）

動作部位	常見錯誤	產生原因	糾正方法
臂	划水時手掌抹水	1.動作概念不清 2.划水時肘部下沉 3.手臂力量差	1.講解、示範，明確划水動作要領 2.加強陸上模仿和水中有固定支撐的練習，強調高肘划水 3.加強手臂力量訓練
	向後划水幅度過大	1.動作概念不清 2.急於用力划水推動身體前進	1.講解、示範，明確划水動作要領 2.多做水中有固定支撐的練習。採用矯枉過正的方法，減小划水幅度
配合	手臂前伸時邊伸邊划	1.動作概念不清 2.急於划水或急於抬頭吸氣 3.錯誤動作定型的影響	1.講解、示範，明確伸臂動作要領 2.強調要有明顯的滑行階段 3.加強陸上模仿和水中有固定支撐的練習
	蹬腿同時划臂	1.動作概念不清 2.配合節奏紊亂 3.急於划臂	1.講解、示範，明確臂腿配合動作要領 2.加強陸上模仿練習，體會正確動作 3.推遲划臂時間，強調蹬腿滑行後再開始划臂
	蹬腿同時伸臂	1.動作概念不清 2.急於蹬腿 3.內划後伸臂不及時，在胸前有停頓	1.講解、示範，明確臂腿配合動作要領 2.加強陸上模仿、水上分解練習，強調先伸臂後蹬腿 3.內划後及時伸臂
	吸不到氣	1.吸氣前未呼氣或呼氣不充分 2.不敢張口吸氣或用鼻吸氣，嗆水 3.口未能露出水面	1.提早呼氣時間，口將出水時加速呼氣 2.多做水中有固定支撐的手臂與呼吸配合練習，強調用口呼氣，用口吸氣 3.提早抬頭，抬頭時要求眼看天空

三、自由式技術教學

(一)腿部動作

1.動作要領

兩腿自然伸直，腳稍內旋，以髖關節為軸，大腿發力帶動小腿和腳做上下交替的鞭狀打水。上打時，直腿上擺；下打時，以大腿發力，帶動小腿和腳向後下方用力打水。兩腳打水幅度 30～40 厘米。

2.練習方法和步驟

（1）陸上模仿練習

① 坐撐打腿：坐在地上或池邊，兩手後撐，眼看稍內旋的兩腿動作，做直腿打腿練習（如坐在池邊，可將腿放入水中打水）。

② 俯臥打腿：俯臥於池邊或屈臂撐地，下肢放於水中，做自由式打腿動作（圖 4–12a）。

（2）水中練習

① 扶池邊打腿：手扶水槽或池邊，身體平臥於水中，深吸氣後閉氣，將臉沒入水中，兩腿上下交替打水（圖 4–12b）。

② 滑行打腿：在蹬邊滑行的基礎上做自由式打腿練習。

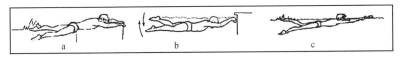

圖 4–12

③扶板打腿：兩臂伸直，兩手扶浮板，身體平臥於水中做自由式打腿練習（圖4-12c）。

④打腿與呼吸結合練習：採用雙手或單手扶板打腿與呼吸結合練習。單手扶板打腿時，一手臂伸直手扶板，另一手臂置於體側，向非扶板臂一側吸氣。動作熟練後，單手扶板練習可改為單臂徒手打腿結合呼吸的練習。

3. 教法提示

（1）自由式腿教學的重點是以髖關節為軸上下打腿，教學的難點是大腿帶動小腿做鞭狀打腿動作。

（2）陸上模仿練習及剛開始水中練習時可要求直腿打腿。直腿打腿有助於防止過度屈膝打水，有助於體會大腿發力和大腿帶動小腿的動作。

（3）自由式打腿練習枯燥易累，宜多變換練習的方式和方法。隨著打腿距離的延長，要與呼吸結合。

(二)手臂和手臂與呼吸配合

1. 動作要領

手臂的動作要領：兩臂交替在同側肩前入水前伸，然後向後下方屈臂、高肘抱水，並在身體下方向後做「S」形加速划水，划至大腿旁出水，經空中移臂再入水。當一臂入水時，另一臂正在水下划水。

手臂與呼吸配合的動作要領：以向右側轉頭吸氣為例，右臂入水後下划時，即開始呼氣；划至肩下時開始向右側轉頭；上划結束口轉出水面時，張口快速吸氣；右臂移至肩側時，頭回轉還原並閉氣。

2.練習方法和步驟

（1）陸上模仿練習

① 站立單臂模仿：兩腳左右開立，上體前屈，一手扶在同側膝關節上或在頭前扶支撐物，另一臂做自由式划水模仿練習（圖4-13a）。單臂練習可結合兩臂輪流交替做自由式划水模仿練習（圖4-13b）。先做分解練習，即一臂做完後再做另一臂，然後過渡到兩臂按動作要領進行配合。

② 轉頭吸氣練習：兩腳左右開立，上體前屈，兩手扶膝或扶支撐物，做向側轉頭吸氣練習（圖4-14a）。

③ 臂與呼吸配合練習：兩腳左右開立，上體前屈，做手臂與呼吸的配合練習（圖4-14b）。開始可先做單臂與呼吸

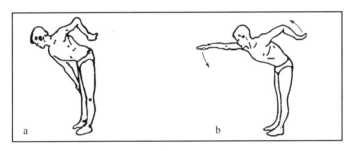

圖4-13

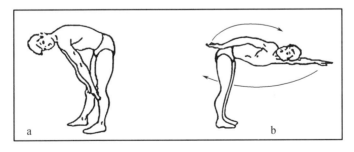

圖4-14

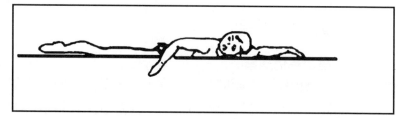

圖 4-15

的配合練習,然後做雙臂與呼吸的配合練習。

④ 俯臥池邊單臂划水:俯臥池邊,身體縱軸與池邊平行,靠池邊的手臂做自由式划水動作,另一臂在頭前伸直(圖4-15)。兩臂交換進行練習。

（2）水中練習

① 站立划水:站在齊腰深的水中,上體前屈,做自由式手臂動作練習。開始時可做單臂練習,然後兩臂按動作要領進行練習。

② 站立做臂與呼吸配合練習:站在齊腰深的水中,上體前屈,一手扶膝或支撐物,另一臂做划臂與呼吸配合練習。

③ 滑行打腿單臂划水練習:蹬邊滑行打腿,一臂在前伸直,另一臂做划水動作。先採用閉氣方式練習手臂動作,再做手臂與呼吸配合的練習。練習時可扶板或徒手進行。

④ 滑行打腿兩臂交替划水練習:在蹬邊滑行打腿的基礎上,兩臂分別做划水練習,即一臂做完動作後另一臂再做,兩臂交替進行。練習時先閉氣練習兩臂動作,然後呼吸分別與划水臂配合。練習可扶板或徒手進行。

3. 教法提示

（1）手臂動作教學的重點是高肘划水、高肘移臂和兩臂

配合形式，難點是划水方向；手臂與呼吸配合的教學重點是呼吸，難點是配合時機。

（2）強調手臂入水後的前伸動作要充分，不要急於向後划水；推水要到位，不可提前結束。

（3）注意身體應隨兩臂的划水動作而左右滾動。

（4）強調在身體滾動的基礎上轉頭吸氣，不能抬頭吸氣。

（5）轉頭吸氣時，非呼吸一側的手臂應在前伸直。練習時可要求非呼吸一側的耳朵與同側的手臂貼住。

（6）呼氣應隨呼吸一側手臂的加速划水動作而加速，呼氣要充分。

（7）自由式呼吸技術是四種泳式中最難掌握的一種呼吸方式，呼吸教學應貫穿自由式教學的全過程。

（三）完整配合動作

1. 動作要領

身體平直地俯臥水面，兩臂交替向後划水，兩腿不停頓地上下交替打水，向側轉頭吸氣。有 6 次、4 次、2 次及 2 次交叉打腿配合之分。6 次打腿配合技術是兩腿各打 3 次，兩臂各划 1 次，呼吸 1 次，即 6：2：1 的配合，這是多數運動員採用的配合方式。

2. 練習方法和步驟

（1）陸上模仿練習

原地踏步做臂腿配合：上體前屈或直立，兩臂交替划水，兩腳原地踏步（表示打腿），做臂腿配合練習。在此練

圖 4-16

習的基礎上,加呼吸,做自由式完整配合練習。

（2）水中練習

① 蹬邊滑行做臂腿配合：蹬邊滑行,先打腿,然後加划臂,閉氣進行練習。

② 扶板做單臂配合呼吸練習：一手臂在頭前伸直扶板並打腿,另一臂做與呼吸的配合練習（圖4-16）。在此練習的基礎上,可進行兩臂交替扶板划水的配合練習。也可徒手進行練習。

③ 完整配合：蹬邊滑行,先打腿,然後按要領做自由式完整配合練習。

3.教法提示

（1）自由式完整配合教學重點是臂與呼吸的配合,難點是臂腿與軀幹滾動整體動作的協調一致。

（2）教學中,首先抓好臂腿配合,然後再加呼吸配合。

（3）各種配合練習,都要強調不停地打腿。

（4）在教學中,不必數打了多少次腿,只要臂腿配合協調,划臂和呼吸時腿不停頓地打水即可。

(四) 自由式常見錯誤動作及其糾正方法

自由式常見錯誤動作及其糾正方法如表 4-3 所示。

表 4-3　自由式常見錯誤動作及其糾正方法

動作部位	常見錯誤	產生原因	糾正方法
腿	小腿打水（過度屈膝）	1.動作概念不清 2.大腿上打幅度不夠	1.講解、示範，明確動作要領 2.直腿打腿，體會大腿帶動小腿的動作。強調大腿上抬
	屈髖打水	軀幹未充分展開或收腹	陸上俯臥直腿打腿。水中練習時，注意大腿上擺
	勾腳打水	動作過分緊張或踝關節靈活性差	繃直腳尖打水。多做踝關節靈活性練習
臂	臂入水後向下壓水	1.直臂劃水 2.急於劃水	1.強調屈臂、高肘、拇指領先入水 2.入水後不要立即用力劃水，應先伸臂，再抱水、劃水
	劃水時手掌抹水	1.動作概念不清 2.沉肘劃水 3.手臂力量差	1.講解、示範，明確動作要領 2.強調屈臂、高肘劃水，掌心向後 3.加強手臂力量訓練
	手沿身體外側劃水	1.動作概念不清 2.入水點偏外 3.入水後過度向外抓水、劃水	1.講解、示範，明確動作要領 2.入水點儘量靠近中線 3.劃水時應沿中線附近劃水。加大身體滾動幅度
	劃水路線短	1.過早劃水 2.無推水動作	1.入水後向前充分伸臂後再抓水、劃水 2.要求推水結束手觸大腿
	劃水結束時身體下沉或手出水困難	1.動作概念不清 2.劃水結束時掌心向上，沒有伸腕推水動作 3.劃水後段直臂向上劃水	1.講解、示範，明確動作要領 2.陸上模仿，反覆練習伸腕推水動作，要求掌心向後推水 3.強調劃水後段向後伸臂推水

（續表）

動作部位	常見錯誤	產生原因	糾正方法
臂	直臂移臂	1.動作概念不清 2.肩、臂緊張 3.舊的動作定型影響	1.講解、示範，明確動作要領 2.多進行模仿練習，加強動作概念和肌肉感覺 3.強調高肘移臂，放鬆移臂，移臂前段要求用拇指觸及身體
	兩臂配合不連貫	1.動作概念不清 2.推水或入水後，手臂停留時間過長	1.講解、示範，明確動作要領 2.多做連貫配合動作模仿，強調推水和提肘出水動作一氣呵成，強調一臂移至頭的側上方時另一臂開始划水
配合	抬頭吸氣	1.動作概念不清 2.害怕嗆水、喝水	1.講解、示範，明確動作要領 2.加強呼吸練習，消除不良心理。強調轉頭吸氣
	吸不進氣	1.呼氣不充分 2.吸氣深度不夠 3.吸氣過晚	1.反覆練習加速呼氣，強調口出水前將氣呼完 2.加大吸氣深度 3.適當提早呼氣和吸氣時間
	配合動作不協調	1.動作概念不清 2.配合節奏紊亂 3.動作緊張 4.腿部動作遲緩	1.講解、示範，明確動作要領 2.多做陸上模仿練習，注意按正確節奏進行配合 3.多進行放鬆慢游練習和呼吸練習 4.加強打腿動作練習

四、仰式技術教學

(一)腿部動作

1.動作要領

　　兩腿自然伸直，腳稍內旋，以髖關節為軸，大腿發力帶動小腿和腳做上下交替的鞭狀打水。上踢時屈腿，腳背向後上方用力踢水；下壓時直腿下壓。兩腳打水幅度 40～50 厘米。

2.練習方法和步驟

　　（1）陸上模仿練習

　　池邊坐撐打水：坐在池邊，兩手後撐，上體後仰，兩腿放於水中，做上下交替打水動作。

　　（2）水中練習

　　① 助浮打腿：仰臥水中，將浮板置於腹上或頭下，借助浮板的浮力幫助身體上浮，做打腿練習（圖 4-17a、b）。

　　② 徒手打腿：仰臥水中，兩手臂在頭前伸直併攏或兩手放於體側，兩腿做打腿練習（圖 4-17c）。開始時可將兩手放於體側，輕輕撥水，幫助身體上浮。然後過渡到兩手臂在頭前伸直併攏的打腿練習。

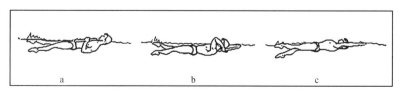

　　　a　　　　　　　　　　b　　　　　　　　　　c

圖 4-17

3.教法提示

（1）掌握仰臥浮體是學習仰式的前提，在教學仰式腿前，必須經由仰臥浮體練習，使學生基本掌握仰臥漂浮及滑行動作。

（2）仰式腿是基礎，腿部動作好，才能保持正確的身體姿勢。

（3）仰式腿的教學重點是以髖為支點，大腿帶動小腿做鞭狀打水，難點是直腿下壓和向上踢水的發力順序。在教學中，可先要求直腿打水，然後過渡到屈腿鞭狀打水。抬頭、收腹、屈髖對形成正確打腿動作負面影響較大，在教學中要加以注意。

（4）在開始進行仰臥打腿練習時，可先由同伴托住腰或頭進行練習。

（5）仰式時，臉部基本在水面上。開始練習時，為防止鼻子進水，可用鼻子呼氣，用口吸氣。

(二)手臂和手臂與呼吸配合

1.動作要領

兩臂輪流在同側肩前直臂入水，向前、向下、向外屈腕抱水，屈臂高肘在體側向後做「S」形加速划水，至大腿旁鞭狀下壓，提肩直臂出水，沿垂直面經肩的上方直臂前移再入水。當一臂入水時，另一臂划水結束。仰式呼吸是一臂移臂時呼氣，另一臂移臂時吸氣。

2.練習方法和步驟

（1）陸上模仿練習

① 手臂動作模仿練習：兩腳併攏站立，做仰式手臂動作模仿練習（圖4-18）。練習時，先做單臂，後做兩臂配合；先要求直臂划水，後逐漸過渡到屈臂划水。熟練後手臂練習應與呼吸配合。

圖 4-18

② 仰臥模仿：仰臥池岸邊（身體縱軸與池邊平行），單臂做在水中划水並經空中移臂的模仿練習。

（2）水中練習

① 助力划臂：在淺水中，由同伴抱住雙腿或握住腳踝，仰臥水中做仰式手臂動作練習（圖4-19）。

② 夾板划水：將浮板夾於兩大腿之間，身體仰臥水中，做仰式手臂動作練習（圖4-20）。

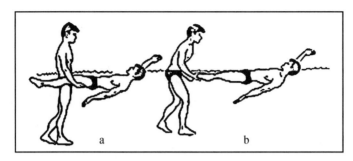

圖 4-19

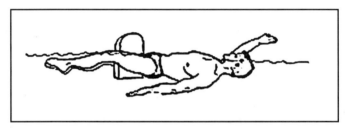

圖 4-20

3.教法提示

（1）仰式手臂動作的教學重點是屈臂高肘划水和兩臂配合，難點是轉肩。

（2）在做仰式手臂動作練習時，身體應隨划臂動作繞縱軸自然轉動。

（3）在做仰式手臂動作練習時，應有節奏地進行呼吸。

（4）在開始做手臂動作練習時，可先做直臂划水，然後逐漸過渡到屈臂划水。

（5）划水結束時，強調臂不能在體側停頓，兩臂划水動作應連貫、協調。

(三)完整配合動作

1.動作要領

身體平直地仰臥水面，兩臂交替划水時，兩腳不停地交替打水，打水 6 次、划臂 2 次、呼吸 1 次，即 6：2：1 配合方式。

2.練習方法和步驟

（1）陸上模仿練習

踏步配合：兩腳併攏站立，原地踏步（表示打腿）做仰式完整配合模仿練習。

（2）水中練習

① 單臂配合：仰臥滑行打腿，一臂前伸（或置於體側），另一臂做與腿的配合練習。

② 雙臂分解配合：仰臥滑行打腿，一臂划水並移臂入水後，另一臂再做動作，兩臂交替進行。

③ 完整配合：仰臥滑行打腿，加手臂動作做仰式完整配合練習。

3.教法提示

（1）仰式完整配合的教學重點是臂與腿的配合，難點是肩和身體的轉動，在配合中保持正確的仰臥身體姿勢。

（2）在做配合練習時，強調兩腿不停頓地打腿即可，不一定強調 6 次打水配合。

（3）在教學初期，可有意降低兩臂划水頻率和手臂入水速度，強調手臂划水結束後立即出水，不要在體側停頓。

(四) 仰式常見錯誤動作及其糾正方法

仰式常見錯誤動作及其糾正方法如表 4-4 所示。

表 4-4　仰式常見錯誤動作及其糾正方法

動作部位	常見錯誤	產生原因	糾正方法
腿	打腿時膝部出水，腳掌蹬水	1.動作概念不清 2.大腿直腿下壓不夠	1.講解、示範，明確動作要領 2.多做直腿打腿模仿練習。向下打腿時直腿下壓
	小腿踢水	1.動作概念不清 2.以膝為軸打水 3.大腿未參與打水或打水幅度過小	1.講解、示範，明確動作要領 2.多做直腿打腿模仿練習 3.強調大腿帶動小腿的正確踢水動作
	踢水時腳踢不出水花	1.動作概念不清，踢水方向不對 2.頭高腳低，身體過於傾斜	1.講解、示範，明確動作要領，強調向後上方踢水 2.多做仰臥浮體和呼吸練習，消除怕水心理。打腿練習時要求保持正確的仰臥姿勢
臂	兩臂配合不連貫	1.動作概念不清 2.划水結束時臂在體側停頓	1.講解、示範，明確動作要領 2.多做兩臂配合模仿練習 3.強調推水結束時，借水的反作用力迅速提臂出水
	臂划水用力過早、過猛	1.動作概念不清 2.急於划水 3.動作緊張	1.講解、示範，明確動作要領 2.強調入水下滑做抓水動作後再開始划水 3.要求慢慢游，適當放鬆，強調划水應逐漸加速
	手臂入水點過於偏外	1.動作概念不清 2.身體轉動不夠 3.肩關節靈活性差	1.講解、示範，明確動作要領 2.適當加大身體轉動幅度 3.加強肩關節靈活性訓練
	拖肘划水或直臂划水	1.動作概念不清 2.沒有做好抓水動作 3.手臂入水順勢拖肘後划	1.講解、示範，明確動作要領 2.靠近池邊，單臂划水，強制屈臂 3.強調入水後做好抓水動作

（續表）

動作部位	常見錯誤	產生原因	糾正方法
配合	頭高腳低「坐」著游	1.含胸、收腹、屈髖，腿踢不起來 2.怕嗆水，抬頭過高，急於划水	1.腦浸水略挺胸腹 2.降低划水頻率和游速，加強打腿練習。多做仰臥浮體和呼吸練習，消除怕水心理
	配合動作不協調，動作不連貫	1.腳慢手快 2.呼吸紊亂 3.手臂推水結束後在體側停頓	1.加強打腿練習，強調配合時積極快速不停頓地打腿，適當放慢划水頻率 2.注意呼吸節奏，強調手臂與呼吸的正確配合方式 3.強調推水結束時，借水的反作用力迅速提臂出水
	側向搖擺，蛇形游進	1.移臂不在垂直面上，側擺移臂。入水點偏內或偏外 2.划水過早 3.腿部動作差 4.身體沒有轉動 5.直臂划水	1.多做移臂動作模仿練習，水中練習強調在垂直面上移臂，手的入水點在同側肩的延長線上 2.放慢手臂入水速度，強調抓水後再開始划水 3.加強腿部動作練習，提高打水效果 4.強調身體要隨划臂動作沿身體縱軸左右轉動 5.改直臂划水為屈臂划水

五、蝶式技術教學

(一)軀幹與腿部動作

1.動作要領

兩腿自然伸直併攏，腳稍內旋，由腰部發力，帶動臀

部、大腿、小腿和腳做上下鞭狀打水。下打時提臀伸膝,足背向後下方用力;上打時挺腹,腿部自然伸直。腳打水幅度為 40～50 厘米。

2.練習方法和步驟

(1)陸上模仿練習

站立模仿:兩腳併攏站立,兩臂伸直併攏上舉,做打腿模仿練習(圖 4-21)。開始按挺腹、屈膝、提臀伸膝 3 拍進行練習,然後把 3 拍連起來進行練習。

(2)水中練習

① 潛泳打腿:蹬邊潛入水中,身體呈俯臥或側臥姿勢,兩手置於體側或在頭前伸直併攏,做蝶式打腿練習(圖 4-22a)。

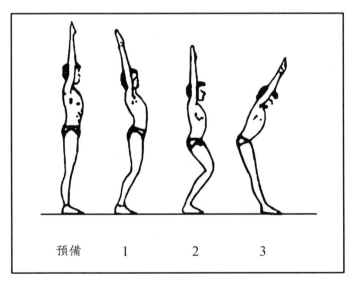

圖 4-21

圖 4-22

② 滑行打腿：蹬邊滑行，閉氣做蝶式打腿練習（圖 4-22b）。

③ 扶板打腿：雙手扶板做蝶式打腿練習。開始先低頭閉氣進行練習，基本掌握後再將頭抬起。

3.教法提示

（1）軀幹和腿部動作教學的重點是腰部發力，帶動大腿、小腿和腳做鞭狀打水，難點是正確的發力順序。

（2）做打腿練習時，要求臂和頭不上下擺動。

(二)手臂和手臂與呼吸配合

1.動作要領

蝶式臂的動作要領：兩臂同時對稱地在肩前入水，向外下後方屈臂轉腕抱水後，在身體下方保持屈臂高肘向內、向後、向外做雙「S」形加速划水，划至大腿旁提肘出水，經空中前移再入水。

臂與呼吸配合的動作要領：手臂開始划水時開始呼氣，隨著划水的進行，肩部位置逐漸升高並逐漸抬頭，當兩手划至腹部下方時，口露出水面並快速吸氣，手臂出水移臂時低頭閉氣。

2.練習方法和步驟

（1）陸上模仿練習

手臂動作模仿：兩腳前後開立，上體前屈，做蝶式手臂動作和手臂與呼吸配合模仿練習（圖4-23）。

（2）水中練習

① 原地划水：站在淺水中，上體前屈，做蝶式手臂動作和手臂與呼吸配合練習。

② 跳躍配合：站在淺水中，身體前傾，屈膝後兩腳蹬離池底，身體向前上方躍起，兩臂同時向後划水並呼氣，身體躍出水面時抬頭吸氣。下落時，兩臂迅速擺動前移，身體前扑，低頭閉氣入水，滑行後收腿站立（圖4-24）。

③ 滑行划水：蹬邊或蹬池底滑行後做一次手臂動作，反覆進行練習。

④ 夾板划水：俯臥水中，將浮板夾於兩大腿之間，做手臂與呼吸配合練習。

圖 4-23

圖 4-24

3. 教法提示

（1）教學中應強調手臂入水後不要急於向後划水，要先伸後划。

（2）手臂動作教學的重點是高肘屈臂划水，難點是划水方向。

（3）蝶式時，呼吸能否順利進行與划水效果有較大關係，教學中應加強手臂動作練習。

（4）練習時，強調配合的時機，即手臂一開始划水，就開始呼氣並逐漸抬頭。早抬頭有利於口露出水面吸氣。

(三)完整配合動作

1. 動作要領

蝶式配合方式是 2：1：1，即腿打 2 次、臂划 1 次、呼吸 1 次。兩臂入水前伸時打第一次腿，開始划水時呼氣，推水時打第二次腿並抬頭吸氣，空中移臂時閉氣。

2. 練習方法和步驟

（1）陸上模仿練習

① 臂腿配合：一腿支撐站立，另一腿向後伸直，身體前傾，兩臂與單腿做臂腿配合模仿練習。

② 完整配合：在上一練習的基礎上，加呼吸進行完整配合模仿練習。

③ 俯臥游泳練習凳做模仿：俯臥游泳練習凳上，做蝶式完整配合練習。

（2）水中練習

① 單臂配合：一臂前伸（可扶板或徒手）或置於體側，另一臂與腿、呼吸做配合練習。入水時打第一次腿，推水時打第二次腿，同時抬頭吸氣。

② 兩臂交替配合：兩臂交替與腿配合，如左臂與腿配合三次，然後右臂與腿配合三次，依次進行；再如左三次右三次，完整配合三次等，由改變單雙臂配合次數，可組成許多練習方法。非練習手臂可前伸（可扶板或徒手），也可置於體側。

③ 完整配合：在水中做完整配合動作練習。

3. 教法提示

（1）蝶式完整配合教學重點是臂腿配合，難點是臂腿配合的節奏。

（2）在教學中，臂腿分解配合練習的時間不宜過長，在學生基本掌握後，應及時轉入配合練習。

（3）教學中，先做單臂與腿配合練習，強調臂腿配合的時機，然後再進行完整配合練習。

（4）練習時，要提醒學生手臂入水後不要馬上向後划水，手臂入水後要前伸，壓肩提臂，然後再開始划水。

(四) 蝶式常見錯誤動作及其糾正方法

蝶式常見錯誤動作及其糾正方法如表 4-5 所示。

表 4-5　蝶式常見錯誤動作及其糾正方法

動作部位	常見錯誤	產生原因	糾正方法
軀幹和腿	屈伸小腿打水	1.動作概念不清 2.軀幹未參與動作	1.講解、示範，明確動作要領 2.多做以腰帶動腿的模仿練習，打腿時強調腰部發力
	直腿打腿，無波浪動作	1.動作概念不清 2.下肢過分緊張 3.腿下打時無屈膝動作，腰、大腿、小腿和腳未按順序依次發力 4.沉髖打水 5.軀幹參與動作不夠	1.講解、示範，明確動作要領 2.小腿和腳要放鬆 3.多做模仿練習，下打時適度屈膝，強調腰發力帶動下肢依次用力 4.注意提臀、收髖、展腹、沉髖動作的交替進行 5.多做潛水打腿，加大軀幹動作幅度
	上體起伏大	1.動作概念不清 2.發力的部位上移	1.講解、示範，明確動作要領 2.陸上做上體不動的腰、腿模仿練習。強調腰部發力帶動下肢，頭、肩和上體保持相對穩定
臂	手臂出水移臂困難	出水與推水動作不連貫，推水後有停頓。出水時掌心向上	強調掌心向後加速推水，利用慣性提肘出水、移臂
	直臂划水	1.動作概念不清 2.錯誤動作定型的影響	1.講解、示範，明確動作要領 2.多做陸上模仿和水中屈臂划水練習

（續表）

動作部位	常見錯誤	產生原因	糾正方法
臂	划水路線短	1.動作概念不清 2.無推水動作或推水動作不充分 3.怕吸不到氣，過早抬頭吸氣	1.講解、示範，明確動作要領 2.陸上反覆模仿推水動作，水上練習時要求手推至大腿側 3.強調推水後段抬頭吸氣
配合	臂腿配合脫節	1.動作概念不清 2.第二次打腿過早 3.臂在頭前入水後停留時間過長	1.講解、示範，明確動作要領 2.陸上模仿，強調推水時打第2次腿 3.臂入水後要積極前伸做抓水動作
	軀幹無波浪動作	1.動作概念不清 2.臂入水時，沒有積極壓肩、提臂	1.講解、示範，明確動作要領 2.反覆進行陸上模仿練習，水中練習時強調臂入水時要壓肩、提臂
	頭抬不起來，吸不到氣	1.抬頭過晚 2.划水效果差	1.多做模仿練習，強調一開始向後划水就開始逐漸抬頭並呼氣 2.加強手臂划水練習

六、出發技術教學

(一)出發臺出發

1.動作要領（抓臺式）

兩腳與肩同寬，平行開立，腳趾扣住出發臺前沿，低頭、向前屈體、微屈膝，兩臂下垂，兩手從前面或從兩側抓住出發臺，重心落在前腳掌上。聽到出發信號後，兩臂迅速提拉使身體前倒，接著屈膝抬頭，擺臂展體，用力蹬離出發臺。然後制動手臂，低頭，微收腹，併手、夾頭入水。身體在

水下呈流線型姿勢滑行，當速度接近游速時，開始游泳動作。

2.練習方法和步驟

（1）陸上模仿：兩腳左右開立，與肩同寬，聽到「各就位」時，模仿出發預備姿勢，聽到「跳」的口令時，手臂帶動身體向上跳起，在空中含胸收腹，身體適度緊張（圖4-25a）。

（2）池邊蹲跳：兩腳左右分開，與肩同寬，蹲於池邊，腳趾扣住池沿，兩臂上舉，頭夾於兩臂之間。身體前倒，當失去平衡時，腳蹬池邊，身體向前上方躍起。在空中低頭、含胸、收腹，然後按手臂、頭、軀幹、腿的順序依次入水。入水後身體呈流線型姿勢滑行。基本掌握後，改為半蹲進行練習（圖4-25b）。半蹲入水可從池邊→池端→出發臺進行練習，逐步升高起跳點。

（3）站在出發臺上按動作要領做出發練習，並逐步過渡到聽口令做出發練習。

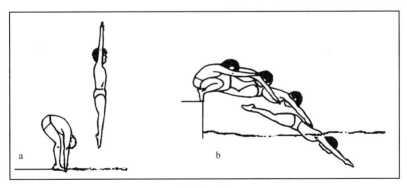

圖4-25

3. 教法提示

（1）出發臺出發技術的教學重點是起跳，難點是入水。

（2）出發臺出發技術教學，一般安排在蛙式和自由式教學之後，在學生能游一定距離並學會踩水的前提下進行。

（3）為了確保安全，在進行出發臺出發練習時，游泳池水深一般不應少於 1.50 公尺。

（4）在教學中應加強思想工作，採用誘導練習，從易到難，從低到高進行練習。

（5）在基本掌握動作後，再提高起跳力量、空中姿勢、入水及起游的銜接要求。

（二）仰式出發

1. 動作要領

面對池壁，兩手握住握手器，兩腳蹬在池壁上。聽到「各就位」口令時，兩臂將身體拉起；聽到出發信號後，兩手立即下壓握手器，手臂迅速向頭上方前擺，同時仰頭、挺胸，兩腳用力蹬池壁，兩臂擺至頭前時伸直併攏，身體在空中形成反弓形。入水後，呈流線型姿勢滑行；速度接近游速時開始打腿，第一次划手結束時身體應升至水面。

2. 練習方法和步驟

（1）陸上模仿：兩腳分開，與肩同寬蹲於地上，挺胸、抬頭，兩臂上擺，同時，兩腳蹬地，做向上躍起、展體的仰式出發模仿練習（圖 4–26a）。

（2）蹬壁滑行：面對池壁，兩手握住握手器（或池

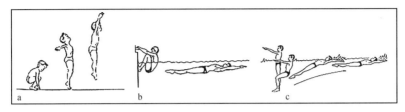

圖 4-26

沿），兩腳蹬在池壁上。兩手下壓握手器，身體後倒，兩臂後擺，兩腳向後蹬離池壁，頭夾於兩臂之間，身體成流線型姿勢在水中滑行（圖 4-26b）。

（3）反躍滑行：站在齊腰深水中，兩臂前舉。下蹲後，兩臂向後上擺，兩腿用力蹬池底。仰頭、挺胸、展體，身體向後上方反身躍起。入水後身體成流線型姿勢滑行（圖 4-26c）。

（4）完整練習：手握握手器，按仰式出發動作要領進行練習。

3.教法提示

（1）仰式出發技術的教學重點是起跳，難點是騰空入水。

（2）初學者在水中仰臥時鼻子容易進水，或呼氣過急而影響動作的掌握，練習時，在水中可用鼻慢慢呼氣。

（3）做完整練習時，開始預備姿勢不要拉得過高，以免蹬滑或過於向上蹬出。

（4）蹬出時，強調仰頭、挺胸和兩臂擺動。

(三)出發常見錯誤動作及其糾正方法

出發常見錯誤動作及其糾正方法如表 4-6 所示。

表 4-6　出發常見錯誤動作及其糾正方法

出發方式	常見錯誤	產生原因	糾正方法
出發台出發（抓台式）	胸腹拍水	1.騰空階段抬頭挺腹 2.起跳角度太大 3.害怕，不敢向前倒體	1.起跳後低頭含胸，微收腹，腰背肌保持緊張 2.強調先倒後蹬 3.在同伴幫助下先倒體，手接近水面時再蹬腿
	屈膝入水	小腿放鬆	強調起跳後兩腿併攏伸直，保持緊張。要求入水前眼看腳尖
	入水過深	1.入水角度過大 2.入水後未及時伸腕	1.向前上方跳起，適當增加騰空距離，減小入水角度 2.入水後及時伸腕
仰式出發	無騰空或起跳後兩腳拖水	1.擺臂、蹬腿力量不夠 2.起跳後兩腿未上擺	1.加大擺臂、蹬腿力量 2.起跳後兩腿適度上擺
	背先入水	沒有仰頭、挺胸、展體	強調起跳時擺臂、展體、仰頭、挺胸
	入水過深	1.頭過於後仰 2.入水後未及時展平身體	1.適當控制頭後仰的幅度 2.入水後稍收下頦，及時展平身體

七、轉身技術教學

(一)自由式前滾翻轉身

1.動作要領

　　當游近池壁時，最後一次划水動作，使兩臂處於體側位置，同時做一次海豚式打腿借助向後划水的速度和提臀動作，低頭團身滾翻。當翻至頭處於臀部下方時開始屈膝，使

圖 4-27

兩腳從水面上甩向池壁,同時兩手掌向下壓水。當兩腳觸及池壁時,兩手在頭前併攏前伸,然後兩腳用力蹬離池壁。蹬出後,身體仰臥滑行過程中繞縱軸轉動成俯臥姿勢,速度接近游速時開始打腿,第一次划水身體升至水面。

2.練習方法和步驟

(1)墊上前滾翻:蹲於墊上,兩手撐地,低頭、收腹、提臀,屈體前滾。前滾至四分之三時屈膝,完成滾翻後蹲立(圖 4-27a)。

(2)繞水線滾翻:兩臂伸直,手握水線,直體浮於水面。拉臂、低頭、團身、收腹、提臀,身體繞水線向前滾翻(圖 4-27b)。

(3)游進滾翻:游進過程中,做低頭、團身、收腹、提臀、屈體前滾的滾翻練習。反覆進行。

(4)對池壁滾翻:游進距池壁適當距離時,做前滾翻,成仰臥姿勢蹬出。熟練後再做蹬出成俯臥姿勢。

(5)完整練習:游近池壁,按要領做完整前滾翻練習。

3.教法提示

(1)自由式前滾翻轉身的教學重點是向前滾翻,難點是

向側轉體。

（2）在滾翻過程中，要用鼻慢而均勻地呼氣，避免鼻子進水。

（3）要加速游近池壁，借慣性加快身體翻轉。同時，強調低頭、團身、提臀，頭要有意識地去靠近大腿，以加速旋轉。

（4）判斷好做前滾翻的距離，要根據身高、游速來確定距離。一般在距池壁 1～1.5 公尺處開始做前滾翻轉身。

(二)仰式前滾翻轉身

1. 動作要領

當游近池壁時，身體先繞縱軸翻轉為俯臥姿勢；接著做一次划水動作，使兩手位於體側；同時兩腿海豚式打腿。借助划水和打腿產生的慣性，低頭團身滾翻，兩腳甩向池壁。當兩腳觸及池壁時，兩手臂在頭前併攏，身體呈仰臥姿勢然後兩腳用力蹬離池壁，稍滑行後開始打腿動作。第一次划水身體升至水面。

2. 練習方法和步驟

（1）陸上模仿：背對牆，距離 4～5 公尺站立。向後碎步行進，兩臂做仰式划臂，距牆 2～3 公尺時，向後轉身，單腳站立，模仿轉身動作的划水、低頭、提臀動作。

（2）仰式轉自由式：游進中，反覆做以手臂帶動身體做從仰式轉成自由式的練習（圖 4-28）。

（3）游進滾翻：在游進過程中，做仰式前滾翻練習，反覆進行。

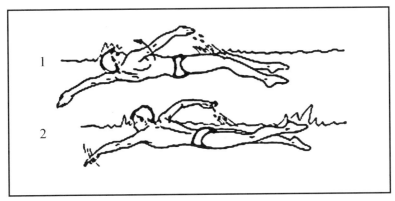

圖 4-28

（4）完整練習：游近池壁，按要領做仰式前滾翻練習。

3.教法提示

（1）仰式前滾翻轉身的教學重點是滾翻，難點是「仰轉俯」的時機。

（2）仰式前滾翻轉身的滾翻動作與自由式類似，練習方法可參考自由式前滾翻的練習方法。

（3）轉身時要判斷好距離。

（4）強調身體由仰臥轉成俯臥後，要立即划臂開始滾翻動作，不要有停頓。

(三)蛙式轉身

1.動作要領

快速游近池壁，兩手同時觸壁後，借慣性屈臂和屈膝收腿，頭和肩出水並吸氣。右手離開池壁（以向右轉身為例），在水下向轉身方向伸出，同時身體右轉，成側對游進

方向。左手推池壁加速身體轉動，並經空中向前擺與頭同時入水，與右臂在頭前會合。此時，兩腳已觸及池壁，身體成側臥。然後兩腳蹬離池壁，身體逐漸轉成俯臥，並呈流線型向前滑行。滑行速度接近游速時，開始做一次長划臂或直接接蛙式划臂動作。

蛙式長划臂的方法是：兩臂直臂外划，然後屈臂高肘做向內後方划水，當手划至胸腹之間下方時，再向後外方推水至大腿兩側，兩手臂緊貼體側。稍滑行後，兩手貼近身體向前收手，收至胸腹之間時開始收腿，手臂向前將伸直時蹬腿使身體上升至水面，然後開始做蛙式動作。

2.練習方法和步驟

（1）陸上模仿：面對牆站立，兩臂伸直扶在牆上。然後單腿支撐，做蛙式轉身的模仿練習（圖4–29）。

（2）行進間模仿：面對牆碎步行進，兩臂向前併攏伸直，當手觸及牆壁時，單腿支撐，做蛙式轉身的模仿練習。

（3）長划臂模仿：兩腳併攏站立，兩手臂向頭上伸直併攏，做蛙式長划臂的模仿練習（圖4–30）。

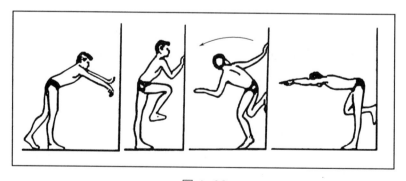

圖 4–29

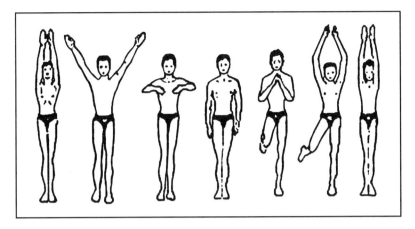

圖 4-30

（4）拉邊轉身：蛙式游向池邊，當游到池邊時，雙手拉住池邊，將身體拉向池壁，做蛙式轉身練習。

（5）連續長划臂練習：蹬邊滑行後，在水下連續做 2～3 個長划臂動作。

（6）完整練習：游近池壁，按動作要領做蛙式轉身練習。

3.教法提示

（1）蛙式轉身的教學重點是轉體倒肩，難點是側臥蹬壁；長划臂的教學重點是手臂長划的動作，難點是控制身體在水中的深度。

（2）為保證有較大的轉身速度，要求不減速地游近池壁，最後一次蹬腿後，兩手應緊接著觸壁。

（3）強調兩手觸壁後應先屈臂，借慣性將身體引向池壁後再轉身推手，推手不宜過早。

(四)蝶式轉身

蝶式轉身的動作要領和練習方法與蛙式基本相同，不同的是蹬壁滑行時兩腿做一次或多次海豚式打水動作，然後配合划臂動作，第一次划臂身體升至水面。在教學中，蝶式轉身教學應安排在蛙式轉身教學之後進行。

(五)轉身常見錯誤動作及其糾正方法

轉身常見錯誤動作及其糾正方法如表 4-7 所示。

表 4-7　轉身常見錯誤動作及糾正方法

轉身方式	常見錯誤	產生原因	糾正方法
自由式前滾翻轉身	前滾翻不暢或滾翻不過來	1.游近池壁時減速 2.低頭、團身、提臀的速度不夠或配合不協調 3.兩腳出水後未屈膝甩腿 4.前翻後展體太早	1.加快游近池壁的速度 2.加快低頭、團身、提臀的速度，頭應積極靠近大腿 3.兩腳出水後應積極屈膝甩腿 4.推遲前翻後的展體時間
	蹬壁無力	1.未掌握好轉身時體與池壁的距離 2.滾翻後腳未貼好池壁，急於蹬腿	1.反覆練習，調整好轉身時身體與池壁的距離 2.注意先將兩腳在池壁貼好，然後再用力蹬離池壁
	蹬出方向不正	1.側轉時間過早 2.蹬離池壁時，用力方向不正	1.反覆練習先翻後轉動作，基本掌握後再過渡到翻轉結合 2.強調蹬離時身體縱軸與池壁垂直，蹬腿方向與身體縱軸一致

（續表）

轉身方式	常見錯誤	產生原因	糾正方法
仰式前滾翻轉身	轉身動作不連貫，轉身後附加划臂、打腿、滑行動作	1.動作概念不清 2.距離判斷不準確，離池壁太遠 3.轉成俯臥後未及時做滾翻動作	1.講解、示範，明確動作要領 2.反覆練習，調整好轉身時身體與池壁的距離 3.強調轉成俯臥後應及時做滾翻動作
	滾翻不暢或滾翻不過來	同自由式前滾翻	同自由式前滾翻
	蹬壁無力	同自由式前滾翻	同自由式前滾翻
蛙式轉身	轉身動作不暢	1.游近池壁時減速 2.頭、肩未出水，身體在水中平轉 3.未甩頭、轉體就先推手	1.加速游近池壁，充分利用游進慣性轉身 2.強調轉身時頭、肩出水，減小阻力 3.收腿後，先甩頭、轉體再推手
	蹬壁方向不正，有蹬滑現象	1.未完成轉身動作就蹬離池壁 2.蹬壁時身體縱軸不正	1.注意完成轉身動作後再蹬離池壁 2.強調蹬離時身體縱軸應與池壁垂直
	蹬壁無力	1.轉身後收腿不緊或臀部未靠近池壁 2.轉身後兩腳未貼好池壁	1.轉身後注意腿部收緊，臀部盡量靠近池壁 2.強調轉身後兩腳貼好池壁後再蹬壁
	蹬壁滑行時身體出水	1.轉身後身體未沉入水中 2.蹬壁方向不對，向後下蹬壁 3.蹬壁時上體向上抬起	1.注意轉身後身體沉入水中後再蹬壁 2.蹬壁時應向後蹬 3.蹬壁時身體適度向下傾斜
	長划臂時身體出水	開始做長划臂時過度向下划水	開始做長划臂時，兩臂應先直臂向兩側划水，不要向下划水

思考題：

1. 游泳教學的環境、教學對象的心理有什麼特點？游泳時的呼吸有什麼特點？

2. 游泳教學的特點是什麼？

3. 游泳課的主要任務是什麼？

4. 如何做好游泳課的安全組織工作？

5. 如何在游泳教學中預防錯誤動作？

6. 選擇教學方法時，需要考慮的依據主要有哪些方面？

7. 分解教學法和完整教學法在游泳教學中如何運用？運用時應注意哪些問題？

8. 游泳教學中講解、示範應注意的事項有哪些？

9. 確定游泳教學的首教泳式的依據有哪些？一種泳式的教學應按什麼順序進行？每個單一動作的教學順序應如何進行？

10. 什麼是單一教學法和綜合教學法？各有什麼特點？採用時需注意哪些問題？

11. 試編寫一份12次課的蛙式（或自由式）教學進度表。

12. 熟識水性教學的內容有哪些？

13. 簡述蛙式和自由式的腿、臂及配合技術的動作要領、教學重點、難點和練習方法。

第五章

學校游泳訓練

內容提要：

　　本章重點討論學校游泳訓練的意義、組織管理形式和游泳訓練的一般規律與方法。闡述了學校游泳訓練的基本特徵以及訓練過程的特點；少年兒童體能訓練、技術訓練、心理訓練和恢復訓練、訓練與控制；運動負荷的特徵、安排和控制等。旨在使學生由學習，掌握學校游泳訓練的基本規律、組織形式和訓練方法，為開展和指導學校游泳訓練工作奠定基礎。

第一節　學校游泳訓練的特點與組織

　　學校是競技游泳後備人才儲備基地，抓好學校游泳訓練是我國競技游泳可持續發展的根本保證。學校游泳訓練要在學校體育健康課程的指導下組織和開展，依據不同年齡特徵進行科學訓練，促進少年兒童的生長發育和身心健康發展，提高運動成績。

一、學校游泳訓練的特點

　　學生從小學到中學畢業，時間跨度為 12 年，身體的成長發育經歷了兒童、少年兩個階段，其中青春前期和青春期的發育水平不僅影響到他們的終生，而且從游泳訓練的多年過

程來看，也直接影響到他們的成才與否，以及成才後的運動壽命。

(一)文化學習與訓練緊密結合

中小學學生正處於長身體長知識的時期，游泳訓練應緊密結合這一特點，促進學生的身體健康，提高學習效率。文化學習與訓練之間存在一定的矛盾，如時間和精力上衝突等。在處理這對矛盾時，應該首先強調文化學習的重要性，這也是訓練能否在學校繼續存在和能否得到家長支持的關鍵。因此，要合理安排訓練時間和運動負荷，精選訓練內容和手段，提高訓練實效；同時，要檢查督促學生進行文化學習，並將學習成績作為評定學生的重要指標之一。

(二)各學科交叉有助於科學訓練

各學科並存是學校訓練的最大優勢所在。學校游泳訓練應立足於發揮各學科的指導作用，優勢互補，資源共享；充分調動各學科教師參與訓練工作的積極性，利用各學科實驗室進行游泳訓練的醫務監督、訓練診斷和技術分析，從而保證游泳訓練的科學性，提高游泳訓練效果。

(三)訓練的系統性是關鍵

根據目前我國學校的設置，參加游泳訓練的學生，其小學階段基本能保證在一個學校就讀，而初中和高中就很難在同一個學校就讀，使訓練的系統性受到影響。就讀於不同的學校，雖然能夠繼續訓練，但不同學校教練員訓練的指導思想是不同的，這就存在一個訓練的銜接問題。為保證訓練的系統性，首先要依據中國游泳協會審定的《游泳年齡組教學

訓練大綱》指導訓練，其次是做好交接工作。

　　學生從一所學校輸送到另一所學校，一定要移交運動員訓練資料和運動員個人訓練檔案，同時根據所處訓練階段制訂短期的過渡訓練計畫，其目的是使新任教練員透過觀察，對新學員的訓練水平和狀態有進一步的了解，為制訂訓練計畫提供依據，保證游泳訓練的系統性。

(四) 遵循少年兒童生長發育規律

　　中小學學生正處於生長發育時期，這一時期的訓練必須遵循少年兒童生長發育的規律，運動成績的增長不應超過少年兒童生長發育水平。運動素質的發展要與運動素質的敏感期相適應（表 5-1），運動素質要全面協調發展，逐步突出

表 5-1　游泳運動員各項素質敏感期的年齡情況

生理素質	男孩敏感期的年齡	女孩敏感期的年齡	與青春期時間差（年）
柔韌	7～13	6～2	-4～-6
平衡	9～11	8～10	-3
靈敏	10～12	9～11	-2～-3
肺活量、心血管系統耐力	12～14	11～13	-1
最大攝氧量，氧債	14		0
手臂拉力	14～15	12～13	+0.5
縱跳	14～15	12～13	+0.5
一般力量	14～16	13～15	+1～+2
專項力量	14～16		+1
水中力量	15～16		+1.5

專項素質。另一個值得注意的問題是，男女少年兒童運動員入學年齡和學習年限基本相同，但在生長發育水平和心理水平方面性別差異較大。

研究表明，女孩比男孩早1～3年，這一點在少年兒童游泳訓練期間尤其要注意。因此，學校游泳訓練的安排上，要充分考慮少年兒童游泳運動員的生物年齡、性別等因素。

(五)訓練周期的畫分要與教學安排相適應

學校教學安排有自身的規律，例如一年兩個學期兩個假期、一個學年跨兩個年份，每學期都有考試，作息和課程安排以週為單位等等，這便形成了學校教學安排的基本模式。游泳訓練應充分考慮學校教學安排的模式特點，科學合理地調整訓練計畫安排，使學習和訓練時間能夠有機結合，保證學習和訓練兩不誤，這是學校訓練安排的基本原則和要求。

(六)技術訓練是重點

技術訓練是少年兒童時期訓練的重點，也是提高運動成績的保證。根據少年兒童不同訓練階段的任務，技術訓練要循序漸進逐步提高，全面發展有所側重。

在基礎訓練時期，運動成績的進步應主要依賴技術的改進和提高，而不應過早動用體能來提高運動成績。技術訓練應與發展運動素質結合，採用漸進式和螺旋式多次重複的模式改進、鞏固和提高技術水平。

(七)訓練手段多樣化

中小學學生游泳訓練興趣培養中的一個重要環節，是訓練方法與手段要緊密結合少年兒童生長發育特點和心理特

點。訓練方法非成人化,從興趣入手,形式多種多樣是早期訓練的特有的特徵。

另外,訓練手段的設計要有準確的作用方向,多樣性和目的性要緊密結合。隨著學生升學和生長發育的逐步成熟,訓練手段和方法才逐步向成人化轉移。

(八)訓練水平平衡發展

游泳訓練要促進中小學生身體全面發展,因此,在訓練中,必須始終注意他們訓練水平平衡發展的問題。在體能訓練上,要處理好素質敏感期的重點發展與全面平衡的關係;在技術訓練上,要強調打好全面的技術基礎,泳式有所側重,但不宜過早專項化;在訓練中要合理安排三個供能系統的訓練比例,重點發展有氧供能能力。

二、學校游泳訓練的組織與進行

學校游泳訓練是在學校統一領導和管理下,由體育教師專門組織和實施的,是學生體育教學訓練的一部分。學校要根據本校的條件、設施和地方特色,有組織、有計畫地開展游泳訓練。學校游泳訓練的組織與進行,包括選材和組織訓練。

(一)選　材

游泳是人體在水中的競速運動。由於人長期生活在陸上,這就使得在挑選適合游泳運動的運動員時,不得不優先考慮符合水環境運動的條件。

游泳運動員選材包括兩個方面:一是從游泳運動的特點出發,挑選適合游泳訓練的運動員苗子,其重點是觀察和測

量身體結構和身體機能潛能；二是根據運動員自身的潛力，確定最適合發揮其潛能的游泳項目。這兩個方面對運動員的發展都具有極大的影響。

1.選材的主要指標

（1）水感：水感是適合游泳與否的先決條件，雖然身體結構好和機能水準高的人並不難找，但不具備良好的水感就很難訓練成高水準的游泳運動員。

水感是一種天生的能力，其遺傳度高，也難以定量分析，且訓練可改變的程度不大，必須更加依賴從選材中發現具有天賦的游泳苗子。水感作為游泳選材的重要指標，測量難度較大，更多的是依賴間接的觀察進行評定。美國教練員認為，水感與水性和水中平衡能力密切相關，控制好平衡是掌握好技術的基礎，平衡能力可由滑行距離和靜臥平衡進行測量；水感還反映在打腿速度上，一般認為打腿快而輕鬆的運動員水性和水感都較好。

另外，可在訓練和比賽中觀察或測量運動員的划水效果，水感好的運動員划水效率高，滑行流暢，比較「走水」。

（2）浮力：浮力好，游進時身體位置高，阻力小。浮力與身體結構和身體成分有關，浮力的判定指標常用水中抱膝團身，凡背部能夠露出水面者浮力好。浮力與平衡也有關係，平衡好漂浮位置高，反之浮力差。

（3）柔韌性：絕大多數水感好的運動員柔韌性也好。胸和腹部能大幅度伸展，就會增加氧的攝入量；肩和上體的柔韌性好，就能輕鬆地完成移臂，避免身體因移臂而橫向擺動；入水後手臂自然而充分地前伸，有利於抓水和增長划水距離；腳踝和髖關節的靈活性對腿部動作影響很大，有利於

提高鞭狀打腿和蛙式蹬腿的效果，柔韌性評價可選擇後面「柔韌訓練」部分的圖 5-2 中的柔韌性練習方法進行測量，作為評價指標。

（4）協調能力：協調能力對學習和掌握各種游泳技巧、增強水中運動能力十分重要，也有利於調整自己在水中的身體姿勢來保持平衡。

游泳運動員既要控制身體姿勢，又要迅速完成力的傳遞，全身協同配合是必不可少的。協調能力強，有利於提高游泳技術中的放鬆能力、節奏感和恢復能力。協調性是人體各肌群同步活動的能力，因此，評價學生的協調能力有一定的難度，簡單的方法可以從觀察學生學習各種動作的快慢和完成動作的準確性等方面評價其協調能力。

（5）身體形態：在身體形態中身高最為重要。德國研究證明：身材高、體重輕的游泳運動員，在次極限速度游泳時，單位體重消耗的能量相對較少。有關研究根據身高和身體寬度，計算人體的水動力指數，作為游泳選材對身體形態綜合評定的指標。

$$HI（水動力指數）=（Y+100）/ 身高$$
$$Y=（肩寬 + 髖寬）/ 2$$

游泳運動員身體形態總體要求是肢體長、手腳大、瘦長的體型、窄臀、寬肩。這些指標反映各泳式的身體形態的基本特點。

（6）機能水平：身體各類圍度指標、肌群的大小和肌纖維類型，客觀上反映了游泳運動員力量潛能；肺活量、肺活量體重指數，則反映了機能潛能。

研究表明：最大有氧能力透過訓練只能提高 15%～20%，ATP-CP 的遺傳概率為 70%～80%，乳酸為 99%，無氧能力

和最大攝氧能力為 79%。機能水平主要由專門的測試項目和儀器進行綜合評定。

（7）選材還要考慮學生家長的態度和支持，學生本人訓練態度要端正，並具有可接受高水準訓練的潛能。

有關游泳選材的具體指標和方法，可參考《游泳年齡組教學訓練大綱》。

（8）選項：運動員選項就是確定運動員比賽的項目，即平常說的主項或專項。對兒童選項不應過早，應提倡四種泳式全面訓練。但隨著訓練深入和進入少年時期，逐步確定專項和同步發展專項能力應成為訓練的重要內容。

選項時要根據項目特點和運動員潛力確定其專項，一般來說，爆發力好、速度快的運動員宜選擇短距離項目，而心肺功能強、耐力好的運動員適合參加中長距離項目的比賽；在泳式方面，蝶式對運動員腰腹肌力量、動作的節奏性和協調性要求較高，蛙式則對運動員的腿部力量、動作配合的節奏等方面要求較高。這些都是教練員在確定運動員比賽項目時必須認真考慮和分析的因素。

在確定運動員比賽項目時還應注意：少年兒童比賽項目宜逐步確定，這是因為少年兒童生長發育尚未成熟，身體潛能尚未顯示出來，僅僅憑一兩次比賽或測驗，還不能準確地確定下來，所以少年兒童宜多參加不同泳式和不同距離的比賽或測驗，尤其是多參加長距離項目比賽。選項時不能忽略培養運動員對比賽項目的興趣。

2.選材步驟與方法

第一階段的選材（小學 1—3 年級）。這一階段應在評定運動員形態機能與運動能力是否符合運動專項要求的基礎

上，確定運動員是否適合從事游泳訓練。這一階段選材，主要分析形態指標（身材和身體各部分比例），同時要考慮健康狀況指標。教練員在教學與訓練過程中，根據運動員的一般身體訓練水平、浮力、游泳技術掌握狀況、「水感」天賦和運動成績等，進一步驗證自己的預測。

　　第二階段的選材（小學 4—6 年級）。這一階段選材，要評價基礎訓練過程中運動員進步的狀況。這一階段（女孩 9～10 歲、男孩 11～12 歲）除一些形態指標（身高、四肢長度、肩寬、髖寬、肺活量、手長、足長、體重），還應增加與游泳成績相關度較高的指標，體現浮力和身體平衡能力的滑行距離、關節靈活性、身體流線型指標和浮力指標，還應設計一些針對性強的水上體能和機能測試，作為評價的生理指標。在對各類身材、運動能力和機能能力指標與優秀運動員模型值對比的基礎上，選出最有游泳潛質的少年游泳運動員。

　　學校游泳訓練的選材，主要採用在體育教學和游泳活動中發現和培養游泳苗子的方法。游泳活動開展得越普及，就越有可能從中發現具有游泳天賦的學生。在選材過程中，要廣泛發動班主任、教師和學生推薦，以彌補專業教師觀察的局限性。有游泳訓練條件的學校，如游泳傳統學校，也要注意吸收無游泳訓練條件學校裡，具備良好游泳潛力的學生參加游泳訓練，可由代訓、轉學或招生達到這一目的。

（二）組織訓練

1. 訓練形式

　　學校游泳訓練形式，主要有校內訓練和校外訓練兩種模

式。校外訓練主要指在校學生參加體育管理部門組織的業餘體校訓練。從目前我國學校體育的基本現狀和條件看,大部分學校還很難擔負起游泳專項訓練的任務,因此,校外訓練成為學校游泳訓練的替代模式。隨著學校游泳訓練場館和設施的不斷配套和完善,校內訓練應該是未來學校訓練的主要模式之一。

從國外體育發達國家的經驗來看,學校是國家競技體育發展的重要基地,學校專項訓練是國家競技體育發展的主要途徑之一,優秀運動員絕大多數來自學校,校內訓練的模式是體育發達國家的主流形式。

校內訓練模式能較好地解決學生專項訓練與文化學習的矛盾;有利於發揮各學科教師和儀器設備等優勢為訓練服務,充分利用和發揮學校人力、物力和財力等資源,起到了資源共享、優勢互補的作用;有利於訓練管理和激發學生榮譽感;有利於開展學校游泳活動。

2. 訓練管理

學校游泳訓練的管理,要充分發揮各學科專家、學者和教師的作用,成立專家組參與指導學校游泳訓練,如生物學、心理學、衛生學、數學、物理學、化學參與訓練水準診斷,校醫、營養師(食堂)等參與訓練醫務監督,為科學訓練服務。而班主任、家長應參與訓練管理,加強學生的思想教育,提高訓練的出勤率和訓練的積極性。

為了使學校游泳訓練工作有條不紊地進行,應根據學校具體情況,建立訓練管理機構;制定規章制度(訓練紀律、訓練隊宗旨、宣誓詞、入隊儀式、獎懲制度等)和訓練檔案(訓練文件和運動員訓練檔案等);定期召開會議,檢查和

評估訓練。

　　教練員既是組織者和管理者，又是執行者。教練員應積極主動地配合和協調各部門的工作，為訓練指導和評價、醫務監督等提供訓練的第一手材料，並接受專家、學者的指導和建議。

　　為了更好地開展游泳訓練工作，教練員還應重視三個方面管理技巧的運用，提高管理水準和管理效益：

　　一是管理方法要符合少年兒童生理心理特點。在初訓階段，首先讓初學游泳的學生對訓練產生興趣，建立自信，形成正確的技術；透過比賽、訓練交流、聯誼、參加學校活動等，提高運動員社交能力，學會接受他人。進入高年級訓練階段時，教練員要善於引導運動員在個人追求、集體目標和職業目標之間尋求平衡，使運動員在體能、技術、心理素質和思想道德品質等方面得到良好的發展。

　　二是重視訓練民主，嚴愛結合。開展互動教學與訓練，建立雙方的信任、尊敬和理解。教練員、運動員和家長之間要相互交流和建立聯繫，相互督促，變被動訓練為主動訓練。教練員要善於根據運動員的訓練水準和他們面臨的比賽任務以及對手水準制訂訓練計畫。

　　三是合理安排訓練。學校訓練有其特殊性，教練員一定要根據學校教學規律安排訓練和調整訓練，取得訓練與學習的平衡。

3.訓練醫務監督

　　為保證青少年兒童身體健康，促進訓練效果提高，加強訓練的醫務監督是游泳訓練的重要環節。訓練醫務監督要結合學校健康教育和學校衛生工作進行。學校游泳訓練要與學

校醫務部門緊密配合,充分發揮校醫的作用,使他們能積極參與游泳訓練的醫務監督工作。

訓練醫務監督工作主要包括兩個方面,即平時訓練的醫務監督和競賽期間的醫務監督:

平時訓練的醫務監督工作,主要是對參加游泳訓練的學生進行定期的體格檢查,掌握好他們在訓練後身體的動態變化和及時發現因訓練不當造成的不良現象;加強訓練現場觀察及檢查,直接觀察和檢查比成人重要,不能僅聽他們在訓練後自述,因為當少年兒童自述疲勞時,實際上往往疲勞已達到相當嚴重的程度;注意負荷後心血管和呼吸系統等的機能反應是否正常,並進行綜合分析,以免作出錯誤的判斷。

競賽期間的醫務監督工作,主要是由賽前檢查了解運動員的身體健康情況、機能水準和訓練狀態,以便在對全隊運動員進行醫療保健的基礎上,確定重點觀察和保護對象;加強衛生管理,檢查食宿安排是否符合衛生要求,避免發生過度緊張、過度疲勞及其他運動性傷病,特別注意傳染病和食物中毒的預防;去外地比賽如有時差反應,則要注意旅行疲勞和時差影響的消除,以盡快地適應新環境。

運動員出發前可適當改變作息制度,重新安排進食、睡眠和訓練時間等。比賽期應積極治療慢性和急性傷病;女運動員在月經期要注意個別對待,為避免在月經期比賽,要在醫生指導下採用藥物使月經推遲或提前,要掌握好用藥時機,最好在賽前用藥,賽中不用,使其賽前一週來潮。實踐證明,採用口服短效避孕藥使月經周期提前的方法最佳,但不能連續 3 個周期用藥調整月經,每年最多調整兩次,以免引起日後月經不調。

第二節　游泳負荷與恢復

一、組成負荷的因素

運動負荷包含兩個方面，即數量和強度。數量和強度透過練習方式、練習強度、練習距離、間歇時間與休息方式、練習重複次數五個因素組成運動負荷。

負荷因素的變化必然會改變負荷的作用方向，使負荷作用機體的某種能力發生本質上的變化，這就決定了不同運動負荷結構對應著不同的訓練效應，為科學地安排負荷、設計合理的負荷結構提供了依據。

(一) 練習方式

練習方式是指完成練習所採用的手段與方法。練習方式影響負荷對運動員機體機能的作用。因此，在游泳訓練中，必須嚴格區分各類練習手段與方法，根據訓練目的與任務進行選擇、設計和組合，提高訓練效果。

在其他條件相同的情況下，採用不同的方式來完成同一練習其效果不同，因此，練習方式是影響負荷的重要因素之一，如採用具有競賽性質的比賽練習，其特點是絕對強度達到極限，重複次數少，總量極少，心理負荷強度達到極限，負荷類型單一。

運動員為了創造優異成績，戰勝對手，就必須經由比賽練習使負荷強度達到自己的極限。因此，現代訓練十分強調用比賽練習來提高訓練強度，培養比賽能力，提高心理應激水準。比賽能力只有透過比賽練習來培養和增強。比賽練習

比例的增加是現代游泳訓練的一個明顯特性。

再如技術練習中分解練習和完整練習，前者是以身體某部分為練習對象，如打腿、划臂等，其特點是身體局部負荷大，強化技術環節動作的技能和體能，局部負荷也是調節負荷、負荷轉移的重要手段。而後者主要指配合游或半配合游（單臂配合腿動作的練習），則屬於全身負荷，其特點是強調臂腿配合的全身運動，負荷分布比較均勻，對身體機能的循環系統作用大，是訓練的主要形式。

在游泳身體練習中，一般性練習是提高運動員起基礎作用的技能和體能水準，平衡專項身體練習負荷，是專項練習的基礎。包括陸上練習的各種跑跳、力量練習和柔韌體操練習，水上練習所採用的蹼泳、水球、花樣游泳和各種非專項泳式的臂腿和配合練習等。

而專項練習則強調練習動作幅度與動作路線應與比賽動作一致；練習動作用力大小、用力速度應與比賽動作一致，肌肉供能方式應與比賽時肌肉供能方式一致；訓練時肌肉協調過程（即肌肉開始和結束工作過程）應與比賽的要求一致。歸納起來有兩個特徵，即泳式和供能方式。凡符合這兩個特徵的練習所構成的負荷，應稱為專項訓練負荷。隨著競技游泳水準的不斷提高，訓練的個體化和專項化特徵越來越明顯，專項練習的比例有增大的趨勢。

(二)練習強度

評定練習強度主要有三種方法，即按心率評定練習強度、按成績百分比評定練習強度、按機體供能機能和代謝機能的作用評定練習強度。

1. 按心率評定練習強度

根據運動員晨脈和最大心率，確定訓練強度分級（表 5-2）。由於受最大心率限制，在最大負荷強度下，心率判斷強度的靈敏度降低，其準確性也受到影響。

表 5-2　按心率畫分游泳強度等級表

強度等級	類　型	心率(最大心率%)	功　　能	其　　他
一	中慢速率	50%～60%	熱身、放鬆、恢復、消除血乳酸	
二	力量游	60%～70%	消耗脂肪、發展有氧能力、技術訓練	
三	一般有氧游	70%～80%	發展基礎耐力，乳酸處於動態平衡、增進健康、強壯體質，發展有氧速度	
四	較高的有氧強度	80%～90%	無氧閾訓練，體驗疲勞，呼吸困難	練習間歇時間的比例為 2：1 或 1：1，賽季中、後這種練習可超過 30%
五	無氧強度	90%以上	提高比賽能力，增強耐乳酸能力	平時訓練時這種練習不多，比賽減量階段提高到約 30%

2. 按成績百分比評定練習強度

以最好成績為百分之百計算練習強度。計算公式如下：

$$X = Y + Y（100\% - Z）$$

X，表示成績要求

Y，表示最好成績

Z，表示完成練習所需要的強度百分比。

例：某運動員 100 公尺蝶式最好成績為 58.00，訓練設計練習強度 80%，則 100 公尺練習強度成績為：

$$X = 58.00 + 58.00（100\% - 80\%）$$
$$= 58.00 + 11.6$$
$$= 69.60（1：09.60）$$

3. 按機體供能機能和代謝機能的作用評定練習強度

在游泳訓練中，游泳速度決定了負荷強度，不同的負荷強度或速度取決於供能的形式和途徑。能量訓練理論從生理學和生物化學的角度揭示了訓練的實質，但在划分能量訓練的強度等級和訓練運用上，存在著不同的觀點和看法。表 5-3 是根據幾個國家的能量訓練分類綜合制定的游泳能量訓練強度分級，供參考和運用。

(三)練習距離

練習距離與練習強度成反比關係，距離短則速度快，反之速度慢。練習距離與供能也存在著密切的關係，這種關係與練習的持續時間相關。

10 秒鐘左右的練習，肌肉工作主要依賴儲存的 ATP 供能，隨著練習時間延長，不僅使 ATP 再合成的途徑和方式發生變化，並得到動員，而且還有選擇地發展了那些對提高運動成績有良好作用的各種素質。不同距離的練習增強了相對應距離的主要供能系統的能力，同時也提高了所對應的體

表 5-3　游泳能量訓練強度分級

類型	能源物質	心率	速度（最好成績）百分比	一次不間斷練習持續時間	pH值	血乳酸值	典型的練習	練習／休息比
速度訓練	磷酸肌酸	—	110~120	10~20秒鐘	7.35~7.25	3.0~7.0	25公尺速度牽引 15~25公尺短衝	>1:2~1:8
速度／爆發力訓練	磷酸肌酸	—	110~120	10~20秒鐘	7.35~7.25	3.0~7.0	25公尺抗阻牽引 15~25公尺短衝	>1:8
乳酸峰值訓練	糖類	最大	95~110	1~2分鐘	7.20~7.10	10.0~18.0	4×（50+25成潑）2分鐘包幹	1:2~1:8
耐乳酸訓練	糖類	最大	90~100	2~4分鐘	7.25~7.20	9.0~12.0	4~8×100公尺	1:2~1:8
最大吸氧量訓練	糖類	160~180	95~105	5~15分鐘	7.35~7.30	4.0~8.0	5~10×200公尺 間歇20秒	間歇20秒鐘 或1:1
無氧閾訓練	糖類	140~170	85~95 T30測試*	30分鐘以內	7.40~7.35	3.0~4.0	6×400間歇20秒鐘 40×50間歇20秒鐘	間歇10~40秒鐘
中等強度有氧訓練	脂類	120~150	80~85	120分鐘以上	7.42~7.38	1.5~2.5	1000公尺划水	間歇10~30秒鐘
低強度有氧訓練	脂類	>120	<80	120分鐘以上	7.42~7.38	1.5~2.5	3×400配合、打腿、划水（熱身）	間歇10~30秒鐘

*T30測試，是美國教練員採用的最簡單的無氧速度測試方法，即運動員全力勻速游30分鐘（年齡組也可以全力游2000公尺），並根據平均速度制定不同距離、不同水準運動員的無氧閾速度供訓練參考。

能。

短距離快速練習主要發展 ATP–CP 供能能力，有助於發展速度力量，改進快速動作的技術；中距離練習則發展乳酸無氧供能能力，有助於發展速度耐力和提高技術的穩定性；長距離練習著重提高肌肉利用氧的能力，在血液循環系統和呼吸系統都積極動員的情況下，提高長時間運動的能力和保持技術的能力。

(四)間歇時間與休息方式

在針對性發展運動員某種體能時，應該根據練習後恢復時期的特點來設計間歇時間和休息方式。

有關研究表明，恢復期的前 1/3 可恢復體能的 60%，第二個 1/3 期恢復 30%，第三個 1/3 僅恢復 10%。教練員制訂重複練習的間歇時間計畫時，就必須考慮體能恢復時期的特徵，調整負荷的作用方向。

間歇的方式是指練習後所採用的休息方式。通常間歇的方式有兩種，一是消極性休息，二是積極性休息。研究證明，消極性休息時運動員體能恢復較積極性休息慢。

在設計間歇時間方面，通常根據心率來安排。也有根據運動員的主觀感覺來控制間歇時間的。在日常訓練中，設計間歇時間取決於練習任務和訓練方法，如間歇訓練法和重複訓練法在間歇時間上就有很大的區別。

(五)練習重複次數

練習重複次數反映了練習的數量特徵，沒有一定數量的練習刺激，就不可能使機體發生適應性變化；在練習強度和距離一定的情況下，重複次數少游進速度快，重複次數多則

游進速度慢。因此，在訓練負荷設計中，重複次數對訓練效果有直接的影響。關鍵在於重複次數不能影響預先設定的練習強度，使練習強度能夠最大限度地保持而不至於明顯降低的重複次數是最佳的強度負荷量。

這也是重複次數設計的關鍵所在。當然，這一目的的實現還需依靠運動員完成重複練習的速度控制能力，時快時慢、過快過慢，都不能達到重複次數的訓練目的和效果。

二、負荷安排

游泳屬於周期性體能類項目，運動負荷水準、技術水準和心理水準是決定游泳運動成績的三大要素。體能水準的提高，其核心是科學合理地安排運動負荷，負荷安排的實質是解決練什麼、練多少和怎麼練的問題。

現代游泳訓練負荷安排的特徵，是漸進性增加運動負荷與極限負荷的統一，追求最大負荷並進行科學安排，是提高運動成績的有效途徑。運動負荷的增加，受生物學應激的局限性和負荷對象現階段水準的制約，是一個動態發展和逐步提高的過程。

(一)項目的特點是負荷安排的重要依據

游泳的泳式和距離，都影響運動中能量系統的動用和運動素質的側重，這就需要根據項目的特點合理設計負荷。從比賽距離能量比例關係可以看出（表 5-4），不同的比賽距離所對應的能量系統比例不同，決定了該距離的供能特徵，但這並不等於在日常訓練中都要按此比例進行能量訓練。

這是因為，其一，以比賽速度進行訓練，雖然能夠使供能系統的比例與比賽時大致相同，但只能使主要系統得到充

表 5-4　不同游泳距離全力游時的供能比例

競賽用時	競賽距離	%ATP-CP	%無氧代謝	有氧代謝	
				%糖代謝	%脂肪代謝
10~15 秒	25 公尺	50	50	忽略不計	忽略不計
19~30 秒	50 公尺	20	60	20	忽略不計
40~60 秒	100 公尺	10	55	35	忽略不計
1 分 30 秒~2 分	200 公尺	7	40	53	忽略不計
2~3 分	200 公尺	5	40	55	忽略不計
4~6 分	400 公尺	忽略不計	35	65	忽略不計
7~10 分	800 公尺	忽略不計	25	73	2
10~12 分	900 公尺	忽略不計	20	75	5
14~22 分	1500 公尺	忽略不計	15	78	7

分訓練，達到最佳效果，而其他的供能系統則不能得到充分的刺激，這反而限制了比賽中這些能量系統的作用。

其二，以比賽速度進行訓練，不能使 ATP-CP 供能系統得到充分的刺激和提高，因為這個系統的訓練需要用超過比賽的速度進行才能構成超量負荷。

針對不同距離項目的特殊能量系統，必須進行專門化的訓練。提高專項能力的核心是訓練負荷方向要準確，同時處理好三個能量系統的相互促進和相互制約的關係。

對我國運動員不同泳式賽後血乳酸測定結果是：200 自，15.5mmol／L；200 蛙，15.03 mmol／L；200 蝶，15.24 mmol／L；200 仰，11.80 mmol／L；200 混，15.00 mmol／L。測定結果表明，不同泳式也存在各自的負荷特點。訓練產生兩種效

果，即一種是經過訓練，循環和呼吸系統能夠向全身各個組織，包括那些未經訓練的組織輸送更多的氧和營養物質。這種訓練效果是中樞性的，因為這種訓練能夠提高機體的機能，使其他沒有經過專門訓練的能力也得到提高。

另一種訓練效果是外周性的，只有參與運動的肌纖維發生了變化。游泳運動員不能用自由式進行所有的耐力訓練，如果蝶式、仰式和蛙式只進行短衝訓練，游這些泳式所運用的肌纖維的耐力水平就難以提高。

(二)結合學校教學規律安排負荷

負荷安排應根據學校教學計畫設計負荷大小、作用方向、能量訓練比例和負荷走向，如假期重點發展專項負荷能力，提高承受負荷的能力；學期初發展一般耐力和絕對速度，重點進行技術訓練；學期中逐步提高專項耐力和速度，比賽完整技術環節訓練，提高無氧訓練能力；學期末訓練調整，迎接考試，進行維持性訓練。

(三)負荷安排要符合少年兒童特點和個體特點

區別對待是負荷安排的重要原則之一。學校訓練的對象是少年兒童，負荷安排必須符合少年兒童生理和心理特點，如：負荷大中小結合，單一負荷不宜持續時間過長；負荷手段與形式要多樣性和趣味性；不宜過早追求極限負荷，要隨著身體發育成熟逐漸加大到極限負荷；負荷要全面，重點發展有氧能力；負荷與恢復有機結合等。

同時，負荷安排要針對運動員個體的情況。少年兒童個體差異大，主要體現在發育水平上，在負荷結構和負荷程度上應有明顯區別。

(四)負荷安排與恢復訓練有機結合

在訓練和比賽中，運動員都承受著一定的運動負荷，運動負荷對機體的刺激伴隨著能量消耗和疲勞的產生，要維持運動能力就必須補充能量和消除疲勞。訓練就是在消耗—補充、再生—再消耗—再補充、再再生過程中循環。

現代訓練理論認為，恢復是另一種形式的訓練，沒有恢復就沒有訓練。負荷安排應遵循這一規律，使負荷與恢復有機結合，促進訓練效果的提高。負荷安排與恢復有機結合主要有三種形式：

其一是訓練與休息交替；其二是在訓練中採用負荷調控手段，如能源物質交替供能、負荷轉移、強度與數量調節、技術與體能轉換、局部與整體的協調、心理調節、素質遷移等；其三是根據負荷的作用方向和能量物質消耗的特點，合理調配運動員飲食營養和必要的藥物補劑。由科學安排和調節，提高運動員負荷能力和恢復能力。

(五)集訓期間的負荷安排

集訓是學校訓練的重要組成部分，尤其是對於業餘訓練的學生，集訓是提高訓練水準和運動成績極其重要的訓練時段。集訓的時間因具體情況而定，多則一個多月，少則一兩個星期。集訓期間的負荷，無論在數量上還是在強度上，都相對比選拔賽前的訓練要高。集訓應加大最大攝氧量的訓練量，強化以磷酸原供能為主的短距離速度訓練，減少乳酸峰值訓練和耐乳酸訓練量和比重，使運動員能夠保持高水平的有氧能力，並在比賽中表現出高水準的技術效率，創造優異成績。這種訓練安排，能使運動員在無氧和有氧能力方面都

受益，透過模擬訓練提高比賽能力。

三、恢復訓練

現代游泳訓練的顯著變化是比賽頻繁、運動負荷大、專項性強，訓練導致過度疲勞和過度訓練的可能性增大。為了保證極限負荷下的正常訓練，提高運動員的負荷承受力和耐受力，恢復訓練已經成為現代運動訓練的重要組成部分，也是體能訓練的內容之一。尤其對少年兒童的游泳專項訓練更應從長遠著眼，重視恢復訓練，不斷提高自身的恢復能力。

恢復訓練主要包括訓練計畫中的恢復訓練、訓練課後的恢復兩個方面。

(一)訓練計畫中的恢復訓練

在訓練中，應根據訓練課負荷特點和運動員的恢復能力制訂訓練計畫，合理安排各種訓練學恢復手段，使運動員的自然恢復過程加快，從而確保訓練效果，如技術練習和發展速度的訓練內容不時地融合到一起，或者強度游與放鬆游結合安排等；在練習之間安排積極性休息的練習，如轉身練習、任意游等，從而使運動員的訓練達到最佳訓練效果。

教練員制訂訓練和比賽計畫時，應考慮運動員個體的恢復能力，有針對性地安排恢復訓練，從而保證提高強度訓練後和比賽後的恢復。

(二)訓練課後的恢復

訓練課中運動員的體能消耗大，能量物質急需補充，疲憊的精神狀態也需要調節，因此，訓練課後的恢復效果直接影響下一次訓練課的進行。訓練課後的恢復著重在四個方面：

1.睡眠

睡眠是最好的恢復方式，尤其是對少年兒童，要充分保證他們有足夠的睡眠時間和安靜舒適的睡眠環境。少年兒童一天睡眠時間不應少於 8 小時，集訓期間的睡眠還應不少於10 小時。

2.主動與被動恢復手段結合

少年兒童訓練課後的恢復，應強調以自我主動恢復為主，可採用運動形式轉移的方式，如遊戲、跳舞、散步、乒乓球、羽毛球、撞球等活動，增強自身的恢復能力，提高恢復水準。被動恢復主要指利用物理學手段（按摩、推拿、桑拿浴、理療、電作用法等）和醫學手段（藥物制劑的維生素、蛋白制劑和運動飲料等）。對於少年兒童，這類恢復方法與手段應該是輔助性的，應根據運動負荷和運動員的具體情況有針對性和有選擇地採用。

3.營養

在少年兒童游泳的恢復訓練中，營養是僅次於睡眠的第二重要的恢復手段。要根據游泳運動的特點和運動員訓練消耗的具體情況，科學安排運動員膳食營養。

游泳運動員應該補充高糖食品，如麵包、穀物、點心、豆、玉米、大米、蘋果、香蕉、葡萄、橘子和牛奶等。還應針對運動員蛋白質消耗，多吃奶製品、堅果和大豆。游泳運動員在訓練階段需要更多的維生素和礦物質，他們大量攝入的熱量通常可以為他們提供一些所需的維生素和礦物質。游泳運動員每天呼吸、排尿和出汗消耗大約 3 升液體，因此，

保證每日有足夠的液體供其消耗十分重要。

4.心理調節

訓練疲勞首先反映在心理疲勞上。少年兒童的精神狀態最能體現其疲勞程度，教練員應多注意他們在訓練中和訓練後的精神狀況，從中判斷訓練負荷是否適宜，負荷後身體反應是否正常等，以調整訓練計畫。

少年兒童游泳訓練後，疲勞程度首先是由情緒表現出來的，疲勞程度深，訓練後的主要表現是不想多說話，也不想動，對什麼都不感興趣，精神萎靡不振；而訓練疲勞程度淺，則有說有笑，行為舉止活潑。情緒調節主要採用轉移心理定向的方法，將學生的心理從訓練目標引向他們感興趣的目標，減緩心理壓力，從而調節其情緒。

具體做法有音樂欣賞、唱歌、看電影、下棋、繪畫、手工製作等，這完全可以與開設的相應課程結合，達到消除疲勞的目的，這也是學校訓練的優勢所在，即透過其他學科課程的學習轉移心理定向。

第三節　學校游泳訓練的內容與方法

一、少年兒童游泳運動員的體能訓練

游泳運動員體能的發展水準，受身體形態、機能、素質三個因素的影響，而運動素質是體能訓練的基本內容，體能水準由運動素質水準表現出來。

在運動訓練過程中，運動員競技能力構成因素之間的關係，是相互聯繫、相互促進和相互制約的，並表現在始終處

於不斷變化的相對平衡狀態。處於青春發育前後的游泳運動員，體能結構的平衡是相對於不同素質發展敏感期快速增長和個人潛能優勢差異的不平衡狀態，競技能力結構的非平衡性就顯得格外突出。因此，對青少年兒童的體能訓練應依據這一規律特徵，設計不同年齡階段、不同訓練時期的體能訓練結構與訓練方案。

(一)力量訓練

力量在游泳訓練中佔有十分重要的位置。為有效地發展力量，提高力量訓練效果，游泳力量訓練必須有針對性。游泳力量訓練的針對性包含兩個方面：

其一，應重點發展與游泳推進力密切相關的肌群力量。根據對游泳技術動作結構分析，參與手臂划水的肌群有肩帶肌、背肌、背闊肌、胸大肌、肱二頭肌、肱三頭肌、大圓肌和三角肌前部，這些肌群又稱功能肌。參與蛙式蹬腿和出發轉身蹬臺（池壁）的工作肌有股四頭肌、股二頭肌、臀大肌、腓腸肌、闊筋膜張肌和跖屈肌，這些肌群既是功能肌，也是蝶、仰、自由式的穩定肌。穩定身體平衡和保持身體流線型姿勢的有豎脊肌和腹內、外斜肌等。

其二，力量訓練要體現游泳力量特點。游泳力量的特點是等動性用力，游泳動作發力強調動作的面，划水和蛙泳蹬腿屬於遠端支撐用力，而鞭狀打腿則屬於近端支撐用力。游泳力量訓練的目的是提高專項力量水準，改善動態力量工作的機能保障，並在划水動作中表現出力量能力。

1.影響力量的因素

（1）神經調節的改善是決定力量大小的生理因素之一。

肌肉調節的改善包括運動員參加活動的肌纖維的數量增多，皮層神經過程的強度和靈活性的改善。依靠肌肉間協調的改善能提高肌肉力量，卻又不會使肌肉的體積增大，對減小游泳時的形狀阻力十分有利。

（2）肌肉的收縮能力，除取決於肌肉的解剖學結構及其生理橫斷面之外，還取決於肌纖維的類型，即肌纖維類型百分比。

（3）快慢肌纖維不會同時投入工作，因為支配它們的運動神經元，依興奮閾的不同分為很多種類。改變練習的重量、速度、頻率、每次練習的持續時間和間歇時間，會使快運動單位或慢運動單位優先參與工作，從而促使不同類型肌纖維收縮，改變整個肌群和肌纖維收縮強度、收縮速度和收縮動力，可使極限力量，或爆發力量，或速度力量能力，或不同強度工作的耐力得以增加。

2.力量練習主要方法

游泳運動員力量訓練有兩種方法，一是加強肌肉本身的力量訓練；二是強化肌肉間的協調。發展不同力量類型的手段與方法如表 5-5 所示。

游泳力量練習還可利用槓鈴、啞鈴、實心球等器械，發展上下肢力量、腰腹肌力量和指腕關節類的小肌群力量。力量練習的組織形式，可採用一個練習內容完成後再接下一個練習的單一組織形式，也可採用「站式」循環練習形式（圖 5-1），提高學生對力量練習的興趣。

3.力量訓練注意事項

（1）力量訓練時間安排。力量訓練應根據不同力量類型

表 5-5 游泳力量訓練的手段與方法

分類	訓練方法	動作名稱	阻力	組數	次數	間歇	說明
陸上力量訓練	綜合力量訓練	重量力量訓練	90%~100%	6~8	1~3		10~15個練習，每個練習做30秒鐘，休息10秒鐘，循環2組，心率為150~160次/分
	爆發力訓練		70%~80%	4~6	8~10		
	專項力量訓練	等動器	中等阻力30秒鐘、1分鐘、2分鐘	6~8	3~4	15~30秒鐘	在聯合力量器上做滑輪拉力25~40千克快速拉
		橡皮帶	12~18千克	4~6組	4×1分鐘為一組	15~20秒鐘	
		跳深	中小	3	15~20		
	輔助力量訓練	小肌肉群平衡和轉動的能力	體重	3	極限	不休息	採用集中刺激法和加大難度法
		牽引訓練	鐵片	2~3	50		
水中力量訓練		戴划水掌和等阻力表訓練 扶板打水和等阻力表訓練	2×200公尺、5×400公尺、2×1500公尺			30秒鐘、1分鐘或3~4分鐘	
等動力量訓練		專項力量	80%~90% 90%~95%		6~10	1~3分鐘	心率27次/10秒鐘
		力量耐力	中等	4~6	2~5		心率29次/10秒鐘

（引自萬德光、萬猛·現代力量訓練·北京：人民體育出版社,2003:185.）

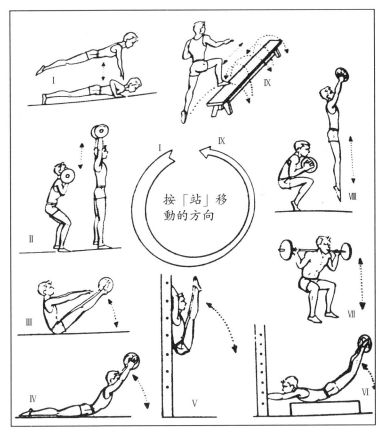

圖 5-1　「站式」循環力量訓練

的恢復時間和訓練任務，安排訓練的間隔時間和不同力量類型的搭配。

極限力量訓練後，體能恢復需要 36～48 小時，應每隔 1～2 天進行一次；力量耐力訓練，體能恢復要 10～16 小時，新手每星期 1～2 次，已適應的運動員每星期 2～3 次。

（2）力量訓練應採用在運動學和動作節奏上與游泳動作相似的練習器進行練習。採用的練習器不僅應發展游泳時承

擔主要負荷的肌群，而且應使各肌群開始投入工作和結束工作的順序與游泳動作的實際要求相符。

在發力性質和運動學特徵方面，等動練習器符合游泳運動員專項力量訓練的要求。

為避免出現技術動作的負轉移，建議游泳運動員在力量訓練過程中，採用多種力量訓練器材、運用多種力量訓練方法進行練習，如等長、等張、等動、退讓、近端支撐和遠端支撐等方法，這樣才能使運動員的肌肉力量得到顯著提高。

（3）陸上與水上力量訓練的結合。游泳力量訓練主要借助陸上力量訓練，陸上力量訓練可迅速有效地增加游泳運動員的極限力量和力量耐力。

為提高陸上力量的轉換率（即陸上力量轉換為游泳推進力的百分比），從 20 世紀 70 年代末起，水上專項力量訓練量大大增加。水上力量訓練的主要手段與方法有划水掌、阻力衣、牽引游、拖拉游、垂直打腿等練習，促進了游泳運動員水上專項力量能力的提高。

（4）力量訓練要結合少年兒童生長發育的特點，合理安排力量訓練的手段和方法。小學低年級增加力量的最佳方法就是讓他們練習游泳，並逐步增加克服自身重量的練習，如攀爬、俯臥撐、奔跑、跳躍、爬肋木、仰臥起坐等。做這些練習不要計時，只要完成指定次數即可，這樣有利於運動員把注意力集中在良好的技術而不是速度上。

小學高年級可利用克服自身重量進行力量練習，如俯臥撐、引體向上、雙槓屈臂撐、跑和跳的練習等，還可以運用一些輕重量器材進行力量練習，如實心球、啞鈴、橡皮拉力等。做這些練習要限制練習數量，還應考慮到全身所有大肌群的鍛鍊。

青春期的力量訓練，進行動力性練習和快速低強度練習最為適宜。因為處於生長階段的脊椎和椎間盤是異常敏感的，在負重力量訓練方面應特別注意練習重量要適宜，練習方法和姿勢要正確，切忌將負荷集中在脊椎上。青少年運動員可以逐步地適應成年運動員的訓練計畫，14歲以上年齡的力量訓練就可以全面展開了。

　　（5）力量訓練要合理設計動作速度，提高神經系統之間的協調性。游泳時，肌群之間的協調性是力量提高的重要表現形式，而肌群間的協調性是建立在神經系統之間協調性的基礎上。結合游泳技術動作，採用不同動作速度或變速練習進行力量訓練，是提高游泳時參與工作肌群協調性的有效途徑。

　　（6）力量訓練要與柔韌練習結合，柔韌練習可安排在力量訓練前，也可安排在力量訓練後。前者是預先拉長了肌纖維，預熱了肌群，力量練習時不易受傷；後者是施行牽拉活動，既放鬆了緊張的肌肉群，也有助於肌群恢復。

　　力量訓練時，身體局部負荷大，甚至達到極限，因此，練習前的準備活動尤為重要，準備活動要充分，且時間要持續30分鐘以上，匆匆忙忙地做準備活動容易導致傷害事故。

(二)速度訓練

1. 影響速度訓練效果的因素

　　速度能力在一定程度上取決於中樞神經系統運動部位神經過程速度和靈活性、神經肌肉調節過程特點、工作肌群肌纖維的類型、運動器官特徵（肌肉、肌腱、韌帶的彈性和關節的靈活性）、肌肉中高能物質儲備數量、意志力水準和運動

技術水準。速度訓練效果還受速度發展的敏感期和速度訓練方法與手段的影響。

速度發展的敏感期是速度訓練的最佳時機，選擇有效的速度訓練方法與手段，會取得事半功倍的效果。

2.發展速度能力的方法與手段

對發展速度能力起決定性的刺激是動作的極限強度。發展速度能力時，選擇每次練習的性質、持續時間、強度和間歇時間有重要意義。游泳速度訓練雖然可以採用各種練習，但更廣泛採用運動員熟練的技術，如專項訓練和比賽動作的練習，進行持續時間在 5～15 秒鐘之內的短距離衝刺和短時間的臂、腿分解與配合練習，以及牽引游。在強度設計上，一般採用大的和接近極限強度的練習，使動作頻率快、幅度大，達到最高的速度水準。

同時，應該注意過多安排極限強度或接近極限強度，限制了練習的數量，這樣就容易形成速度障礙，因此，在速度訓練中要善於變化訓練強度（表 5-6）。

3.速度訓練的注意事項

（1）正確處理動作頻率與划距的關係。動作頻率和划距是影響游進速度的主要因素，在不同的訓練時期，兩者對游速的影響程度是不同的，教練員必須善於發現主要影響因素，採取針對性的練習發展游泳速度。發展速度應建立在提高划水效果的基礎上，加快動作頻率。運動員都有自己適合的划頻和划距組合，游進時不應超出自己的最佳頻率界限，否則就影響了划水效果。

經常改變動作頻率和練習條件，有助於避免形成頑固的

表 5-6　游泳速度練習方法

方法	作　用	內　容	強　度	重複次數／間歇時間
短衝訓練	發展 ATP-CP 供能系統	10～25 公尺蹬邊或出發游	110% 的最大速度	4～6 組／1～1 分 30 秒鐘
牽引訓練	發展極限速度和動作頻率，發展神經系統的靈活性	練習的距離不超過 50 公尺，以最好成績的 110%～120% 的速度牽引	110%～120% 極限速度	重複不超過 10 次／充分休息
動作頻率訓練	建立划水速度與划水效果的最佳匹配模式	根據訓練要求，設計速度、划距、划頻三者變化參數，採用距離 25～100 公尺	110% 最大速度	4～6 組／1～3 分鐘
動作速度訓練	發展動作環節速度	出發 10 公尺或 15 公尺　轉身 15 公尺（前後各 7.5 公尺）或 50 公尺（25 公尺池）轉向練習	110% 最大速度	5～10 組／1～3 分鐘

動作定型和出現速度障礙。為使力量能力和游泳技術同時得到改進，可將極限強度（頻率）的練習和相當極限游速 90%～95% 的極限下游速的練習交錯安排，由這一類練習，改善運動員控制划水動作質量的能力，為極限游速的提高打下基礎。

（2）速度訓練宜安排在訓練課的前半部分，此時運動員已經完全進入工作狀態，興奮性高，體能狀況好，進行速度練習效果最好。也有把速度訓練安排在課的後半部分的，這

有利於發展速度耐力，提高抗疲勞能力和保持技術動作的能力。速度練習的設計，應以完成強度質量為核心，調整練習的其他因素，如長間歇、短距離、少重複、高強度。

（3）提高快速運動時肌肉緊張與放鬆的能力，對發展速度和保持速度的能力至關重要。

(三)耐力訓練

1.影響耐力訓練效果的因素

耐力是保持速度的能力。發展耐力首先要在疲勞不斷加劇的情況下，提高心血管和呼吸系統的工作能力，提高供能系統的潛能和效率，使臂、腿動作保持力學效率和工作強度。

決定耐力發展水準的因素有解剖形態因素（肌肉結構及肌纖維類型因素），血液動力學，機體供能過程的強度、容量和效率，肌肉和植物性系統機能工作的協調性，以及神經體液調節特點和激素調節狀況。植物性系統和運動器官協調能力強，有助於運動員在游泳專項練習中充分發揮出機能潛力。

2.耐力訓練方法與手段

（1）發展一般耐力。提高游泳運動員有氧運動能力，應著重發展無氧閾訓練速度和最大攝氧量訓練速度。無氧閾訓練可以改善骨骼肌的代謝，提高肌肉耐力和氧的利用率；最大攝氧量訓練可以提高最大攝氧量和氧的運輸能力，改善乳酸的排除能力。

一般耐力訓練的主要方法和手段有持續訓練，變速訓練，中、短距離間歇訓練和重複訓練等。

（2）發展專項耐力。專項耐力訓練是游泳運動員訓練體

系中的主要內容，發展專項耐力的目的是提高供能機制中的無氧糖酵解能力和發展乳酸耐受力，提高疲勞逐步加深條件下維持最佳划頻和划步的能力。

在能量訓練中，乳酸峰值訓練和耐乳酸訓練是發展游泳專項耐力水準的主要手段。由主項配合游，模仿比賽條件下的中、長距離（200～400公尺，800～1500公尺）練習，短距離（50～100公尺）和中距離（200～300公尺）的高強度間歇訓練（間歇時間相當練習時間的0.5～2倍），以及「分段游」形式的重複間歇練習，提高運動員乳酸無氧過程的強度，發展專項耐力水平從而提高保持高速度運動能力和維持高效技術的能力。

3.耐力訓練的注意事項

（1）耐力訓練的練習距離，應由多種距離結合組成，如超長距離訓練（可採用泳式交替游，保持良好技術動作游），超短距離訓練（重複次數多，間歇時間短），變換練習條件訓練（變換泳式、距離、強度），負分段訓練，包幹訓練和臂、腿訓練等。這些訓練手段與措施，有助於提高青少年運動員有氧能力和保持正確游泳技術的能力。

（2）耐力訓練應結合四種泳式進行，使訓練效果能夠發生在不同的肌纖維中。雖然有些肌纖維在游各種泳式時都會被動用，但也有些肌纖維只在游某種姿勢時才會被使用。要使這些肌纖維對訓練產生適應，就只有用特定的泳式進行訓練，而且既要進行耐力訓練，又要進行速度訓練。

（3）對於少年兒童耐力訓練要抓住耐力發展的敏感期，不失時機地提高耐力水準。少年兒童游泳訓練的重點應該是最大限度地發展有氧能力，宜多參加長距離項目比賽。

(四)柔韌訓練

良好的柔韌性有助於游泳運動員取得更好的成績。游泳運動員關節的活動幅度大,能夠形成良好的對水面,增加動作幅度;還可以減少肌肉內阻力,降低能量消耗,提高游泳速度。游泳專項柔韌性的特徵,主要體現在肩關節、踝關節、膝關節和軀幹脊柱等柔韌程度,因為這些關節的柔韌水平直接與產生推進力大小密切相關。

游泳柔韌訓練分為一般柔韌性訓練和游泳專項柔韌性訓練,一般柔韌性訓練是指發展全身各關節的柔韌性,其作用是改善肌肉工作狀態,提高肌肉放鬆能力,增加肢體運動的動作幅度等;而游泳專項柔韌性是針對專項運動的特點發展相應關節的柔韌性,提高專項動作的幅度和技術效果,提高專項肌群的放鬆能力和恢復能力。

1.影響柔韌訓練效果的因素

柔韌性與年齡有著密切的關係,年齡小則柔韌性好,年齡大則柔韌性差。少年兒童階段是發展游泳專項柔韌的最佳時機,尤其在 10～14 歲前。

發展柔韌性的效果與時間間隔有關。研究證明,柔韌性練習隔天一次最好,間隔時間長會使柔韌水平下降,柔韌水準下降的速度是以天為單位。

在柔韌訓練中,防止肌肉受傷、消除肌肉中微纖維是提高柔韌性水平的重要保證。柔韌性水準的表現與關節周圍肌肉韌帶和肌腱的伸展範圍與彈性、肌肉放鬆能力和協調能力有很大關係。

2. 發展游泳專項柔韌性和提高關節靈活性的方法

發展柔韌的一般練習有屈、伸、彎曲和轉體，透過屈、伸、內收、外展、旋轉等練習可以發展關節的靈活性，增加肢體活動範圍和幅度。發展游泳專項柔韌性和關節靈活性要與游泳技術特點的要求相適應，在發展全身關節的柔韌性和靈活性的基礎上，重點發展肩、踝和脊柱的柔韌和靈活性（圖 5-2）。

（1）關節柔韌性練習方法

發展柔韌性的練習方法主要有兩種形式，即被動牽拉和主動牽拉。被動牽拉是在同伴的幫助或利用各種負重物情況下完成的，主動牽拉是利用自身的力量或體重完成各種柔韌練習。兩種柔韌練習形式都可採用動力性牽拉和靜力性牽拉。動力性牽拉練習和靜力性牽拉練習既可以分開單獨進行練習，也可以動靜結合進行練習，後者的效果更好。在制訂柔韌發展計畫時，被動牽拉練習應比主動牽拉練習要多 1.5～2 倍，這有利於提高柔韌訓練水平。

每天在訓練前安排 10～20 分鐘的牽拉練習，可以增大游泳時的動作幅度，並改進技術。也可安排在訓練課後進行柔韌訓練，此時牽拉肌肉既能促使恢復加快，又發展了柔韌性，具有雙重作用。

（2）關節靈活性練習方法

關節靈活性取決於跨關節肌群韌帶的伸展程度、參與工作肌群緊張與放鬆的協調一致和關節活動的頻率。關節靈活性練習應與柔韌性練習結合，關節靈活性練習著重在關節的轉動、旋轉、擺動和環繞等，由改變練習的速度、頻率、幅度和方向等手段，提高關節活動的強度和頻度。

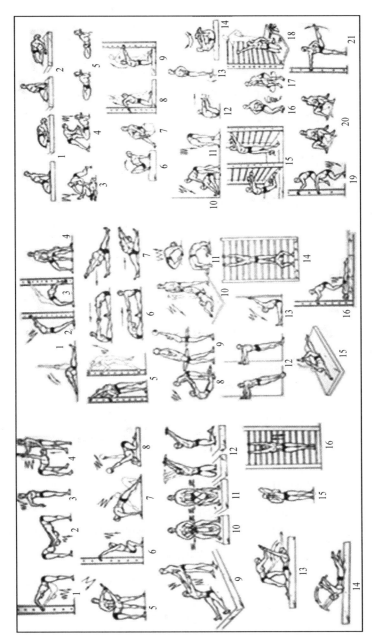

圖 5-2 仰式專項柔韌性和靈活性練習方法

3. 柔韌性和關節靈活訓練的注意事項

柔韌性和關節靈活性訓練，都是在關節處於最大活動幅度、肌肉充分伸展和拉長的前提下進行的，容易造成肌肉拉傷。在做這類練習之前，必須充分做好準備活動，使肌肉發熱，這有助於柔韌性練習，也不容易在練習中使肌肉拉傷。練習時要充分放鬆參與練習的肌群，練習幅度由小到大，練習速度由慢到快，循序漸進。

柔韌和關節靈活性練習時要與力量練習結合，這有利於提高肌肉彈性，使肌肉柔而有力。發展柔韌和關節靈活性應長期堅持，不可急於求成，以免造成傷害事故。

二、少年兒童游泳技術訓練

技術訓練是為發展先進或穩定的運動方式而採用的將技術的某方面分離出來訓練的教學過程。

美國科研人員對奧運會游泳比賽的研究表明，進入決賽的運動員與未進入決賽的運動員在力量上沒有明顯差異，區別在於決賽運動員阻力小、技術效率高。對此，許多專家認為，花費在技術訓練的時間和精力應該與發展體能的時間相同，甚至更多。

少年兒童游泳訓練期間，是游泳技術形成、改進和提高最有利的階段，技術訓練應佔較大的比重。

在游泳訓練基礎階段，運動成績的提高主要是依靠技術的不斷改進和提高實現的，不宜過早依賴體能來提高運動成績。游泳技術訓練應遵循的原則是盡可能提高推進力，最大限度地減小阻力。

(一)影響游泳技術訓練效果的因素

影響游泳技術訓練效果的因素主要有運動員的協調性、技能形成規律、運動員個體特徵和體能水準。協調性是影響技術學習的主要因素，加強協調性的訓練，提高協調能力，對學習和掌握游泳技術有良好的作用。雖然游泳屬周期性運動，技術動作不複雜，但對動作的準確性和動作的節奏感要求高，而這恰恰與協調性有密切的聯繫，這也是游泳技術的核心。游泳技術教學和訓練，必須遵循學生的認知心理和技能形成的規律，合理設計技術訓練計畫以提高訓練效果。

運動員個體特徵體現在身體結構比例等方面，在技術訓練的基礎階段，這一特徵對技術訓練不構成影響，但隨著技術訓練的深入，個體特徵對形成個人技術風格便成為至關重要的因素。對於這一點，技術訓練應有明確的導向性，既要遵循技術的一般原理，又要充分體現個體的個性，使其能最大限度地發揮運動員個人潛力和身體特徵的優勢。體能水準影響技術訓練效果，力量、速度、柔韌和耐力等體能水準決定著技術的質量和技術的穩定性。

(二)游泳技術訓練的手段與方法

1. 徒手模仿練習方法

徒手模仿練習方法是陸上游泳技術訓練的主要手段。由陸上技術動作的模仿，增加運動員動作的肌肉感，對水上技術動作的體會與改進很有幫助。陸上游泳技術模仿練習可採用在教練員指導下練習和自己對著鏡子練習的方法，這兩種方法都可使練習者獲得及時、準確的練習反饋，調整動作要

素，建立正確動作肌肉感覺。

在模仿練習中，也可採用改變動作速度和動靜結合的方式進行，前者可提高動作節奏的控制能力，後者可強化某一技術環節的動作，如高肘划水和移臂動作、抱水動作等。

2.附加阻力技術練習方法

增加技術練習的阻力有助於加深動作的肌肉感覺，對改進動作有一定的效果。這類技術練習可與力量練習結合，這就需要在力量練習中盡可能地依據技術動作要求設計力量練習動作，尤其在拉力類的力量練習中，更應該按技術要求進行力量練習。

持啞鈴做移臂練習、划水掌練習、垂直打腿練習、一臂或雙臂停留在空中的仰式打腿練習和反蝶式打腿練習等，都屬於附加阻力技術練習。

3.定向技術練習方法

定向技術練習方法可分為條件限制法和語言限制法。在游泳技術練習中，可根據技術要求設計一些限制性條件，約束技術練習中某些動作要素，強化和改進技術動作，例如窄泳道練習，主要強化游進的直線性，使臂腿動作向前性加強；兩臂體側後伸蛙式收腿觸手指的蛙式蹬腿練習，能使運動員蛙式收腿充分到位；仰式練習時在運動員額頭上放置小物件（如蘋果之類），能收到保持頭部穩定性的良好練習效果。陸上模仿練習靠牆（保持合適的間隔距離）做自由式和仰式移臂動作，前者強化高肘，後者強化垂直移臂動作。

當然，在游泳技術訓練中，並不是所有技術動作練習都能用條件限制的方法進行練習的，例如用「眼看池底」控制

自由式頭部動作、用「手指向正上方」約束仰式移臂等,就是運用語言限制法,控制運動員的練習動作。

運用定向技術練習方法的關鍵,是設置的限制條件一定要符合正確技術動作的要求。另外,限制條件要合理,能達到提高技術練習效果的目的。兩種限制練習方法結合運用時收效會更好。

4.組合性技術練習方法

組合性技術練習可分為單一動作練習,如夾板划手和扶板打腿類的練習;半完整組合練習,如單臂自由式、單臂仰式、單臂蝶式配合練習、兩臂交替配合練習;不同姿勢搭配組合練習,如蛙式手蝶式腿或自由式腿練習、仰式划臂反蝶式腿練習、自由式划臂蝶式腿練習等。組合性技術練習不僅僅是改進和提高技術動作,也是效果十分明顯的協調性訓練。

5.划水效果練習方法

划水效果在訓練中主要由一定距離內的划水次數來衡量和評價,提高划水效果是技術練習的核心。提高划水效果的練習,通常與培養運動員的水感和屈臂高肘的動作緊密結合在一起。常採用的練習方法有:手掌與握拳交替划水練習,這主要是使學生感覺手掌划水的壓力;固定距離減少划水次數練習;計算法(計算一定游距不同速度的划水次數,求出划水效果)等。

6.最佳頻率練習方法

划頻必須建立在划水效果的基礎之上,每一名運動員都有自己最有效的頻率。常用練習方法有:固定游距相對固定

划水次數，以加快動作頻率、提高速度的練習；計算最佳頻率法，即由對某一游距划水次數、划水頻率和速度的反覆測試，描述三者關係並進行計算分析，確定最佳動作頻率。

(三) 游泳技術訓練的注意事項

1. 技術訓練應與力量的發展結合，但力量並不能代替高效的技術。

2. 正確處理體能訓練與技術訓練的關係。體能訓練應不影響技術效率，技術效率提高保證了體能的訓練質量。常採用的訓練措施有：控制訓練的質量（在訓練中保證技術）；用目標控制訓練的質量（划水的次數）；用速度控制訓練的質量（時間）；用目標和速度共同控制訓練的質量；用目標、速度、穩定性和頻率控制訓練的質量。

3. 結合少年兒童優先發展耐力的機會同步提高運動員的技術水準。游泳運動員必須從小打好正確技術的基礎，並在日常訓練中不斷完善。耐力訓練保證了技術訓練的適宜強度，有利於正確技術的形成、掌握、鞏固和提高。因為，如果運動員不由低速游練技術並表現出高效的技術，那麼快游時也很難發揮出較好的技術。在獲得並保持最佳動作幅度和力量過程中，運動員必須能夠做到在用最快速度和最大力量游進時發揮出最高的效率。這個效率應該不斷提高，由運動員比賽的速度和節奏表現出來。

4. 教練員必須了解優秀運動員的技術參數和效果指數，並結合運動員的實際情況制定訓練目標、設計具體的技術練習手段和要求。賽前訓練期間應根據比賽的具體情況（如參賽選手、比賽任務、兼項和項目時間間隔等）模擬比賽現場，包括比賽全程技術的整合訓練和薄弱技術環節的強化訓

練；根據比賽過程中運動員心理狀態變化和戰術計畫，確定比賽目標和分段目標；設定分段成績；為比賽各環節選擇合理的技術方式，確定划步、划頻；確定比賽過程中機能保障系統變化模式等。

三、少年兒童游泳運動員心理訓練

運動員心理素質與項目特點有很大關係，並具有專項特徵。游泳是個人運動項目，即便是接力比賽也是運動員個人獨立作戰，競爭性極強，比賽時要求運動員最大限度地發揮身體潛能和技術水準，對意志要求極高，是一項挑戰運動員生理、心理極限的運動項目。對心理要求最明顯的特徵是應激能力，即能在比賽中迅速動員極限水準的運動潛力。

心理素質對游泳運動員來說是非常重要的，在任何情況下，身體與心理都不能分離，整個訓練過程就是塑造運動員良好心理素質的過程。

游泳運動員心理訓練的目的是提高調節和控制感情、情緒的能力，提高賽前心理穩定水準，為比賽創造良好的心理準備。其訓練任務是學習和掌握基本的心理技能和有關技術，形成優良品質，提高心理素質，善於調控賽前心理狀態，在重大比賽中激發身體潛力，創造優異成績。

(一)心理訓練方法

心理技能訓練常採用特殊手段，使運動員學會調節和控制自己的心理狀態，並進行調節和控制自己行為的過程。

1.目標設置訓練法

目標是激發運動員動機的有效的心理訓練手段，目標意

義、目標明確和目標切合實際是形成和誘發運動員參與動機的基本保證。運動員動機的培養貫穿訓練的全過程。

2.意念訓練法

意念訓練是純意識的訓練，由運動員獨立進行。訓練時，運動員進行積極的思維活動，或發出明確的指令，或作出間接暗示，影響、指揮或控制自身的心理活動，以使其個性心理特徵和心理過程得到改善。

意念訓練主要有兩種形式：一種是借助於想象或者表象進行意念訓練，由運動員對技術、戰術、對手、訓練比賽場景等，獲得充分的心理準備，提高心理調控能力；另一種是自我誘導訓練，運用預先確定的「套語」，達到集中注意力、放鬆肌肉和心理的目的。也可利用暗示語言，進行自我暗示、自我動員和激勵。

3.誘導訓練法

誘導訓練法是由教練員或心理學專家，採用特定的手段引導運動員的思維過程，從而進行心理訓練的一種方法。與意念訓練法不同之處是誘導主體發生了變化，誘導者可能是教練員、心理學專家或其他人，也可能是媒體製作者。

誘導訓練由語言、示範、展示多種媒體（音樂、圖片、錄像等）等誘導信息，經由運動員視覺、聽覺傳遞給運動員，並按預定要求去實施。

4.模擬訓練法

模擬訓練法是指在模擬比賽條件下所進行的心理訓練。為提高運動員比賽心理活動（情緒）的控制能力，在賽前訓

練期間，在一些測驗或教學比賽中，盡可能地把比賽中的場景（如觀眾喧嘩聲、對手、組別、泳道、比賽程序、比賽時間等）進行實景模擬和想象模擬，使運動員感到親臨其境，從而提高運動員的比賽適應能力和應變能力。

(二)心理訓練的注意事項

心理調節能力可透過訓練獲得和提高，其訓練也遵循一般技能學習的規律，必須長期地、系統地進行。因此，心理訓練應有計畫性，心理訓練計畫應該與訓練計畫的每一階段緊密配合，在教練員或心理專家的指導下，結合體能、技術、戰術等具體的訓練內容和任務進行訓練，掌握心理訓練技能提高心理素質。

賽前是極其重要的心理訓練階段，應針對運動員個人賽前心理變化的具體情況，採用有效、有針對性的心理訓練方法，調節運動員情緒到最佳狀態，幫助運動員在比賽中發揮體能和技術水準，創造優異成績。

第四節　水上訓練的基本方法

游泳運動負荷都是經由具體的訓練方法實現的。嚴格地講，不同訓練方法決定了負荷的作用方向，產生不同的訓練效果。訓練方法是由練習距離、重複次數、練習強度、間歇時間和形式、練習方式五個組成因素變化，組成不同性質的訓練方法。

一、持續訓練法

持續訓練法是指採用超過比賽距離、低於比賽速度，以

匀速或變速的方式進行練習的方法。主要發展有氧耐力和提高心肺功能。練習距離通常在 800 公尺以上，血乳酸值低於 4mmol／L，心率在 130～150 次／分。長距離耐力訓練通常採用自由式姿勢，但現代訓練理論認為，在發展有氧耐力時，也應該安排專項泳式進行一般耐力訓練，使專項泳式適應各種速度、各種距離的訓練，使之動用的肌纖維的功能得到全面提高。

發展有氧能力、提高有氧速度是游泳訓練的基礎，在游泳訓練的任何時期都佔有較大的比例。持續訓練法作為發展有氧耐力的主要手段在各訓練期都有安排，初級訓練階段、準備階段和恢復期持續訓練法所佔比重較大，少年兒童訓練時期佔的比重更大。隨著訓練水準的提高，持續訓練法的練習強度（游泳速度）也應逐步提高，用無氧閾強度來完成的效果更佳。

持續訓練法應與技術訓練結合，強調在保證技術質量和動作效果的前提下達到練習要求。持續訓練法還應與速度練習結合，在持續訓練後安排短沖練習，能有效地克服因單一刺激而形成的慢節奏動作頻率。

二、間歇訓練法

間歇訓練法是指在反覆游時，練習之間有一個嚴格控制的時間間歇，間歇時間以運動員的心率在不完全恢復的狀態下即開始下一次練習的方法。間歇訓練法的練習距離等於或短於主項距離，強度控制在 75％～95％，血乳酸 3～12mmol／L，心率 130～180 次／分以上。練習與休息之比為 1：1～1：2，間歇的休息方式是組間放鬆游，組內靜止性休息，也可採用原地做放鬆性活動。根據間歇訓練法的組合形式，主要有表 5-7 所示的幾種形式。

表 5－7　游泳間歇訓練法的形式與要求

形　式	功　能	強　度	間歇或練習與休息比	安　排
慢速間歇	發展有氧能力	74%～85%或無氧閾	10～20秒鐘	採用主項距離、重複量，重複次數多，強調技術質量，逐步提高練習速度，發展無氧閾。
快速間歇	有氧無氧混合，發展專項耐力	85%～90%	20～45秒鐘或1:1	採用短於主項距離，重複次數以保證練習強度為限。
變換間歇練習時間和練習距離	發展有氧能力，發展專項耐力	80%～85%	依練習而定，通常為1:1.5	間歇時間有逐步縮短或逐步延長時歇時間；距離變換有上梯形和下梯形，也可將間歇時間和距離結合起來變換。
包幹訓練	發展心肺功能，提高耐乳酸能力	80%～90%	游得慢休息時間短，游得快則休息時間長	在規定的時間內完成練習和間歇，便於運動員自己掌握練習。
心率控制訓練	發展心肺功能，提高有氧無氧混合能力	最大心率的80%～90%	以運動員個人心率恢復到訓練要求所規定的數值開始下一練習	心率控制要求運動員練習應達到規定的心率要求，而休息時間長短取決於心率恢復到規定的心率數值，這種訓練控制可滿足不同水準運動員對員荷的要求。關鍵是運動員心率測定要準確。
負荷分段	提高耐乳酸能力	從75%逐步升高到100%		距離和間歇時間固定，逐步提高練習強度。

間歇訓練法可根據訓練任務與要求，變動練習的組成因素，設計多種形式的間歇訓練方案。有關研究表明，間歇訓練法的重複次數不宜超過 30 次，下一次練習開始的心率不要低於 130 次／分，否則影響間歇訓練的效果。要注意間歇訓練法與持續訓練法結合運用，以利於恢復和持續訓練。

三、重複訓練法

　　重複訓練法是指多次重複同一練習，練習之間有相對充分的休息，心率和呼吸基本恢復。重複訓練法是發展速度、速度耐力、肌肉力量，培養比賽速率，學習分配體力，改進和鞏固技術的有效訓練方法。

　　重複訓練法最主要的特點是突出強度，休息時間長短和重複次數多少都以達到練習所要求的成績為基礎，以發展乳酸供能能力為核心。採用 50 公尺以下距離重複訓練，主要發展肌肉力量和速度；採用 75～400 公尺距離的重複游，則主要發展速度耐力。

　　重複訓練法的練習距離一般短於主項距離，強度為 95%～120%，血乳酸 12mmol／L 以上，心率接近最高水準。練習強度決定重複次數。主要以主項泳式進行練習。間歇時間長，使運動員能夠充分休息和恢復，練習與休息比為 1：2～1：8，休息方式為靜止性休息或活動性休息。

　　重複訓練法是高強度訓練，宜安排在基本期後和競賽期，由於強度大，不宜過於集中。

四、短衝訓練法

　　短衝訓練法是指運動員以全力游出最高速度的練習。短衝訓練法能有效地提高運動員肌肉中 ATP-CP 的儲備和無氧

代謝酶的活性，使糖酵解速度加快，是發展無氧代謝能力、速度和肌肉力量的有效方法。短衝訓練可提高神經系統的靈活性，是游泳速度訓練的主要手段。

短衝訓練距離在 15～50 公尺之間，練習強度 110%～120%，達到最高速度；比最高心率低 10 次 / 分；以保持練習強度為確定重複次數的前提條件；練習與休息比 1：6～1：8，休息方式為原地活動性休息或放鬆游。短衝訓練法可以結合憋氣和控制呼吸節奏等進行缺氧訓練，以提高無氧能力。

五、模擬比賽訓練法

模擬比賽訓練法是指在訓練條件下，根據比賽項目、技術和戰術要求、成績目標設計各種組合訓練，模擬比賽情景的一種訓練方法。模擬比賽訓練法旨在使運動員體會比賽技、戰術，培養速度感，預測比賽成績。

模擬比賽訓練法通常將比賽項目按距離分段組合成訓練方案，以比賽目標成績作為練習強度進行訓練，如 100 公尺項目，組合成 50 公尺＋50 公尺或 25 公尺＋75 公尺或 50 公尺＋25 公尺＋25 公尺。各距離的成績相加應比比賽目標成績好或相等，取決於組合距離：組合距離短，要求成績要高於比賽成績；否則等於比賽目標成績。組間間歇時間可長一些，以保證組內各距離練習的質量，但各距離練習間的間歇時間不宜長。

開始模擬比賽時，各距離練習間的間歇時間可延長一些，以保證比賽目標成績的完成；隨後，逐步縮短間歇時間，控制在 5～15 秒。模擬比賽訓練一般安排在賽前訓練中，以提高運動員的比賽能力。

第五節 游泳訓練計畫的制訂

　　游泳訓練計畫是對游泳訓練過程預先作出的理論設計，是運動員由現實狀態向目標狀態轉移的通道，對游泳訓練具有戰略性和現實性指導意義。

　　訓練計畫根據時間跨度分為五類，即多年訓練計畫、年度訓練計畫、大週期訓練計畫、週訓練計畫和課訓練計畫（表 5-8）。

表 5-8　運動訓練計畫的分類和基本任務

訓練計畫類型	時間跨度		基本任務
多年訓練計畫	全程性	10～20 年	系統培養高水準選手
	區間性	2～6 年	完成階段性訓練任務或準備並參加一輪大賽
年度訓練計畫	單週期	6～12 個月	準備並參加一次或一組重要比賽
	雙週期	每個週期 4～8 個月	準備並參加兩次或兩組重要比賽
	多週期	各週期 2.5～5 個月	準備並參加三次或三組以上重要比賽
大週期訓練計畫	準備期	5～20 週	提高運動員競技能力
	比賽期	3～20 週	參加比賽，創造好成績
	恢復期	1～4 週	促進心理／生理恢復
週訓練計畫	訓練週	4～10 天	提高運動員競技能力
	比賽週	或	參加比賽，創造好成績
	恢復週	3～20 次課	促進心理／生理恢復
課訓練計畫	綜合訓練課	0.5～4 小時	綜合完成多項訓練任務
	單一訓練課	0.5～4 小時	集中完成一項訓練任務

訓練計畫的基本內容包括：

1. 運動員基本概況；
2. 確定訓練指導思想及目標；
3. 對運動員現實情況的診斷分析；
4. 訓練階段畫分，各訓練階段主要任務和基本內容；
5. 比賽安排；
6. 訓練負荷的動態變化趨勢；
7. 訓練方法和手段；
8. 各手段、練習的負荷要求；
9. 主要訓練措施和恢復措施；
10. 檢查評定訓練效果的內容、時間及標準。

學校游泳訓練計畫既要遵循一般訓練計畫的基本原則與要求，又要符合學校游泳訓練的特點。首先，學校游泳訓練計畫要根據學校教育規律，結合學期畫分的特點進行安排；其次，學校游泳訓練計畫應注意各層次學校之間的銜接。

一、多年訓練計畫

多年訓練計畫分全程性和區間性多年訓練計畫。有關研究表明，培養一名高水準運動員需要 8～12 年的時間，這恰好貫穿從小學到中學的全過程。由於學校教育體系與結構的特殊性，學校基本上是按教育層次（或教育階段）設立，如小學、中學、大學。小學六年（或五年）、中學六年包括初中和高中階段。在制訂多年訓練計畫時，就面臨著各學校如何銜接和如何保持系統訓練的問題。學校游泳訓練的多年訓練計畫的制訂，要將全程性多年訓練計畫與區間性多年訓練計畫結合起來。

全程性多年訓練計畫應遵照並執行全國《游泳年齡組教

學訓練大綱》的總體計畫，各級學校重點是在大綱的指導下針對各自學校所處的訓練階段，圍繞完成階段性訓練任務這一目的制訂區間性多年訓練計畫。一般多年訓練計畫分為四個漸進的訓練階段，即初訓階段、基礎訓練階段、專項提高訓練階段、專項高水準訓練階段。根據學校訓練的具體情況，全程性多年訓練計畫又分為相對獨立且又相互緊密聯繫的兩個區間性訓練。

(一)小學訓練區間

小學訓練區間包括全程性多年訓練計畫的兩個階段，即初訓階段和基礎訓練階段。小學學習階段是在一個學校完成的，因此，在保持訓練計畫的系統性、教練員穩定和醫務監督跟蹤等方面具有有利條件。小學是游泳訓練的基礎階段，有舉足輕重的作用。

游泳較其他體能類項目出成績早些，而小學訓練幾乎佔了全程訓練的一半時間，小學訓練的成效直接影響運動員未來的發展程度和方向。

(二)中學訓練區間

中學訓練區間雖然也跨兩個訓練階段，但其特殊性在於初中和高中階段大部分不在同一所學校（也有國中和高中合辦的學校），而專項提高和專項高水準訓練階段是出成績的關鍵時期，因此，做好兩個階段的訓練計畫，並保持兩個階段訓練計畫的有機銜接至關重要。

國中階段是在小學六年訓練的基礎上，逐步轉向專項訓練的時期，此階段承擔著選項、定項和逐步提高專項運動成績的雙重任務；高中訓練階段是出成績的最佳訓練時期，此

時運動員生長發育基本成熟，是由少年訓練向成人訓練過渡的時期，訓練計畫要體現這種訓練轉換的特點。

二、年度訓練計畫

(一)週期畫分

　　制訂年度訓練計畫的首要任務是畫分訓練週期。畫分訓練週期是以運動員參加重要比賽取得好成績為目標，以運動員競技狀態發展過程的階段性特徵為依據而確定和畫分。年度訓練計畫的週期數，反映了年度訓練過程結構特徵的主要內容，通常有單週期、雙週期和多週期三種類型。

　　由於學校教學安排的規律和年度比賽時間通常安排在學生暑假期間，所以年訓練計畫中準備期較長。為此，準備期分為兩個階段（冬訓和春訓）就比較好安排訓練（表5-9）。年訓練計畫還應根據具體的比賽時間安排訓練週期。學生進入高年級後，運動水準提高，代表省市參加比賽的機會多，這就很難避開學習時間，必要的停課訓練和比賽是免不了的，但在訓練設計上應兼顧學習與訓練兩不誤。

表 5-9　學校年訓練週期畫分參考模式

年訓練計劃類型	上學期				暑假		下學期					寒假
	3月	4月	5月	6月	7月	8月	9月	10月	11月	12月	1月	2月
單週期	準備期II（春期）				競賽期		恢復期	準備期I（冬訓）				
雙週期	準備期II（春訓）			競賽期	準備期	競賽期		準備期I（冬訓）				

(二)各週期訓練任務和主要內容

1.準備期

（1）冬訓期——訓練重點：發展基礎耐力、力量、柔韌、心理承受能力並提高技術。主要訓練內容：每週發展主要肌肉力量3～4次，長距離可多增加水上訓練量，柔韌練習每天進行，採用多種方法改進和提高技術。由表象和放鬆練習進行各種形式的心理訓練。在基礎耐力訓練（約佔70%）中，結合技術訓練以提高技術水準；速度耐力（約佔20%）和短衝訓練逐漸增加，但不是重點；其他訓練（約佔10%）應為準備和放鬆活動。每種姿勢和每種重複距離的訓練都應有安排。

（2）春訓期——訓練重點：提高耐力水準。主要訓練內容：提高耐力訓練強度，較高耐力強度增加15%～20%，有氧訓練水準達到最高。陸上力量訓練應以快速力量為主發展爆發力，力量練習應與游泳技術動作、比賽頻率結合，增加水中抗阻練習，也可適當安排牽引練習。短衝練習量應增加一倍。繼續進行伸展練習。心理訓練應逐漸側重對直接影響訓練和比賽的心理活動和現象進行訓練，如加強運動員自我表象和自我放鬆的訓練。短距離訓練數量較少，平均強度高，而且應比長距離提前2～3週轉入下一個訓練階段。長距離應停止陸上訓練，增加水中訓練量。

2.競賽期

競賽期訓練重點是從耐力訓練轉為速度訓練，注重比賽能力訓練、無氧訓練和爆發力訓練，並保持前兩個階段發展

的耐力水準。訓練任務旨在使運動員通過訓練,在比賽期間異成績。

短距離運動員可採用更多的速度牽引訓練手段、比賽速度訓練和爆發力訓練。中長距離運動員應採用較多的短間歇訓練,提高與比賽有關的有氧和無氧供能能力。

伸展練習應繼續進行,但時間可以減少,只要能夠維持原來的水準即可。陸上訓練應模仿游泳動作進行,提高肌肉的爆發力。力量訓練既可在陸上進行,也可在水中進行。

這個階段最好不要再改變運動員的技術,除非有嚴重的技術缺陷。運動員不必因改變技術而分神,導致不能盡最大力量游泳。但是,運動員仍然需要注意盡量用最省力、最經濟的技術游進,以最少的能量消耗,達到比賽所需要的最佳划幅和頻率組合。

賽前2～3週為減量期,賽前減量期訓練的主要特點是減量提質,負荷安排主要有逐漸減量、突然減量和波浪式減量三種模式。逐漸減量模式,每週訓練量大約應減少25%,保證較長的間歇時間和較高的強度。基礎耐力和速度耐力訓練各減少10%,無氧訓練和速度訓練各增加約10%。突然減量(即在一天內將訓練減少到平時的30%)可能更適合有過度訓練或慢性疲勞的運動員,使他們有更長的恢復時間,還可以減少減量不足的可能。但在賽前1～2週會過度興奮,應再次增加訓練量(即「練上去」),然後再慢慢減量,把運動員調整到最佳狀態。

波浪式減量實質是邊調邊練的訓練方式,先減少訓練量和強度,使運動員狀態上升,然後再次增加訓練量和強度,如此反覆,但總負荷趨勢是逐步下降,使運動員狀態呈波浪狀起伏,直至達到最佳競技狀態。

模擬比賽訓練是競賽期訓練的主要手段之一，要求運動員必須按照比賽的速度和要求進行訓練。通常採用模擬比賽訓練提高和整合比賽各環節技術，增強心理適應水準。模擬比賽訓練著重提高運動員運用比賽戰術的能力，包括速度感、體力分配、划步與划頻的比例和各賽次比賽成績方案（速度儲備），提高運動員比賽心理的應激和調控能力，使其在比賽中保持良好的心理狀態。

3. 恢復期

　　恢復期訓練重點是積極恢復，消除生理和心理疲勞；總結經驗，制訂新計畫。主要訓練內容：以遊戲和變換法進行訓練，提高運動員的興趣，調節中樞神經系統，保持一定的體能水準；降低練習強度，維持一定的訓練量。訓練中可採用其他運動調節，如球類、越野跑、划船、自行車等運動。

三、週訓練計畫

　　週訓練計畫是根據大週期訓練計畫的目標和所在時期的任務制訂的。週訓練計畫是組織訓練活動極為重要的基本單位，時間跨度為 4～10 天或 3～20 次課。

　　目前，週訓練計畫有三種類型：第一種，是以能量訓練類型和訓練任務畫分小週期，時間一般以 7 天為一個小週期，也有跨 2～3 週的，如有氧訓練小週期、無氧耐力訓練小週期、高原訓練小週期等。

　　第二種，是以所處的大週期位置畫分小週期，如基本訓練小週期、賽前訓練小週期、比賽小週期和恢復小週期。

　　第三種，是以運動員身體機能變化為依據畫分小週期，如根據紅細胞新陳代謝時間為 3 週，應激適應需要 3～4 天，

心率訓練的效果需要 2 週以上等，安排小週期的時間和訓練內容。

中國游泳訓練主要採用第一種和第二種類型，也採用兩者結合的形式安排週訓練計畫。而俄羅斯、澳洲和美國等，主要以第三種類型安排週訓練。游泳訓練屬體能性競技項目，身體機能改善是體能提高的決定性因素，根據運動員身體機能變化規律安排週訓練計畫的這種模式，應引起我國游泳教練員的重視。

週訓練負荷安排的特點：負荷安排應根據各次訓練課運動負荷而引起的疲勞過程特點和恢復過程的特點設計。不同負荷作用方向其疲勞性質不同，所消耗的能量物質不同，恢復的時間長短也不同，如技術訓練心理負荷大，中樞神經系統與骨骼肌系統的高度協調；體能訓練心理負荷小，呼吸與心血管承受高強度的負荷。在制訂週計畫（安排各種訓練內容）時應考慮的幾個方面：不同負荷程度結合與休息交替（表 5–10）；不同體能素質組合、交替與持續（圖 5–3）；訓練手段與方法選擇與安排。

週訓練課次安排，兒童平時每週訓練 2～3 次，最多 4 次，假期可適當增加到每天一次（表 5–11）。隨著訓練水準

表 5–10　不同週課次負荷分配參數

週訓練次數	大負荷	中負荷	小負荷（恢復性訓練）
3～4	1 2	1～2 0～1	1
5～6	2	2～3	1～2
7～8	2～3	2～4	2

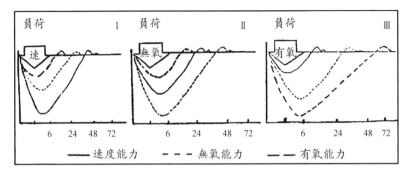

圖 5-3　不同代謝特點的大負荷後，三個供能系統的恢復時間

表 5-11　週訓練計畫參考模式之一

	星期一	星期二	星期三	星期四	星期五	星期六
上午／下午	技術訓練 基礎耐力 短衝	綜合力量 速度耐力	基礎耐力 短衝技術 訓練	專項力量 基礎耐力 短衝	速度耐力 技術訓練 短衝	比賽能力

的提高和成長發育的逐漸成熟，應採用先增加日數再增加每天訓練次數的方法增加訓練課次。在假期和集訓期間，應採用一天多課次（表 5-12），每次訓練時間 1.5～2 小時的訓練安排，這有利於增加運動負荷和減少疲勞積累。

表 5-12　週訓練計畫參考模式之二

	星期一	星期二	星期三	星期四	星期五	星期六
上午	綜合力量 基礎耐力 短衝	技術訓練 基礎耐力 短衝	技術訓練 速度耐力	技術訓練 基礎耐力 短衝	綜合力量 基礎耐力 短衝	比賽能力
下午／晚上	技術訓練 速度耐力	基礎耐力 短衝	專項力量 基礎耐力 短衝	速度耐力 短衝	技術訓練 基礎耐力 短衝	

四、課訓練計畫

訓練過程的主要結構單位是各個訓練課。在訓練課中，可以採用各種旨在解決體能訓練，技、戰術訓練，心理訓練和專門的意志品質訓練任務的手段和方法。訓練課是運動訓練最基本的組織形式，亦稱訓練單元。各種訓練計畫都是由每一次訓練課組織、貫徹和落實的。課訓練計畫根據訓練任務可分為單一訓練課和綜合訓練課。

單一訓練課在培養運動員的過程中多用於目的有所側重、訓練手段形式與練習方法多樣的訓練課中，使運動員某種運動能力得到較大程度的提高，但不宜長時間採用。

綜合訓練課有兩種方案：一是訓練課分成兩個或三個相對獨立的部分，如提高速度與發展有氧訓練；二是並列發展幾種體能，如提高速度能力的同時提高無氧耐力或同時提高有氧和無氧耐力。

課的結構通常由準備部分、基本部分和結束部分組成。

準備部分：目的是使運動員身體機能進入工作狀態。對不同運動水準的運動員來說，準備活動的內容和強度都影響進入工作狀態的時間。一般準備部分的時間佔 20%～30%。準備部分內容，分為一般性和專門性準備活動。一般性準備活動通常以陸上各種體操和柔韌性練習為主，也可結合力量練習進行。專門性準備活動主要安排水上持續游、各種手腿練習、技術快速游等。

基本部分：目的是完成訓練課的主要任務，透過多種訓練手段與方法實現。持續時間取決於所採用的各種練習性質和練習方法，取決於負荷大小。負荷安排的特點、練習活動的選擇、練習活動的次數對於訓練目的和負荷起決定性作

用。通常基本部分安排 2～3 個主要練習內容，負荷曲線與此對應，呈 2～3 個波峰。基本部分的時間佔 70%～80%。

結束部分：結束部分也稱整理部分，其目的是促進運動員機體恢復。由逐步降低負荷強度，使運動員生理和心理緊張程度下降，恢復到運動前水準。訓練課結束部分的安排，對運動員機體的恢復效果有一定的影響，因此，其一，結束部分的活動要保持一定的負荷強度和持續時間。研究證明，負荷強度在 60% 並持續運動 15 分鐘左右，血乳酸消除最快，恢復效果明顯。其二，為了調節運動員心理狀態，放鬆活動宜採用遊戲、任意姿勢游、水球等。其三，針對基本部分的主要任務和內容，選擇有效的整理活動形式，如基本部分肌肉力量負荷大，則選擇一些肌肉牽拉放鬆練習；如耐力練習比重大，則安排遊戲內容放鬆等。

思考題：

1. 學校游泳訓練如何處理訓練銜接？如何利用學校各學科的優勢進行科學訓練？

2. 為什麼學校訓練要遵循少年兒童生長發育的規律？運動成績的增長為什麼不能超越少年兒童生長發育水準？

3. 你是如何理解少年兒童訓練平衡問題的？

4. 為什麼強調少年兒童運動成績的提高首先應以改進提高技術為主要途徑，不宜過早依賴體能？

5. 學校游泳選材主要採用哪些指標？如何組織和進行游泳選材？

6. 如何建立學校游泳訓練的管理體系？

7. 闡述教練員在訓練管理中的作用和技巧。

8. 游泳訓練醫務監督包括哪些內容？如何組織和開展學校

游泳訓練的醫務監督工作？

9. 影響負荷的因素有哪些？如何調控這些因素？

10. 負荷設計與安排要考慮哪些方面？

11. 專項負荷與一般負荷有何區別？各自的作用有何不同？

12. 能量負荷分級的特徵、依據是什麼？如何在實踐中運用？

13. 合理的負荷安排要注意哪些方面？少年兒童游泳訓練負荷安排的特點是什麼？

14. 爲什麼負荷安排要與恢復訓練緊密結合？

15. 恢復訓練包括哪些內容？如何在訓練實踐中進行恢復訓練？

16. 簡述少年兒童體能訓練的特點、內容、方法及注意事項。

17. 自己設計幾種技術訓練的手段與方法。

18. 對少年兒童游泳運動員如何進行心理訓練？如何提高其比賽能力？

19. 水上訓練有哪些方法？各訓練方法的特徵及功能有何區別？在訓練中怎樣運用這些方法？

20. 如何根據學校游泳訓練的特點制訂年度訓練計畫？週訓練計畫制訂要考慮哪些因素？

第六章

游泳競賽

內容提要：

本章主要闡述游泳競賽的籌備、賽前工作的流程、競賽規程和秩序冊的內容，以及總裁判、技術檢查、轉身檢查、發令、計時、終點、編排記錄、檢錄、宣告等裁判員的職責及工作方法。

學生由學習，應掌握游泳競賽的組織和裁判法的基本知識，會制定游泳競賽規程，能編排競賽日程和競賽分組表，爲以後組織游泳競賽和擔任游泳裁判員工作打下基礎。

第一節　游泳競賽的組織

游泳競賽，是開展游泳運動的一項重要內容。也是游泳教學和訓練的組成部分。透過競賽可交流經驗，互相學習，增進友誼，更好地促進游泳技術水準的提高，培養運動員的意志品質和集體主義精神。同時，經由游泳比賽還能有效地促進群眾性游泳活動的開展，推動全民健身計畫的實施。組織游泳競賽要貫徹執行國家有關體育運動競賽的方針政策，有組織、有計畫地進行。

游泳競賽的組織，可分爲賽前的籌備、競賽期間的工作和競賽的結束工作三個階段。

一、游泳競賽的籌備

(一)成立領導機構,確定組織方案

首先成立組織委員會(前期為籌備委員會),負責競賽的組織領導工作,研究決定運動會的組織方案、競賽規程和工作計畫等重大問題。組織方案是大會一切工作的依據,內容包括競賽名稱、目的、任務,競賽規模、時間、地點,競賽組織機構、人員,經費預算等。

(二)設立組織機構,明確分工

比賽大會在組委會領導下,設立必要的工作機構,如辦公室、競賽處(組)、行政處(組)、宣傳處(組)、場地器材處(組)、保衛處(組)和仲裁委員會等。

各機構按工作職責明確分工,團結協作,將大會各項工作做好。基層比賽,組織機構應精簡,盡量減少開支,但各組的工作一定要有專人負責。

(三)制定游泳競賽規程

游泳競賽規程是舉辦游泳競賽的指導性文件,是組織者和所有參加者必須遵守的章程,是整個競賽工作的依據。競賽規程由主辦單位根據舉辦比賽的目的任務及具體條件而制定。競賽規程要具體明確,並及早發給有關單位,以便各單位做好準備工作,及時報名和參賽。競賽規程內容如下:

1. 運動會名稱。
2. 競賽日期和地點。
3. 競賽項目。

4. 參加單位。

5. 參加辦法。包括參加條件，每單位男、女運動員可報人數，每人限報項數，每項每單位限報人數，教練員、工作人員限報人數等。

6. 競賽辦法。包括明確規定比賽採用什麼游泳競賽規則，以及根據本次運動會的實際而制定的競賽辦法，如預、決賽的規定，棄權、犯規的處罰規定等等。

7. 報名和報到時間。

8. 錄取名次與獎勵。

9. 裁判員。包括總裁判、裁判員的選派、報到時間及要求。

(四) 編排競賽日程

根據《競賽規程》規定的比賽時間（場次）、項目，預計參賽人數，編排競賽日程。競賽日程隨競賽規程一起寄送給參賽單位，以作報名參考。

編排競賽日程時要注意：

1. 先安排自由式項目。因為游泳競賽中自由式項目最多，長距離、短距離、接力要兼顧，分散安排。

2. 盡量把可能有運動員兼項的項目排開，例如同一泳式的50公尺和100公尺或100公尺和200公尺不要安排得太近。

3. 每場中的各種泳式和男女項目應交錯安排。

4. 同項目的預、決賽不要排在同一場，也不宜間隔太遠。

(五) 組織報名

組織報名時，應將競賽規程、競賽日程和報名表一起盡早地發（寄送）給參賽單位。要求參賽單位按時、按要求報名。

收到各參賽單位的報名表後，按規程的要求，嚴格審查各單位的報名人數、運動員的報名資格和報名項數，對違反規程、規則的情況及時處理。

(六)總裁判及裁判員的選派、聘任

(七)編印秩序冊

秩序冊是提供運動會全面情況的基本文件，是大會競賽工作的重要依據。秩序冊應在賽前編印好，其內容一般包括：

1. 競賽規程及補充通知；
2. 組委會及辦事機構人員名單；
3. 仲裁委員會名單；
4. 裁判員名單；
5. 各代表隊名單；
6. 大會日程；
7. 競賽日程；
8. 競賽分組表；
9. 各代表隊人數統計表；
10. 有關紀錄及運動員等級標準。

上述第 8 項由編排記錄組提供（競賽分組表的編排方法見本章第二節的二），其他由大會有關部門提供。秩序冊全部內容齊備，經負責人審閱後，由大會印製成冊。在編印過程中應反覆校對，不斷補漏。基層比賽的秩序冊內容可酌情精簡。

(八)比賽場地器材的準備

確定了比賽場地後，要切實檢查，確保場地、泳池、水

質、水溫、燈光、標誌線等符合競賽規則要求。裁判組工作所需的器材、用具也要預先準備好。

(九)住宿、交通的準備

(十)游泳競賽賽前工作流程

游泳競賽賽前工作流程如圖 6-1 所示。

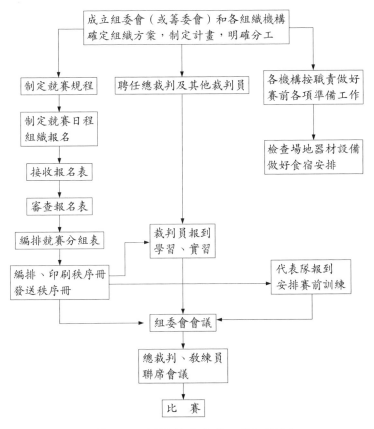

圖 6-1 游泳競賽賽前工作流程圖

二、競賽期間的工作

（一）根據大會報到日期，做好大會工作人員、裁判員和各參賽隊的接待工作。

（二）召開各類會議，如組委會會議、裁判員動員大會、總裁判和教練員聯席會等。

（三）開幕式。

（四）組織比賽。根據競賽規程和規則，按比賽日程和競賽分組表組織比賽。

（五）比賽期間，大會各部門應經常與裁判員及各參賽隊聯繫，深入聽取意見，不斷改進工作，使競賽工作順利進行。

三、競賽結束後的工作

（一）閉幕式及團體頒獎。

（二）整理成績資料，印、發成績冊。

（三）各部門總結。

（四）安排和辦理各隊及裁判員離會事宜。

（五）組委會總結，向上級匯報工作。

（六）大會人員離會。

第二節　游泳競賽裁判方法

在游泳競賽中，為保證參賽運動員能處於同等條件下公平競賽，使整個競賽活動得以順利進行，就必須確定統一的競賽規則，以及設置執行規則、規程的裁判工作人員。因此，裁判員必須熟悉規則和規程，掌握一套科學、合理的工

作方法，並不斷地熟練、提高。同時，在工作中必須做到嚴肅、認真、公正、準確。

一場游泳比賽，根據比賽規模的大小，所需裁判員 40～80 名不等，包括總裁判、技術檢查、轉身檢查、檢錄、發令、計時、終點、編排記錄、司線、宣告等。本節主要是根據裁判員的職責論述其工作的順序和方法。

一、總裁判

總裁判在競賽大會的領導下全面領導和分配全體裁判員的工作，是競賽裁判工作的組織者和領導者。

總裁判根據規則和規程精神，解決比賽中的有關問題，保證規則、規程的正確執行。根據規則規定的職責，總裁判的工作順序和方法如下：

(一)賽前準備工作

1. 接受任務後，認真學習競賽規程，了解報名和編排情況。

2. 提前報到，了解和熟悉大會的組織機構、日程安排、秩序冊編印情況；召開正、副總裁判會議，研究確定裁判員分工；制定裁判員學習、實習工作計畫；討論決定總裁判和教練員聯席會議要明確的問題，制定「本次比賽有關問題的說明」。

3. 召開裁判長會，使各裁判長預先了解大會情況及自己的職責。

4. 召開全體裁判員大會，進行動員，使全體裁判員明確各自的職責和工作要求，宣布分工和學習、實習計畫。

5. 帶領裁判長檢查場地、器材。深入各組了解學習情

況，解釋有關規則、裁判法問題。

6. 組織全體裁判員實習。透過實習，發現問題，解決問題。

7. 配合競賽組，開好總裁判、教練員聯席會議，印發有關說明、要求，對容易引起爭議的問題要統一認識。

（二）臨場工作方法

1. 每場提前 1 小時到賽場，檢查賽前工作，處理創紀錄申請等問題。

2. 賽前 30 分鐘集合全體裁判員（要求裁判員賽前 40 分鐘到場），進行上一場小結，提出本場工作要求。

3. 檢查各裁判組賽前準備工作。

4. 賽前 3～5 分鐘帶領裁判員入場，裁判員按工作位置就位（圖 6-2）。

5. 每組比賽開始時，示意宣告員宣布開始比賽，然後站立池邊，用連續短促哨聲示意運動員脫外衣，用長哨聲示意運動員上出發臺（仰式項目運動員下水，發出第二聲長哨示意運動員迅速游回池端），當所有運動員和裁判員都做好出發準備時，向外伸展手臂通知發令員可以開始發令，發令結束，收回手勢。

6. 每組比賽進行中，在池邊巡視，注意觀察游進、轉身、到終點、接力交接棒等情況。最後一名運動員到達終點後,用手勢與技術檢查、轉身檢查長聯繫，了解是否有犯規。

7. 賽中，注意觀察全面情況，及時處理、解決出現的問題；觀察終點名次。

8. 每組賽後審查犯規檢查表和競賽卡片，處理計時與終點名次交叉。每項預賽後審查決賽、半決賽、重賽名單。

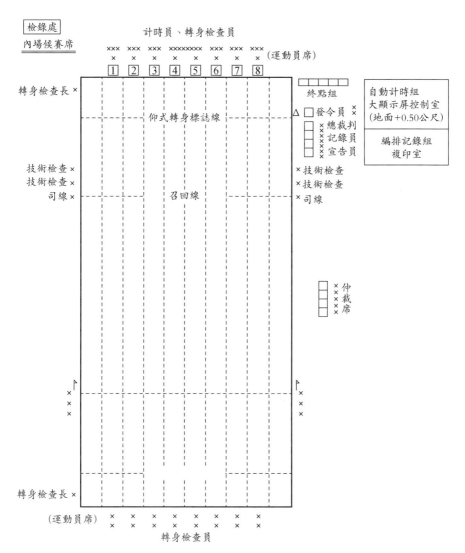

註：△代表總裁判執行工作時的位置

圖 6-2　游泳裁判員各組工作位置圖

9. 每項比賽結束後審核名次，並配合頒獎組工作。

10. 每場比賽結束，組織裁判員退場。

(三)賽後工作

1. 每場比賽結束，督促各組小結，召開裁判長會，解決存在的問題。

2. 全部比賽結束，在各組總結的基礎上進行全面裁判工作總結，督促編排記錄組及時完成成績冊印發工作。

3. 為破紀錄、運動員成績證明、裁判員證書簽名。

二、編排記錄

編排記錄裁判的職責是：比賽前，根據規則、規程、報名單、大會日程及有關材料，編製秩序冊；比賽開始後，準確地記錄和及時公布每項、組比賽的成績；預賽後，按成績編排決賽秩序；比賽結束後，盡快編製成績冊。編排記錄工作是保證比賽按計畫、有秩序進行的關鍵。要求編排記錄員做到周密、細緻、準確、及時、認真、負責。

(一)賽前準備工作

1.熟習規程，審理報名單，填寫競賽卡片

審理報名單時需注意有無違反規程的問題。

按照報名單填寫競賽卡片，各項內容填寫清楚、齊全，反覆核對，然後將卡片按組別、項目分開，按成績順序排好。

2.編排競賽分組表

（1）認真學習規則中有關編排的規定。競賽規則規定：

① 泳道安排：在設有 8 條泳道的游泳池比賽時，同一組成績最好的運動員或接力隊，應安排在第 4 泳道上，其他運動員按成績的優次，依 5、3、6、2、7、1、8 泳道的順序進行安排（表 6-1）。

② 預賽編組規定：兩組比賽的編排方法如表 6-2 所示，三組比賽的編排方法如表 6-3 所示，超過三組的編排方法如表 6-4 所示。任何預賽組內至少應有 3 名運動員，其編排方法如表 6-5 所示。

表 6-1　一組比賽泳道編排方法

泳道	一	二	三	四	五	六	七	八
運動員排序	7	5	3	1	2	4	6	8

表 6-2　兩組比賽編排方法

排序　泳道　組別	一	二	三	四	五	六	七	八
第一組	14	10	6	2	4	8	12	16
第二組	13	9	5	1	3	7	11	15

表 6-3　三組比賽編排方法

排序　泳道　組別	一	二	三	四	五	六	七	八
第一組	21	15	9	3	6	12	18	24
第二組	20	14	8	2	5	11	17	23
第三組	19	13	7	1	4	10	16	22

表 6-4　超過三組比賽編排方法（以 40 人為例）

排序 組別	一	二	三	四	五	六	七	八
第一組	39	37	35	33	34	36	38	40
第二組	31	29	27	25	26	28	30	32
第三組	21	15	9	3	6	12	18	24
第四組	20	14	8	2	5	11	17	23
第五組	19	13	7	1	4	10	16	22

表 6-5　25 名運動員比賽編排方法

排序 組別	一	二	三	四	五	六	七	八
第一組			25	23	24			
第二組	21	15	9	3	6	12	18	
第三組	20	14	8	2	5	11	17	
第四組	19	13	7	1	4	10	16	22

　　③ 半決賽的編排方法如表 6-2 所示，決賽的編排方法如表 6-1 所示。採用分組決賽時（無預賽），編排方法如表 6-6 所示。

　　（2）根據規則規定，對預賽進行分組及編排泳道

　　① 根據每項的報名人數，先確定該項預賽的組數。

　　② 根據上述①的組數，按相應組數的編排方法編排競賽卡片。核對無誤後，把排列出的組、泳道填入相應的卡片。按組、項把卡片整理好。

表6-6　38人分組決賽編排方法

排序＼泳道　組別	一	二	三	四	五	六	七	八
第一組		37	35	33	34	36	38	
第二組	31	29	27	25	26	28	30	32
第三組	23	21	19	17	18	20	22	24
第四組	15	13	11	9	10	12	14	16
第五組	7	5	3	1	2	4	6	8

（3）全部項目編排後，按競賽日程的場、項、組整理好競賽卡片，核對無誤後，抄寫（打印）成競賽分組表。

（4）電腦編排：目前國內的許多比賽都採用電腦進行編排和處理以及公布成績。電腦編排的方法是根據規則的規定編製編排軟件，運動員報名後，將運動員所報項目、成績輸入電腦，電腦根據預先設定的程序進行編排，可一次完成分組、泳道安排和競賽分組表的打印，快捷、準確、規範。

3.編印秩序冊

秩序冊內容及編印見本章第一節。

4.準備各種競賽表格

（1）各裁判組使用的表格。
（2）編排記錄組所需的表格。

(二)臨場工作方法

1.每項、組賽後，審核競賽卡片，核對名次、成績。

2. 公布各項、組比賽成績和每項預賽後的決賽名單。

3. 審核統計創紀錄和團體總分。

4. 編製成績公報。除注明成績外，還應注明棄權、犯規、重賽等。成績公報應在該場比賽結束後盡快發至有關單位。

5. 逐步編製成績冊。

上述現場記錄工作步驟，是人工編排記錄的工作步驟，要用人工複寫或打印成績和決賽名單。如果是採用電腦編排和處理成績，在現場工作時，裁判員根據運動員成績卡片把成績輸入電腦中，由電腦進行處理，根據成績進行排名，然後打印出成績進行公布。

如果採用自動計時裝置計時，自動計時裝置可以和電腦聯網，則成績的處理和公布更簡便、快捷。

(三)賽後工作

1. 每場比賽後，盡快發出本場成績公報、決賽名單，進行小結，及時辦妥運動員成績證明單。

2. 全部比賽結束後，應準確、及時地統計出團體總分，送交總裁判。

3. 完成成績冊編印並發至各隊和有關部門。

4. 整理全部競賽資料，送交大會競賽組存查，認真總結。

三、技術檢查

比賽設技術檢查員 4 人，2 人一組，在游泳池兩側 15 公尺處就座。

技術檢查員在總裁判直接領導下進行工作，主要負責檢

查運動員在游進中的泳式和動作是否符合規則，協助轉身檢查員檢查運動員轉身、到達終點和接力交接棒情況。

(一)賽前準備工作

學習規則、規程和裁判方法，熟習各泳式犯規術語和填寫檢查表方法，統一判罰尺度。領取各種用具。

(二)臨場工作方法

1. 每項、組開始比賽前，當總裁判發出長哨音時，技術檢查員應迅速起立，並前往距出發端8～10公尺處，準備開始工作（仰式、蝶式、自由式項目，在兩側各留一人在15公尺處，準備觀察潛泳出水情況）。

2. 比賽進行中，技術檢查員按分工，在池邊認真巡視運動員游進動作是否符合規定。在運動員游進速度相差較大的情況下，檢查方法可改為按速度前後位置進行觀察。

3. 技術檢查員必須巡視到距池端5公尺以內處，協助轉身檢查員觀察運動員轉身、接力出發和到達終點的情況。

4. 觀察動作時，視野要廣；發現問題時，視線要集中。要注意各種泳式最易犯規的動作和避開光線的反光影響。

5. 每組比賽最後一名運動員到達終點後，應及時向總裁判做出是否犯規的手勢，如有犯規，應立即報告總裁判，並用規則術語迅速、準確、清楚、扼要地填寫檢查表（表6-7），及時送交總裁判。

(三)賽後工作

每場比賽後應進行小結，全部比賽結束後進行全面總結。

表6-7　　年　子　組　公尺　　泳預、半決賽、決賽　年　月　日

組次		道次		姓名		單位	
犯 規 情 況						處 理 意 見	

四、轉身檢查長

轉身檢查長（終點端和轉身端各一人），負責領導和分配本端轉身檢查員的工作，確保每位轉身檢查員職責的完成。

(一)賽前準備工作

領導本端的轉身檢查員學習規則和裁判法，熟習各泳式犯規術語和填寫檢查表方法，分配轉身檢查員的工作。

(二)臨場工作方法

1. 轉身檢查長位於池側距池端1～2公尺處，每項、組開始比賽前，當總裁判發出長哨音時，在出發端的轉身檢查長應起立，觀察運動員出發和入水後的第一個動作。

2. 每組比賽中，當運動員游到距離池端還有15公尺時，起立，到池邊觀看運動員轉身、接力出發、到達終點的情況。如發現問題，立即與有關轉身檢查員聯繫，了解犯規情況。

3. 每項、組比賽結束後，及時向總裁判做出是否犯規的手勢。如出現犯規，應立即報告總裁判，並認真審核轉身檢

查員交來的檢查表，簽字後交總裁判。

(三)賽後工作

每場比賽後要領導本端轉身檢查員進行小結，全部比賽結束後要進行全面總結。

五、轉身檢查員

轉身檢查員在每條泳道兩端各一人，負責檢查運動員轉身動作是否符合規則（從觸壁前最後一次手臂動作開始至轉身後完成第一次手臂動作止）。出發端的轉身檢查員，還要負責檢查運動員從出發和出發入水後至第一次划水動作結束是否犯規。

終點端的轉身檢查員，還要負責檢查運動員到達終點、接力是否犯規，長距離項目中，運動員到達終點前 105 公尺時，向運動員發出信號，並兼做計時工作。轉身端的轉身檢查員，還要負責長距離項目的報趟工作。

(一)賽前準備工作

認真學習規則和裁判法，統一裁判尺度，熟習檢查表填寫方法。終點端轉身檢查員還要和本泳道計時小組配合，並熟練計時技術。

(二)臨場工作方法

1. 在每項、組比賽開始前，當總裁判發出長哨音時，出發一端的轉身檢查員應起立，並到本泳道出發臺側後方站立（自由式比賽在原位站立），在隨出發信號開表後，應迅速站到出發臺側觀察運動員出發後至第一次划水動作結束是否

犯規,然後回位坐下。

2.每當運動員游到距離池端還有 15 公尺時,應及時起立走到本泳道池端觀察運動員轉身、接力出發和到達終點的情況(同時計時)。

3.在長距離比賽中,轉身端的轉身檢查員在運動員轉身時容易看見的位置上,持報趟牌報運動員所剩的趟數。終點端的轉身檢查員在運動員到達終點前 105 公尺時,應用鈴聲或哨聲向運動員發出信號,在運動員轉身游出 5 公尺時停止信號。

4.轉身檢查員如發現運動員犯規,應及時用手勢報告本端轉身檢查長,並迅速、準確、清楚、扼要地填寫檢查表(見表 6-7)交本端轉身檢查長。

(三)賽後工作

每場比賽後在轉身檢查長領導下進行小結,全部比賽結束後進行總結。

六、發 令

發令員的職責主要是為運動員出發發令,保證公平地開始比賽。發令員應具有較高的觀察能力和判斷能力,在工作中要果斷、準確。發令員一般設 1～2 人,輪換執行發令和登記、統計工作。

(一)賽前準備工作

1.賽前要認真學習規則和裁判法,研究執行發令的要領和方法,統一尺度。

2.檢查發令槍或電笛、彈藥、發令臺、口哨、召回線以

及 50 公尺比賽項目所需煙屏等器材。熟悉槍或電笛、彈的性能，妥善地保管槍、彈。

(二)臨場工作方法

1. 發令員位於池側，在距離出發端 5 公尺以內處發令。要能全面觀察到 8 條泳道的運動員。

2. 在每組比賽開始，總裁判用連續短哨聲示意運動員脫外衣時，發令員應上發令臺，做好發令準備。當所有運動員都上出發臺後，發令員要注意總裁判的手勢，當見到總裁判向外伸展手臂的動作後，即準備開始發令。

發令時，發令員右（左）手舉槍，發出「各就位」口令。此時，發令員全神貫注，注意全部運動員的動作。當所有運動員都處於穩定靜止狀態時，立即發出「出發信號」—— 鳴槍。

3. 出發時，任何一名運動員在「出發信號」發出前出發，都是搶碼犯規。如有運動員在出發信號發出前搶碼，則發令員不再發出出發信號，立即將這一情況口頭報告總裁判，待總裁判處理後再組織出發。如已發出「出發信號」，發現有運動員搶碼，則不再召回，應繼續比賽，立即填寫檢查表交總裁判處理。

4. 如發令槍發生故障，鳴槍時發生啞炮或槍聲輕弱等不正常現象時，發令員應終止比賽；如有運動員出發，應及時召回，重新出發。

5. 發令員對不聽從指揮的運動員可根據情況判為「蓄意不服從命令」或「延誤比賽」，同時應終止比賽，先口頭將犯規情況及處理意見報告總裁判，待總裁判處理後再發令，隨後補填寫檢查表。

(三)賽後工作

每場比賽後應及時小結,虛心徵求各方面的意見,進一步提高發令水準,檢查槍支彈藥。比賽全部結束後,做好總結。

七、計 時

計時工作是客觀反映運動員成績的重要環節。因此,要求計時員必須具備高度的工作責任心、熟練的業務和實事求是的工作態度,準確地計取運動員的成績。

我國游泳規則規定,人工計時、自動裝置計時與半自動裝置計時均被承認為正式的計時方法。

(一)人工計時工作方法

1.賽前準備工作

(1)計時長全面領導計時組工作,負責計時組的分工和組織學習。檢查、核對秒表,介紹使用的性能、特點。組織計時員進行現場實習。與發令員合作,提高計時員聽槍聲開表的反應能力,熟識秒表的性能,掌握開、停表的正確方法。

(2)計時組位於終點端後 3 公尺左右處,每條泳道 3 名計時員,分別稱為一表、二表、三表計時員(由轉身檢查員兼)。其中,二表計時員位於中間,面對本泳道出發臺;一表計時員坐在右側;三表計時員坐在左側。計時長坐在第 4 泳道三表計時員左側。副計時長坐在第 5 泳道一表計時員的右側。

一表計時員（小組長）：負責小組全面工作。賽前領取比賽應用器材，賽中計取成績（兼記分段成績）和兼看犯規情況。賽後檢查、校對二表填寫的競賽卡片，將卡片親自交計時長。

二表計時員：除計成績外，負責小組記錄和統計工作。

三表計時員：由終點端轉身檢查員兼任，既要負責本泳道的轉身檢查工作，又要計取成績。

（3）開、停表的正確姿勢

開表的正確姿勢：右（左）手持表靠在身體右（左）側腰部，身體直立，注意力高度集中，聽到「各就位」口令後，將拇指第一關節按在開表鈕上，聽到槍聲，立即按動秒表開表（在 50 公尺長池進行 50 公尺項目比賽時，應看槍煙開表）。

停表的正確姿勢：在出發臺一側，兩腳前後開立，右（左）手持表靠在右（左）側腰部，上體稍前傾，找好池壁垂直面，拇指第一關節按在停表鈕上。運動員觸及池壁立即按停秒表。嚴禁手臂在開、停表時做上下或左右擺動動作。

2. 臨場工作方法

（1）計時長工作

① 組賽前總裁判發出短促哨聲時，提醒計時員回表，自己也做好開表準備，聽到槍聲立即按動計時表。運動員出發後，檢查計時員開表情況，運動員離終點 15 公尺時，督促計時員按要求到池邊計取成績，自己也同時計取第一名或有關泳道的成績。

② 組賽後，負責收集競賽卡片，根據成績排好先後順序，與終點長核對名次。

③真檢查和核實計時員計取的成績、填寫內容,看字跡是否準確、清楚。凡出現超或創紀錄情況時,計時長應認真檢查核實秒表成績並簽名。

（2）計時員工作

①每組比賽開始前,一表計時員要認真核對參賽運動員的競賽卡片,二表計時員在競賽卡片上簽本計時組成員的姓名。

②聽到總裁判的短哨聲時,計時員應回表;聽到長哨聲時,應迅速起立,注意力高度集中;聽到出發信號後立即開表,坐下後應及時查看秒表。如發現秒表發生故障,應立即報告計時長。

③在100公尺以上距離項目比賽時,運動員每次游回距池端15公尺時,一、三表到池端分別為運動員計分段成績和察看轉身動作。

④當運動員游到離終點15公尺時,計時小組3人同時起立,到池端做停表準備。運動員抵達終點（觸壁）後立即按停秒表。

⑤回座位坐下後,仔細察看秒表成績,然後二表在競賽卡片上登記成績並填寫存查表,一表注意審核。

3. 賽後工作

（1）計時長在每場比賽結束後都要組織計時組進行小結,如有必要,可適當調整計時組,更換秒表。全部比賽結束後,要做好總結。

（2）副計時長及時收齊各泳道秒表和存查表,做好秒表保管工作。

(二)自動計時工作方法

自動計時裝置，是游泳競賽中計取運動員成績、判定終點名次的自動化設備。比賽中應由熟悉設備的裁判員負責操作。由於它能客觀、準確、迅速有效地提供運動員的成績和名次，因而在現代游泳比賽中採用的越來越多。

1.賽前準備工作

（1）設自動計時長 1 人，自動計時員 1～2 人。自動計時長負責領導自動計時組的全面工作，進行分工，明確各自職責及工作方法。

（2）自動計時主機應設在終點池端的側面，距池端 3～5 公尺處，在能直接觀察運動員比賽的位置上。於賽前安裝、調試好自動計時設備。

2.臨場工作方法

（1）每場比賽前 1 小時，全體自動計時人員都應到達現場，將自動計時所有裝置、線路檢查、調試完畢待用。

（2）比賽時，自動計時員負責操作主機，認真觀察運動員觸板情況，及時向計時長提交觸板成績，防止操作失誤。

（3）每組比賽後，自動計時員應打印觸板成績兩份，交自動計時長。計時長審核無誤後，立即將一份貼在專用的自動計時成績卡上，簽字後直接交宣告員宣布。如有犯規或創紀錄時，要送總裁判簽字。另一份觸板成績交記錄組輸入電腦作打印成績公報用（如主機已和計算機聯通接口，則可免去此步驟）。

（4）在比賽過程中，自動計時員一旦發現有失靈或失誤

現象，應立即報告自動計時長，由自動計時長向總裁判說明情況，按規則要求補入盲表成績或人工計時成績。

3. 賽後工作

每場賽後要認真小結，對出現的問題認真分析，查明原因，及時改進。全部比賽結束，要認真總結。

八、終　點

游泳競賽規則規定，當未採用自動計時裝置，而每條泳道使用三塊數字秒表人工計時時，根據實際情況，可增設終點裁判；在每條泳道只有一名或兩名計時員時，必須設終點裁判。準確判斷比賽名次是終點裁判員的主要職責。要求終點裁判員的注意力高度集中，反應迅速，判斷準確。終點裁判員按分工順序坐在梯形終點裁判臺上。終點裁判方法分跟隨觀察法和傳統觀察法兩種。根據終點裁判員的人數和比賽要求，選擇其中一種方法。

終點裁判觀察的方法和順序：

（一）運動員出發後，要觀察運動員在游進過程中的變化情況，當離終點只有 50 公尺時，應開始集中觀察本人分工負責的泳道和名次，隨著競爭的激烈，前後的變化應隨時調整。當離終點 5 公尺時，應有一個初步名次的概念，並繼續跟隨觀察至終點，最後確定名次。

（二）在全部運動員抵達終點後，各崗位終點裁判員根據分工，及時、準確地將自己觀察的結果報告終點裁判長。

（三）終點裁判長綜合各終點裁判員及自己的判斷，確定該組的名次。

九、檢 錄

檢錄員的工作主要是賽前負責點名，並帶領運動員入場，是保證比賽按計畫進行的重要環節。檢錄員要誠懇熱情、和藹可親，工作認真細緻、積極主動、有條不紊。

(一)賽前準備工作

1. 布置檢錄處，學習規則和裁判法，研究檢錄方法。

2. 每場賽前領取競賽卡片，核對後妥善保管。如比賽採用自動計時，不用競賽卡片，則按秩序冊競賽分組表進行檢錄。

3. 每場比賽前，應把該場比賽的項目、組數、人數、比賽時間、氣溫、水溫都公布在外場檢錄處，並核准時間，按計畫工作。

4. 每場比賽前，接收各單位報來的接力比賽棒次表，將棒次表貼在該隊的競賽卡片上。如採用自動計時，即將接力棒次表交給編排記錄組。

(二)臨場工作方法

1. 每項比賽前 15 分鐘進行第一次點名，檢查運動員的參賽證和服裝。

2. 每項比賽前 4～5 分鐘進行第二次點名，並請運動員按道次順序坐好。第二次點名未到者按棄權處理。

3. 待前一組運動員「出發」後，將下一組運動員帶入內場候賽席。如是每場比賽的第一項的第一組，帶入時間應根據總裁判的信號。

4. 預賽時，當前一組運動員游程還剩 25 公尺左右時，將

下一組參賽的運動員帶入場就座，並將競賽卡片交副計時長。決賽時，聽到宣告員宣布「請運動員進場」後，將該組運動員帶入場就座。

5. 在全組運動員全部抵達終點後，督促運動員起水。

6. 每項決賽後，按名次組織引導領獎運動員入場領獎。

(三)賽後工作

每場和全部比賽結束後，均應做好小結或總結，不斷改進工作。

十、宣告員

宣告員在總裁判領導下，將比賽項目和進行情況，及時向觀眾介紹，並宣布比賽成績。

(一)賽前準備工作

1. 了解大會概況，熟悉規程、日程和具體安排，與有關部門研究向觀眾宣傳教育的材料，文字要簡練、明瞭。

2. 準備多種創紀錄祝賀詞和鼓動性的加油詞，在需要時選用。

3. 要熟悉各種競賽卡片，核查運動員姓名的正確讀音。

(二)臨場工作方法

1. 每場比賽前 1 小時到達賽場，認真檢查和試用廣播器材。

2. 比賽前 15 分鐘，廣播通知做準備活動的運動員起水，介紹本場比賽項目。

3. 比賽前 3～5 分鐘（根據總裁判手勢）宣布「××年×

×游泳比賽第×場比賽現在開始，請裁判員入場」。裁判員入場就位後即介紹本場比賽總裁判和發令員。

4. 每項決賽開始前，根據總裁判的示意，按泳道順序介紹運動員姓名、單位。預賽項目則待出發後再介紹運動員。

5. 每一組運動員最後一名到達終點後，如採用人工計時，即報告前一組比賽成績。若採用自動計時，則報當組成績。

6. 要及時宣布決賽（半決賽）名單。遇有重賽，必須及時廣播，以免運動員離場誤事。

7. 最後一項比賽完畢並報告成績後，經總裁判示意，即宣布「第×場比賽到此結束，請裁判員退場」。

(三)賽後工作

每場比賽完畢都要及時小結，不斷改進工作。

思考題：

1. 組織游泳競賽，在賽前籌備工作階段有哪些工作要做？

2. 游泳競賽規程有哪些內容？游泳比賽秩序冊有哪些內容？

3. 編排記錄員的職責是什麼？如何編排競賽分組表？

4. 試述總裁判的臨場工作方法。

5. 試述技術檢查員的臨場工作方法。

6. 試述兩端轉身檢查員的職責及工作方法。

7. 試述計時小組 3 名計時員的分工以及開、停表的正確姿勢。

8. 試述計時員的職責和臨場工作方法。

9.試述檢錄員的職責和臨場工作方法。

10.發令員發令時，如在出發信號發出後發現有運動員搶碼，怎麼辦？

第七章

游泳鍛鍊與休閒

內容提要：

本章主要闡述游泳鍛鍊的意義、對人體增進健康的作用，以及游泳鍛鍊與休閒的手段和方法，介紹社會各類群體進行游泳鍛鍊的組織與指導的方法和特點，以及如何科學、合理地制定游泳鍛鍊計畫。

藉由本章學習，使學生掌握開展游泳鍛鍊與休閒的安全知識和必備的措施；學會根據各類人群的不同特點進行游泳鍛鍊與休閒的組織與指導；學會評定游泳鍛鍊效果的方法，並根據不同年齡、不同游泳水準、不同健康程度的人制定游泳鍛鍊與休閒計畫。

游泳是以水為運動環境，借助水的浮力、壓力、阻力，利用肢體的運動，在水中前進或進行各種各樣的活動，從而達到鍛鍊身體、增強體質的目的。

早在 2000 多年前羅馬帝國的嘎拉嘎拉浴場就刻有「水是健康之素」的字樣，古代人們就已經認識到水對人體健康的重要性。

現代健康和運動專家認為，游泳與其他運動項目比較，更能有效地提高有氧能力、肌肉力量、柔韌性和協調性。許多運動項目都會給機體造成勞損或損傷，但是游泳是勞損或

損傷率最低的。因此,游泳幾乎是一項完美的體育運動。

第一節 游泳鍛鍊與休閒的特點、內容和形式

一、游泳鍛鍊與休閒的特點

(一)游泳是在水環境中進行,參加游泳鍛鍊首要考慮的是安全問題。要在配備有救生人員、救生器材設備的游泳池、館或天然水域的公共浴場進行游泳鍛鍊,防止意外事故的發生。

(二)游泳鍛鍊與休閒不受年齡、性別的限制,即便是殘障人也能在游泳活動中找到適合自己的鍛鍊方法與休閒方式。人們還可以選擇游泳活動的環境,既可以去游泳場館,也可以到天然水域進行游泳鍛鍊和休閒,尤其是戶外游泳更是水浴、空氣浴和日光浴的最佳結合,置身於大自然懷抱之中,心曠神怡,感受到人與自然的和諧。不會游泳者也可在淺水中進行力所能及的游泳鍛鍊,即便在深水區也可借浮具(救生圈等)進行鍛鍊,享受到游泳的樂趣。

(三)游泳鍛鍊與休閒形式多樣,並可以自由選擇。既可以個人進行游泳鍛鍊,也可以結伴游泳或社團組織游泳,在游泳鍛鍊中相互交流,增進友誼,增進了解,擴大社會交往;尤其是家庭游泳更是把游泳鍛鍊、休閒和娛樂結合一起,與親人共享天倫之樂,使身心在游泳活動中得到陶冶和放鬆,有利於家庭和睦,有利於學習和工作。

(四)游泳鍛鍊與休閒的內容和方式豐富多彩,既有姿勢優美、游進速度快、能激發人們競賽欲望的競技游泳,也

有節奏明快、有音樂伴奏的各種水上健身操和韻律游泳，還有集趣味性、娛樂性和競爭性於一體的水上遊戲。人們可以根據自己的喜好、身體條件和游泳基礎等選擇游泳鍛鍊方式。人們還可以由水中漂浮、滑行、走、跑、踩水、潛水等技能的練習，提高水上運動能力和自救能力，並達到鍛鍊身體和提高生存能力的目的。

（五）游泳還是一項借助水的自然特性，對一些疾病和傷病患者進行治療和康復的運動。在醫生或體育保健專業人士指導下，患者依據針對不同疾病和傷病設計的運動處方進行鍛鍊，能收到良好的治療效果。肥胖者也能通過游泳鍛鍊減少多餘的脂防，復原標準體型。

（六）游泳是鍛鍊身體與休閒緊密結合的體育鍛鍊項目。游泳鍛鍊的運動負荷比陸上大，消耗也大，鍛鍊效果明顯。且運動負荷也容易自我調節，在適宜的運動負荷下，輕鬆自如的游泳本身就是一種休閒運動。游泳時人漂浮在水面上，放鬆全身，隨波逐浪，這種享受是陸上運動所缺乏的。在水中人體處於無重力狀態，游泳能使人體驗到一種懸浮的運動感覺，達到三維性質的運動效果，增強在三維空間中的身體平衡能力。

（七）游泳是一項全身性的運動項目，由於浮力的作用和平臥的運動姿勢，減輕了重力對運動的影響，同時促進了血液循環；水的密度大，在水中鍛鍊的阻力也大，使全身肌肉都得到鍛鍊和增強，也使呼吸肌發達；在水中鍛鍊還會刺激體溫調節功能。

另外，在水中運動，水對身體皮膚起著按摩作用，這對皮膚保養和美容有著特殊的作用。所以，游泳鍛鍊具有提高身體健康水準，增強體質，塑造健美身材的功能，是預防和

治療「亞健康」最有效的運動之一。

二、游泳鍛鍊與休閒的內容

隨著游泳運動的發展，游泳鍛鍊的內容已由單純的游，發展成為內容豐富，手段不斷更新，融音樂、舞蹈、休閒於一體的運動。

(一)浮體與滑行

水上浮體和滑行是一種休閒的運動，對老人和兒童非常合適。浮體和滑行雖然是熟識水性的主要練習手段，但對已會游泳或殘障者來說，仍然是一種鍛鍊和休閒的手段。

浮體和滑行練習不受池水深淺影響，初學者應在淺水池練習，而已會游泳者可在深水池進行。浮體能增強身體的控制能力和平衡能力，由憋氣提高肺活量，增強呼吸功能；還可以由變換各種姿勢的浮體練習，如俯臥、仰臥、側臥、抱膝團身（浮冬瓜）、屈伸四肢、浮體滾動（繞身體縱軸或橫軸）等，增強水上活動能力。

滑行則可獲得另一種運動感覺，身體在水中漂浮移動，可使全身的肌肉得到充分放鬆。

滑行對身體姿勢的控制能力要求更高，平衡身體的難度更大，如俯臥滑行、仰臥滑行和側臥滑行、各種在打（蹬）腿動作配合下的滑行、各種身體滾動式（繞身體縱軸或橫軸）的滑行等，這些練習增加了控制身體姿勢和肌群緊張的程度，從而鍛鍊了身體，放鬆了機體。

(二)水中跑跳走

水中跑跳走適合各年齡層次的人和能夠完成這些練習的

殘障者，即便他們不會游泳，也能做這類練習，並達到鍛鍊身體的目的。水中跑跳走練習只能在淺水池中進行，且水深最好在胸腹之間，這樣才有水中練習的效果。水中跑跳走所受到的阻力比在陸上大得多，能獲得最大的鍛鍊效果。由於水的浮力作用，在水中進行跑跳走能使膝和腰部的負荷減輕，不像陸上運動那樣有時容易受傷，而且水對皮膚表面的摩擦會對肌肉起到按摩作用。

有人說「跑步能治百病」，這對水中跑跳走運動來說更為貼切。如果穿上負重背心進行水中跑跳走練習，其鍛鍊效果更為明顯。

(三)水中遊戲

水中遊戲是集娛樂、休閒和健身於一體的活動項目。水上遊戲的種類較多，根據所需場地畫分可分為淺水區遊戲和深水區遊戲。淺水區遊戲的內容和方式與陸上遊戲基本相同，可由跑跳等動作形式組成各種遊戲內容，如「拉網捉魚」。如果遊戲者有一定的游泳基礎，還可以把潛、躍、漂等動作融於遊戲之中，這樣，其趣味性更強。

深水區遊戲的參加者只能是熟練掌握游泳技術的人們，通常把各種游泳技能組合運用到各種遊戲之中，如「接力遊戲」「競速遊戲」「水球遊戲」和由陸上「老鷹捉小雞」派生的「鯊魚吃小魚」等。

(四)水中健身操

水中健身操也稱水中體操，屬水上有氧運動範疇。目前，在世界各國都較為流行。它主要是利用水的浮力、阻力、壓力和透過四肢、軀幹的活動，以及只有在水中才能使

人體成水平姿勢的運動，提高心肺機能、肌肉力量和關節的柔韌性。

水中健身操對促進血液循環、減少心血管疾病、改善心肺功能、增加肺活量都有很好的效果。有系統地練習水中健身操，對於改善肌肉的新陳代謝、去除脂肪等有很好的作用，是預防心血管系統疾病、抵抗肥胖的最佳運動處方。

由於水的特性，在水中練習健身操比在陸上練習有著更明顯的優點：因為水的阻力限制了人體的運動頻率，以及減緩了運動對身體所產生沖擊力，避免了運動創傷；其次，它適合更多的人參加；借助水的浮力，人在水中的體重只相當於實際體重的 10%～20%，練習者在陸上做不到的動作，到水中可以做到；除患有不宜下水活動的疾病外，任何人都可以享受水中運動的樂趣，提高身體機能，增進身體健康。

水中健身操的場地應選擇在游泳池的淺水區，水的深度根據不同的練習來確定，一般在齊腰或齊胸深的水中進行，由專門人員指導和在有節奏的音樂伴奏下進行。

水中健身操是對水中各類體操的統稱，下面主要介紹常見的幾種水中健身操：

1. 水中韻律操

水中韻律操是身體跟著音樂節奏在水中跳舞，使跳舞的好處與水中運動的好處相結合。由於水中運動的阻力大，所以人在水中的移動動作負荷大，難度也大。另外，由於水具有浮力，給水中運動帶來了輕鬆飄逸的運動感覺，這是陸上運動所沒有的感覺。

韻律運動能使身心感到輕鬆，對消除精神疲勞有較好的作用。水中韻律操是全身運動，加上水對人體有放鬆作用，

所以能取得很好的效果。水中韻律操對老年風濕病患者的治療作用也是顯而易見的。

2. 水上有氧操

水上有氧操屬於有氧運動項目，是由陸上健身操移植到水中進行。其最大的特點是運動時心率必須保持在個人所能達到的最理想的有氧代謝心率範圍，即運動時間不少於 30 分鐘，運動強度控制在個人最高心率的 70%～80%。

由於水上有氧操是在次極限強度下進行的，對促進血液循環、改善肌肉的新陳代謝都有很好的作用，因此，它是預防心血管系統疾病、抵抗肥胖的最佳運動處方。

3. 韻律游泳

韻律游泳又稱節奏游，雖然也是在音樂伴奏下在水中做體操動作，但它是利用游泳技巧，跟隨音樂的節奏在水中做各種泳式變換和組合的一種健身游泳，近似花樣游泳，但沒有花樣游泳難度大。因此，韻律游泳主要適合已掌握游泳技術的群體，而水中韻律操則適合不會游泳者在淺水池鍛鍊。

韻律游泳基本技術包括仰、蛙、自由、側式四種泳式，但與四種泳式相比它具有自己的特徵：一是頭肩位置較高，保持頭部露在水面上，腿部位置低，這種姿勢便於觀察，利於在運動中做隊形和圖形的變化；二是空中移臂與花樣游泳相同；三是利用踩水、潛泳以及身體翻轉等動作作為隊形或圖形變化的過渡動作。

韻律游泳是由對各種游泳姿勢的組合、音樂的選擇、隊形圖形的變化等編排出形式多樣的一項活動，使參加者在運動中得到肢體的鍛鍊和美的享受。

(五)競技游泳

競技游泳包括蝶式、仰式、蛙式、自由式四種泳式，以及出發和轉身技術。競技游泳技術是游泳鍛鍊和休閒的基本手段。根據游泳鍛鍊時所採用的技術動作，競技游泳練習可分為各種游泳姿勢的腿、臂分解練習和完整配合練習等。根據游泳鍛鍊的目的又可分為水上力量練習、速度練習和耐力練習等。

正確的游泳技術是獲得良好鍛鍊效果的基本保證，在採用競技游泳進行鍛鍊時，一定要學習和掌握正確的競技游泳技術。正確的游泳技術，可以避免游泳鍛鍊時由於技術不正確而造成的身體損傷；能夠提高游泳鍛鍊的強度，增進鍛鍊效果；能夠提高運動成績，激發競賽欲望，參加各類競賽活動，在比賽中實現自我價值，增進友誼，促進社交活動。掌握了正確的游泳技巧，還可以到江河湖海等天然水域裡游泳，享受大自然，陶冶情操，在游泳鍛鍊與休閒中促進身心健康。

(六)實用游泳

實用游泳技術既是為生產、軍事、生活、救生服務的技能，又是游泳鍛鍊與休閒的手段之一。實用游泳中的一些技術，還是游泳鍛鍊中的保護技能，如踩水、反蛙式等是游泳中出現嗆水、抽筋等危險情況時的自我保護技能，俗話說「學會踩水就是給自己套上了救生圈」。

(七)康復游泳

康復游泳是指由游泳鍛鍊對身體機能產生了障礙的人進

行機能恢復性治療，主要目的是利用身體健全的部分去幫助身體有障礙的部分恢復功能。康復游泳應在醫生的指導下，針對身體機能有障礙的部分進行游泳鍛鍊。

如對有腰痛病症的人，必須對腰部的肌肉（腰肌、腹肌與背肌）進行強化練習，而游泳對這些肌肉的鍛鍊具有明顯的作用，因此，游泳對治療腰痛病症有非常好的效果。

(八)冬　泳

冬泳是相對春夏秋三個季節的游泳活動而言，冬泳的最大特點是人在天氣寒冷、水溫低的條件下進行游泳鍛鍊。冬泳保證了全年游泳鍛鍊，對鞏固、提高游泳技術和增強體質有著積極的作用；由冬泳戰勝嚴寒，提高了身體抵禦寒冷的能力，鍛鍊了意志和磨鍊了毅力。

由於南北方氣候的差異，冬泳的環境也有很大區別，北方冬泳是在零下 30 度左右的氣溫和零下 1～2 度水溫的環境下破冰下水，是對大自然的挑戰，也是對身體極限的挑戰；而在南方，冬季水溫雖下降，但沒有北方那樣低，因此，寒冷對身體的刺激就遠沒有北方那麼強烈，游的時間也會長一些，兩者的鍛鍊效果也是有區別的。

北方冬泳主要增強身體耐寒的極限能力，而南方冬泳則是以提高心肺功能為主。總之，冬泳對培養頑強的意志品質和提高自身價值都有重要的意義。

三、游泳鍛鍊與休閒的形式

(一)個人游泳

個人進行游泳鍛鍊，時間安排和練習內容選擇的自由度

大，但也應有計畫地進行。針對人的身體狀況和閒暇時間，制定切實可行的鍛鍊與休閒的計畫很有必要。

個人游泳鍛鍊與休閒要特別注意安全，中老年人、小孩和患有疾病的游泳者，不宜以單獨形式進行游泳鍛鍊，即便是年富力強、游泳技術水準較高的游泳者，在天然游泳場也不宜個人單獨下水。個人單獨進行游泳鍛鍊和休閒時，應善於與其他游泳者交往，這不僅擴大了社交圈子，交流了各自的鍛鍊與休閒體會，更重要的是能結交游泳鍛鍊與休閒的伙伴，有利於保持長年游泳鍛鍊與休閒的興趣，形成習慣。

(二)結伴游泳

游泳是一項相對單調、枯燥的運動，如果在游泳活動中加強與同伴的交流，也同樣會使這項活動變得十分有趣。結伴游泳也是一種社交方式，透過游泳交往，建立友誼。俗話說「物以類聚，人以群分」，結伴游泳可以把興趣愛好相同的伙伴組合在一起，交流鍛鍊體會，制定鍛鍊計畫，結伴進行游泳鍛鍊與休閒。

結伴游泳由同伴間的相互監督和相互鼓勵，能夠提高鍛鍊效果和休閒的質量。結伴游泳在遇到突發情況時，能夠互相照應，其安全性比個人單獨游泳高。

由於每個人閒暇時間很難一致，而且干擾因素較多，結伴游泳是一種鬆散的小團體活動形式，而這種游泳鍛鍊與休閒的形式更適合離退休人員。

(三)家庭游泳

家庭游泳是家庭體育鍛鍊的一項重要內容，目前我國的家庭組成趨於簡單，大多數以父母和子女兩代人同住的核心

家庭為主，家庭對孩子的教育以及培養主要由父母來完成。父母和孩子一起參加游泳或其他體育活動，是在充滿親情的、和諧愛護的和充滿生活情趣的氣氛中進行的。

在現代社會緊張而繁忙的工作之餘，能和家人一起進行游泳活動，既可以進行體育鍛鍊，又可以享受家庭的天倫之樂。尤其對幼兒和兒童，體育活動是孩子們的主要活動內容。因此，學齡前的兒童和學生在家長的陪伴與指導下進行家庭游泳活動，有利於全家人的身體健康、提高身心素質，以及對孩子的個性培養。

家庭游泳活動是現代社會所提倡的「終身體育」的起點與歸宿。人的一生是從家庭走進學校，步入社會，最終返回家庭。不管哪個階段，都應該不間斷地參加游泳活動和其他體育鍛鍊，成為一個終身體育鍛鍊者。因此，對家庭中的孩子來說，在幼兒和兒童時期能和父母一起進行游泳，是終身體育的基礎。

家庭游泳活動對競技游泳也有不可低估的作用，在家庭中父母對游泳運動的愛好，對游泳運動的評價以及喜愛觀看游泳比賽，都會給孩子喜歡游泳運動以直接影響。家長應該積極支持孩子參加競技游泳運動，使他們的游泳運動天賦得到充分的發揮。

總而言之，開展家庭游泳活動可以使孩子們的身體、智力、情感和行為得到提高，並且能促使全家人的身心健康，可以陶冶情操，使生活充實，和睦相處。

家庭游泳要充分利用餘暇時間，周末和節假日是家庭游泳鍛鍊與休閒的最好時間。家庭游泳活動要提前作好計畫安排：

其一是選擇游泳地點，也就是決定去哪裡游。游泳場一

般分天然游泳場、人工游泳場館。如果選擇天然游泳場，則應選擇水底為平坦的沙質、水流平緩、水質清潔、岸邊平整開闊、空氣新鮮和配套設施齊備的天然游泳場。人工游泳場館是用於大眾健身與娛樂的游泳場所，既有室內也有室外，既有人工建造的也有利用天然水域開闢的，其建築風格各異，融健身、娛樂、休閒於一體。

其二是選擇游泳天氣，特別是在室外游泳，更應關注當天的天氣情況，應避開惡劣天氣，選擇風和日麗、氣候溫暖的天氣。

其三是做好游泳前準備。準備好游泳用具、小孩用的救生圈或浮具、食品，如果在室外游泳，還要攜帶防曬品、保暖衣等。

其四是精心做好具體的安排，如出發時間，返回時間，交通工具、路線，游多少、怎麼游，休息時間，就餐，以及其他休閒活動（看書、看報、玩沙灘排球、做沙模、拾貝殼）等，確保游泳鍛鍊與休閒活動的質量。

(四)社區游泳

社區是以一定的地理區域為基礎，由具有相互聯繫、共同交往、共同利益的社會群體、社會組織所構成的一個社會實體。因此，社區游泳具有就地、就近、就便的特點。社區內的人群結構複雜，包含各種職業、年齡、性別和組織等，但在游泳鍛鍊與休閒活動中，這些職業、年齡、性別等方面的差異不再存在，都是游泳活動的參與者，在游泳活動中鍛鍊身體，增強體質，陶冶情操，消除疲勞。因此，游泳鍛鍊與休閒活動有利於社區成員之間的溝通與交往，對建立和諧的社區起重要作用。

社區成員在游泳鍛鍊和休閒的興趣與方式上存在著差異，社區游泳活動的開展應本著以人為本的原則，以需求為目標，調動其參與心理，激發他們自主參與意識；在活動中著重解決他們游泳實踐中的問題，提高鍛鍊效果；充分利用社區的游泳資源，兼顧社區環境、游泳設施、人群分布等，組織和開展內容豐富、形式多樣的游泳活動，提高他們的生活質量和健身水準。

(五)學校游泳

學校游泳主要指學生課餘時間的游泳活動。學校應充分利用課外時間，如課外活動、周末、節假日、寒暑假等，組織學生開展多種形式的游泳活動，如水上健身操、水上遊戲、游泳競賽等，促進學生身心健康發展，消除學習疲勞，豐富課外生活，促進學習效果的提高。同時培養學生團結友愛的集體主義精神。

學校游泳活動要強調安全第一，要選擇符合學生生理心理特點和興趣的內容，兼顧競技游泳與健身游泳兩個方面的需求與發展。

(六)游泳俱樂部

近年來，各種類型的體育俱樂部在國內逐漸興起，全國各地也成立了許多游泳俱樂部，目前主要有兩種類型：一類是以培養運動員為主，另一類是以開展全民健身游泳活動為主。比較完善的游泳俱樂部，能有效地組織社會各年齡、各界人士參加各種形式的游泳活動，並且有能力培養游泳運動員。

游泳俱樂部具備完善的組織機構，場地設施、器材等齊

備，並有一批專業的游泳教練員、醫務和管理人員，因此，在游泳教學訓練、健身游泳和康復游泳等活動中，能給游泳者以科學指導和醫務監督，保證游泳者學習和鍛鍊的效果。

第二節　游泳活動的組織與指導

一、社區游泳活動的組織與指導

（一）社區游泳活動通常由該地區行政部門或體育協會組織進行，也有以居住小區為單位，由物業管理部門牽頭組織的。由於游泳的特殊性，游泳活動的組織一定要由有經驗的專業人員負責。

（二）組織社區游泳活動，必須確保安全。游泳區域一定要配備救護人員和足夠的救生器材，保證參加游泳鍛鍊者的安全。

（三）參加游泳鍛鍊前，要進行正常的體格檢查，患有嚴重心臟病、高血壓、癲癇病、皮膚病及各種傳染病的不能參加游泳活動。

（四）進行社區游泳鍛鍊，要符合社區人們集中生活的特點，可多利用早晨的時間，組織晨練，也可利用節假日和休息日組織游泳鍛鍊。

（五）由於社區內有不同年齡、性別、職業階層的人，組織社區游泳鍛鍊時，選擇和安排的內容多樣化、趣味化，運動量要適宜，以滿足不同群體的需求。要以活動、娛樂、休閒為主，把開展社區的游泳鍛鍊寓於興趣之中。

（六）社區游泳鍛鍊與休閒的形式，要以小型多樣為主，也可以定期組織一些小型的、有趣味的比賽，提高人們

鍛鍊的興趣。

（七）定期開展游泳鍛鍊與休閒的咨詢活動，解答游泳活動中出現的具體問題，指導社區業主科學有效地進行游泳鍛鍊，客觀評價鍛鍊效果。

二、學校游泳活動的組織與指導

開展學校游泳活動，事先必須精心地安排與組織，在學校領導的重視和支持下，發動教職員工積極參與，充分利用社會的游泳場館設施開展游泳活動。

由於各級學校學生的年齡階段不同，在組織學生游泳鍛鍊時要針對其年齡特徵，制定學習游泳技術的內容、鍛鍊的方法。為了有效地開展學校游泳活動，應考慮以下幾個方面：

（一）組織學校游泳活動要得到學校領導的支持，要制定具體的組織方案，尤其是組織小學生或游泳基礎較差的學生，要動員學生的班主任老師協助和參加。

（二）首要考慮的是安全問題。在組織學生游泳鍛鍊前，對游泳池或館進行事先的考察。如游泳池的水面積、池水深度以及淺水區的區域，是否適合學生的游泳水準、身高和參加游泳的人數；水質是否衛生；救生人員是否如數配備，必要的救生器材與設施的配備是否齊全。總之，游泳鍛鍊的場所必須符合有關部門制定的安全衛生規定。同時對學生進行必要的安全教育，遵守課堂紀律，確保安全。

（三）參加游泳鍛鍊前要進行體格檢查。患有心臟病、高血壓、癲癇病、皮膚病及各種傳染病的學生，不宜參加游泳活動；在飢餓和飽食的情況下不能參加游泳鍛鍊；下水前要做好充分的準備活動，以防發生痙攣而引起意外事故。

（四）組織學生課外游泳活動，要根據學生的身體條件、年齡、性別和游泳基礎以及游泳活動場所的具體情況等，精心設計和挑選游泳活動的內容，精心組織和實施，使學生在內容豐富、形式多樣、趣味健康的游泳活動中鍛鍊身體，陶冶情操。

（五）定期舉辦游泳運動專題知識講座，使學生明確游泳運動的意義和作用，激發學生參與游泳的欲望，培養游泳鍛鍊的興趣，掌握游泳鍛鍊的基礎知識與方法，使學生養成科學鍛鍊的習慣，為游泳能夠成為學生終生體育的項目奠定基礎。

（六）學校游泳活動可在盛夏或暑期進行，也可組織年齡稍大的高中生、大學生到江河湖海游泳，將游泳鍛鍊與旅游、社會實踐和考察結合起來，豐富假期的課餘生活。

（七）有游泳池館設施的學校，應該有計畫、有組織地進行長年游泳活動，並對游泳技術好、身體素質強並具有游泳潛力的學生進行系統的游泳訓練。

三、冬泳活動的組織與指導

冬泳時，最好有組織地集體進行，不要單獨活動，以確保安全。在組織冬泳活動時要考慮：

（一）選擇好冬泳的水域，有條件時最好在游泳池內進行。如果是在天然水域裡進行冬泳，下水前一定要選擇容易下水和容易上岸的起點與終點，以便冬泳後身體可能不靈活時方便上岸。

（二）冬泳前要準備好大毛巾，起水後要迅速將身體擦乾，並穿好衣服。更衣處應選擇在避風的地方，以免身體熱量過度散失。下水前要認真做好準備活動，拉伸肌肉，以防

肌肉抽筋。

（三）在冰凌多的江河裡冬泳，下水時不要猛跳，入水後不要潛泳，以防陷入冰層下或被冰割破皮膚。

（四）參加冬泳鍛鍊一定要從秋天開始過渡到冬天，使身體有一個適應過程。切不可三天打魚兩天曬網，貴在持之以恆。

（五）入水前如身上有汗或體表溫度過高，不要急於下水，待把汗擦乾後，過一會兒再下水，讓身體對寒冷有一個適應過程。

（六）每年冬泳前，應該去醫院進行一次體格檢查，心、肺、肝、脾功能不健全者，以及患有心臟病、高血壓、皮膚病等疾病者，不宜參加冬泳。

（七）空腹、飽食時都不要進行冬泳，酒後嚴禁冬泳。冬泳後也切忌飲酒取暖。

（八）冬泳每次鍛鍊的時間不宜過長，要針對個人的身體情況和氣溫、水溫的變化，要因人制宜，量力而行，本著適度適量的原則，確定冬泳的游距和持續時間。一般冬泳的時間在 2～5 分鐘。

（九）要注意自己的身體變化，特別是有些潛伏性的疾病和危險因素，應盡早引起警惕。患病或身體不適應期間應立即停止冬泳，即便是輕微的感冒也同樣。

（十）冬泳時，要時刻注意自身的反應，在水中出現的第一次冷的感覺（全身寒冷手指尖麻木），這是回岸的信號。第一次寒冷感覺減輕或消失後，過一會兒，再出現第二次寒冷的感覺，這時應該立即起水，迅速上岸保暖（也可以喝熱薑茶，以利恢復體溫）。

（十一）冬泳每次鍛鍊後，特別是第二天，如有心跳加

快、心率不整、頭部脹痛、食慾不振、噁心等不良反應時，應立即停止冬泳，並去醫院請醫生診斷和治療，待恢復正常後再繼續冬泳。

（十二）女子在月經期間不要冬泳，最好在月經來到前 1～2 天就停止冬泳鍛鍊。月經過後 2～3 天，運動量也應比平時小些，要慢慢地恢復到正常的運動量。

四、到江河湖海游泳的組織與指導

我國幅員遼闊，到處都有江河湖泊，而且海岸線很長，到江河湖海去游泳，在我國已經是一個傳統的體育鍛鍊的項目。

（一）到江河湖海去游泳，除了在專門的湖邊、海灘的游泳鍛鍊、健身、娛樂場所外，也可以有組織地進行渡江、渡海和長游活動。但是，不要單獨到沒有開闢的天然水域去游泳。

（二）到江河湖海去游泳，要充分做好安全救護工作。首先要培養或選派游泳技術好、責任心強的人員，擔任安全救護工作。其次要準備好救護器具，如救生圈、救生船，以及必要的救生藥品如氧氣袋、強心針等。救護人員要時刻跟隨游泳者，不可遠離他們。

（三）到江河湖海去游泳，要加強對游泳者的組織紀律的宣傳，要求聽從指揮，強調集體行動。同時，要進行在江河湖海裡游泳的安全教育。

（四）到江河湖海去游泳，要詳細了解準備游泳的水域情況，如水的深淺、清濁、溫度、質量、流速、漲退潮的時間，以及水底有無淤泥、亂石、木樁、暗礁、旋渦、鋒利物及叢生的水草和傷人的魚等。在游泳區域內要有明顯的標誌線，並且標明深水區、淺水區、安全區、危險區等。在哪裡

下水、哪裡上岸都要在事先有明確的規定。

（五）如果組織橫渡和長游，一定要增加救護人員，並且要對參加橫渡或長游者預先進行培訓，提高他們的游泳技術，經過測定後才可以進行。在進行過程中，可把參加者分成若干小組，每組 3～4 人為宜，每組都應設一名游泳技術好、責任心強的人員擔任組長。

（六）組織橫渡活動時，一定要嚴格測試水流的速度，選擇便於下水和上岸，沒有鋒利物、坡度較平的水域作為起、終點。起點設在上游，終點設在下游，根據水流的速度確定起、終點的距離。下水後體力較好，應先做斜向逆水游，然後再順水流游向對岸，達到終點。

五、殘障人游泳活動的組織與指導

目前，殘障人的各類體育競賽正在世界各國蓬勃開展，殘障人的游泳比賽也已列入了正式比賽制度。殘障人參加游泳鍛鍊，可以給他們提供一個娛樂、體育鍛鍊和社會活動的場所，而且還可以使他們的身體和心理障礙得以消除。

(一)殘障人游泳鍛鍊的特點

在水中進行鍛鍊，可以治療疾病，促進形態功能、身體技能、心理功能的恢復。其特點是根據致殘原因和殘障人功能的情況，選用科學的、合適的方法，制定切合實際的運動量來治療疾病與創傷，力求使他們及早恢復生活和勞動能力。殘障人游泳與普通人游泳鍛鍊相比，具有一定的特點：

1. 主要用於治療生理上、形體上或活動功能上有缺陷或障礙的人。在具體實施過程中，應對活動形式和運動量有嚴格的選擇。

2. 組織殘障人參加游泳鍛鍊，要充分調動他們的主觀能動性，必須由殘障人自我鍛鍊和自我治療，以利於提高身體對各種功能的調節和控制能力，矯正體形的缺陷。

3. 由於游泳是屬於全身肌肉都參與活動的運動項目，所以殘障人參加游泳鍛鍊，不僅僅是局部治療，而且是全身的治療。在水的特定環境的作用下，使全身肌肉都能進行很大的活動，又對全身各器官系統功能的改善起到積極功效，有利於加快功能恢復，盡量消除或減輕功能障礙，充分提高殘存肢體利用的能力。

(二) 殘障人游泳活動的組織與指導

對殘障人的游泳鍛鍊指導與對健康人的有所不同，除了有與正常人一樣要按照一定的游泳鍛鍊規律進行指導外，還必須根據參加游泳鍛鍊的各類不同傷殘程度，按其特點進行有針對性的指導。

1. 組織殘障人游泳鍛鍊，首先要把安全放在首位。對他們來說，即使只有 20 公分的水深，也會因跌倒而嗆水發生意外事故。必須使參加者能在水中無危險地、獨立地、積極地進行活動。

2. 身體殘障人，他們不僅缺乏運動的實踐，更缺少在水中的體驗，特別是在初次參加游泳活動時，一定要在指導人員的監督下或陪同人員的協助下，沿著游泳池的階梯入水和出水。同時要學習如何保障自己安全和發生意外事件時呼救的方法。

3. 由於人在水中會受到重力與浮力、重心與浮心的影響，殘障人不能如同正常人那樣可利用四肢活動位置的變化，獲得身體平衡，他們可能缺少肢體或肌肉力量，不能自

如地控制四肢的活動而使水中平衡能力受到限制，很容易發生意外事故。所以，指導的重點應放在控制身體在水中平衡的能力上。

一般說，對殘障人游泳的指導也要求先熟識水性，讓他們習慣水、掌握水、駕馭水。通常的方法是使他們盡情地玩水。具體方法可以參照表 7–1 的內容。

表 7–1　各種不同要求熟識水性的練習

	習　慣　水	掌　握　水	駕　馭　水
熟識水性練習	玩水	扶池邊行走	圍身漂浮
	用腳打水、踢水	扶池邊水中換氣	水中連續跳躍
	用手潑水	水下視物	水中上下沉浮
		相互拉手行走	潛水
		水中跳躍	水中遊戲
		水中漂浮	俯臥漂浮滑行
		水中遊戲	俯臥漂浮滑行
			水中體操

4. 由於各類殘障人傷殘的肢體與程度不同，要用不同的水中運動方法來進行指導。

第一類，輔助運動

利用水的浮力，可以有效地減輕身體重量對肢體的負荷，當肢體和軀體沿著浮力的方向運動時，浮力將對運動起輔助作用。這樣，平時在空氣中抬不起來或不易抬起來的肢體，在水中就可以活動了，能給患者以良好的心理影響，並且還可以使患者得到鍛鍊的機會。

第二類，支托運動

當肢體浮起來在水面做水平運動時，肢體則受到向上的

浮力支托，其重力下垂的力被抵消，由於沒有必要去抵抗重力，肢體做水平方向的活動容易得多，這不僅有利於肢體的活動，而且能使關節和肌肉的活動範圍達到最大的程度。

第三類，抗阻運動

當肢體運動的方向與浮力方向相反時，浮力就成為肢體的一個阻力，這時肌肉的活動，就相當於阻抗運動，其阻力與運動方向相反，可以由增加運動的速率或用器具增大肢體的面積，以達到抗阻運動的目的。

為了更好地指導殘障人的游泳活動，要根據生物力學和流體力學、學習心理學和教育心理學，來選擇他們的活動形式及學習一些比較容易學會的技術。表 7-2 是根據各類不同傷殘狀況，適合學習和鍛鍊的游泳項目。

表 7-2　不同類型殘障人適合學習和鍛鍊的游泳項目

殘障種類		自由式	仰式	蛙式	反蛙式	蝶式
肢體殘障	上肢	+	+	－	+	－
	下肢	++	+	－	+	－
肌肉障礙		－	+	－	+	－
大腦損傷		－	+	－	+	－
內臟損傷		－	+	－	+	－
視力障礙		++	+	+	+	+
聽力障礙		++	+	+	+	+
學習能力障礙		++	+	+	+	+
智力障礙		+	+	+	+	+
心理障礙		++	+	+	+	+
綜合障礙		+	－	－	+	－

註：－，表示不宜參加；＋，表示可以參加；＋＋，表示非常有效。

5. 在指導殘障人游泳鍛鍊時，注意以下事項：

（1）學習各種動作，要從陸上模仿練習開始。

（2）指導者要先下水，在組織游泳時要始終與參加鍛鍊者在一起。

（3）初參加游泳鍛鍊者，在初期階段一定要在指導人員或家屬的協助下安全入水，以免發生事故。

（4）一名指導人員，一次指導殘障人游泳最多是 10人，不宜過多。

（5）要充分利用輔助器具，並要教會鍛鍊者正確使用的方法。

（6）要明確鍛鍊者活動的範圍。

六、中老年人游泳活動的組織與指導

中老年人參加游泳活動有著不同的目的，有的為了參加成人游泳比賽，有的為了娛樂和休閒，也有的為了病後的康復等，但是不管怎樣，都是可以增進健康。為了使中老年人更好地進行游泳鍛鍊，達到防病強身的目的，必須根據中老年人的生理特點進行游泳鍛鍊。

中老年人進行游泳鍛鍊時，要根據不同年齡和身體狀況，有步驟、有計畫、有節制地進行。對開始學習游泳的中老年人，也要從熟識水性開始，然後學習游泳基本技術。對已經會游的人，主要以增加距離的慢速游泳進行鍛鍊，這樣對提高心臟、血液循環系統的機能效果較好。對他們游泳鍛鍊的時間與距離，可以根據中、外中老年人游泳鍛鍊的標準進行控制（表 7-3）。

中老年人在進行游泳鍛鍊時，不僅要控制游泳的距離，更重要的還要控制游泳的強度，隨時根據自己的身體反應和

表 7-3　中、外中老年人游泳鍛鍊的標準參照表

中　國				外　國			
年齡	每週次數	每次游量（公尺）	連續游距（公尺）	年齡	每週次數	每次游量（公尺）	連續游距（公尺）
30～40	3～4	1000～1500	800				
40～50	3～4	800～1000	600	40～50	3～4	1000～1200	800
50～60	3～4	600～800	400	50～60	3～4	800～1000	600
60～70	2～3	400～600	200	60～70	2～4	600～800	500
70 以上	2～3	300～400	100～200	70 以上	2～3	500～600	300～400

變化，有節奏地、科學地進行鍛鍊。最容易掌握的方法是測試自己的心率，心率的變化最容易反映出運動負荷對人體的影響。測試運動後的即刻心率，以此來檢查運動負荷及強度的大小。

有資料表明，以增進健康和體力為目的的游泳鍛鍊，按60%的運動強度時的心率是最適宜、最安全的。各年齡段的運動強度與心率可以參照表 7-4。

身體虛弱者最好不超過適宜的運動強度，對有疾病的中老年人及婦女，應考慮他們的特點，適當地控制在低於表 7-4 中要求的強度為宜。

在指導中老年人游泳鍛鍊時還應注意以下事項：

（一）對初學的中老年人，一定要加強安全保護，最好有人陪伴。

（二）游泳前要認真地做好陸上準備活動，使身體各部位和器官都得到活動，特別是四肢各關節的活動一定要充分，使身體感到有暖意。

（三）身體有汗時，不要立即下水，應該擦乾後再下

表 7-4　運動時各年齡段運動強度的心率對照表

心率 年齡 ＼ 強度%	50	55	60	65	70	75	80	85	90
30	125	131	138	144	151	157	164	170	177
35	122	128	135	141	147	153	160	166	172
40	120	126	132	138	144	150	156	162	168
45	117	123	129	134	140	146	152	157	163
50	115	120	126	131	137	142	148	153	158
55	112	117	123	128	133	138	144	149	154
60	110	115	120	125	130	135	140	145	150
65	107	112	117	121	126	131	136	148	145

水。

（四）下水後不要一下子提高運動強度，一定要量力而行，逐步提高。尤其是初學者，在水中停留的時間不宜過長，一般以 15～30 分鐘為宜，學會後再慢慢延長時間。

（五）游泳完畢上岸時要及時擦乾身體，不要在風口處停留，避免感冒。

（六）如游泳後還要進行日光浴，則選擇在上午 10～11 時、下午 3～4 時為宜，並搽抹防曬油。

（七）在天然水域進行游泳時，一定要了解水的深度、水下情況、漲落潮的時間，最好選在緩流河的上游。

（八）最好每次都按規定的時間進行游泳鍛鍊，形成規律。

七、孕婦游泳鍛鍊的組織與指導

在懷孕期間進行游泳鍛鍊，已經被世界上許多國家的婦

女所接受。在中國由於受傳統觀念的影響,還沒有被大多數的孕婦接受,但是,在我國的一些大城市中,已經有孕婦在專業人員或醫生的指導下進行游泳鍛鍊。

(一)孕婦進行游泳活動的作用

孕婦參加游泳活動能增加心率、心輸出量、腎和子宮的血流量及肺的換氣量。孕婦進行游泳活動,使腰腹部、腿部的肌肉得到了鍛鍊,增強了體質,有利於正常的分娩。

前蘇聯的科學家曾經作過一個有趣的實驗,他們不僅定期組織孕婦參加游泳,還讓孕婦在游泳池的水中分娩,結果孕婦的分娩都十分順利。2004 年我國首例水中分娩的嬰兒在上海誕生,這充分說明孕婦進行游泳鍛鍊不僅能增強體質有利於分娩,而且水中分娩同樣適合中華民族的婦女。孕婦參加游泳活動的作用主要有以下幾個方面:

1. 由於游泳時身體姿勢的改變、肌力增加,可以改善局部的循環動態,起到預防腰痛的作用。

2. 由於孕婦的下半身會有淤血,會引起懶倦、下肢浮腫、痔瘡的症狀發生,經常參加游泳的孕婦,這些症狀都會得到改善。

3. 孕婦參加游泳鍛鍊可以起到放鬆和用力呼吸的作用。

4. 進行游泳鍛鍊的孕婦可以在一起交流,在精神和心理上得到安定感。

(二)孕婦參加游泳的組織與指導

1. 水溫應該控制在 30℃左右(必須在 28℃以上)。

2. 最好在 11～14 點的時間游泳。

3. 每週參加游泳的次數一般掌握在 2～3 次,不宜過多。

4. 每次游泳不要超過 1 個小時。

5. 游泳距離控制在 300～700 公尺。

6. 孕婦參加游泳可以採用自由式、蛙式、仰式、蝶式等任何姿勢（腰的屈伸運動可以起到預防腰痛的作用），潛水時憋氣時間不宜過長（50 秒鐘內）。

7. 孕婦參加游泳前應進行婦科診斷及向有關醫生請教，有下列情況的不可進行游泳：

（1）有妊娠中毒症、多次流產、早產等情況者應禁止參加游泳。

（2）有流產、早產、頸管無力症、子宮畸形、子宮肌瘤、多胎等既往病史的，應該避免參加游泳活動。

（3）如妊娠數週有子宮口開大、胎位下降、妊娠中毒、破水等者，也不要游泳。

第三節　游泳鍛鍊與休閒的手段和方法

提起游泳鍛鍊，可能有些人只想到競技游泳姿勢，實際上游泳鍛鍊包括了豐富多彩的各種水上健身運動。

近年來，利用水中運動進行鍛鍊的人越來越多，使得水中健身成為一種時尚的休閒活動。水上鍛鍊的手段與方法很多，選擇哪種水中運動形式應根據練習者的游泳水準、身體狀況和鍛鍊目的而定。

以下介紹幾種水中的健身運動。

一、水中遊戲

水中遊戲應根據游泳活動的目的進行選擇，所選的遊戲內

容要考慮參與遊戲者的年齡、性別、生理和心理特點及水中活動的能力。如活動的目的旨在得到體力上的恢復和情緒上的調節，可以選擇輕鬆、趣味性較強的遊戲；如為了提高某種技術或發展某項素質，可以選擇具有競爭性或對抗性的遊戲。

　　進行水中遊戲首先要考慮安全的因素。選擇遊戲場地要了解游泳池池底是否平整不滑，所用器材有無尖角和銳利邊緣。遊戲場地範圍內，不能有危險物件或因素，以防發生傷害事故。

(一)水中遊戲舉例

1. 水中賽跑

　　兩名以上的練習者成一橫排站立在淺水中，聽到口令後向前跑，比誰先跑到對岸。人數多時也可以進行分組接力。

2. 火車賽跑

　　分成若干組，每組成一路縱隊站立水中，後者雙手搭在前者肩上（圖7-1），聽口令開始前進，比哪組最先到達對岸。

圖 7-1

3.逆向轉圈

練習者分成內、外兩圈，手拉手站立於淺水中（圖7-2），開始時內圈順時針、外圈逆時針轉動，聽到口令後內圈逆時針、外圈順時針轉動。

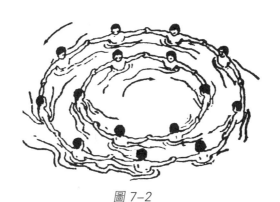

圖 7-2

4.穿山洞

練習者分成若干組，各成兩行，面對面拉手上舉兩臂，形成「山洞」狀（圖7-3）。從排頭起一對一對地從「洞」中穿過，到「洞尾」再接成「洞」。最後一對先出「洞」的為勝方。

圖 7-3

圖 7-4   圖 7-5

5. 結網捕魚

指定一人當「漁夫」，其他人散開當「魚」。「漁夫」逐個地抓「魚」，每抓到一個即與「漁夫」手拉手結成「網」一起去「捕魚」（圖 7-4），直至將「魚」捕盡。

6. 吹乒乓球

站立水中，面前放一個乒乓球。深吸氣後對準乒乓球用力吹氣（圖 7-5），把乒乓球吹向前，比誰將乒乓球先吹到對岸。這個練習可幫助體會用力呼氣的動作要領。

7. 蹺蹺板

兩人一組，面對面手拉手站立淺水中，練習時，一人蹲浸水中至沒頂，另一人站立看同伴，兩人交替進行上述動作，一組 10～20 次。

8. 頭頂球前進

成一列橫隊站立淺水中，每人面前放一個橡皮球。聽到口令後，臉浸入水中，以頭頂球前進。以先到達終點者為勝。

9.水底尋物

在淺水區把硬幣或石子扔入水中。聽到口令後即潛入水中，睜開眼睛拾起硬幣或石子。比誰撈起的硬幣或石子多。

10.獵鯊魚

分成兩組，其中一組分成兩列，相距約 15 公尺站立於淺水中，另一組分散在中間當「鯊魚」。外面的組用球擲中間的「鯊魚」，「鯊魚」可以鑽入水中躲避來球。凡被球擊中的「鯊魚」即退到邊上。將「鯊魚」獵盡後兩組交換。

11.打水仗

分成兩組在淺水中相對站立，兩組間距約 1 公尺。聽到信號後用手朝對方撩水（圖 7-6）。要求不能前進也不能後退，不准用手捂臉或轉身背向對方。體會在滿臉淌水的情況下進行快速短促的換氣。

圖 7-6

12.抓水怪

兩人一組站立淺水中，相距 2 公尺以上。一人當「水

怪」四處逃竄；另一人拿「藤圈」抓「水怪」，用圈把「水怪」圈住才算抓到，然後交換角色練習。

對於有游泳技術基礎的游泳者，應設計一些深水區的遊戲。具體方法有兩種：一是把淺水區的遊戲改為深水區的遊戲，如運球比賽、水底尋物、抓水怪等；二是針對深水的特點設計，如各種泳式的打腿、配合游比賽或接力、障礙游、移動踩水比賽等。

(二)水中遊戲應注意的事項

1. 水中遊戲的選擇與設計要有針對性。遊戲的難度、強度、趣味性要符合遊戲者的年齡、性別、游泳技能、身體健康情況等特點，使遊戲者既能完成遊戲又能在遊戲過程中使身心得到鍛鍊和陶冶。

2. 做水中遊戲前要詳細講解遊戲方法、規則、要求和注意事項（尤其是安全方面），同時要認真準備和布置場地器材、安排好裁判人員等，保證遊戲順利進行。

3. 水中遊戲進行中，裁判要嚴格執行規則，使遊戲者在公平的競賽中享受遊戲所帶來的樂趣，不能使遊戲者因執法不公而影響情緒。

二、水中健身操

水中健身操有多種鍛鍊形式，依據練習者不同的身體狀況和不同的游泳水準，可以選擇不同形式的水中健身操。例如不大會游泳的人，可以扶著池邊，做一些柔軟和伸展的簡單動作；游泳技術一般的人，可以站立水中，和著拍子或音樂做一些有難度的動作——站立式水中健身操；四種泳式都游得不錯的人，可以浮游在水中，伴隨著音樂有節奏地做一

些變形的競技游泳動作——韻律游泳（節奏游）。

　　無論採用哪種形式的水中健身操，都要注意掌握好運動量。一套健身操從頭到尾做完一遍後休息 2～3 分鐘再重複做，運動後的即時心率：老年人應控制在 120～140 次／分，年輕人應控制在 140～160 次／分，每週鍛鍊 2～3 次，每次堅持活動 30 分鐘左右。持之以恆才能達到健身的目的。

　　設計水中健身操的每一個動作時，都必須考慮水對身體產生的影響。例如站立進行練習，水越深對人體的浮力越大，對動作的速度會產生妨礙作用；水越深，阻力也會越大，用力程度也要增加。

　　通常扶池邊的健身操比站立水中的健身操強度低些，原地的動作比移動位置的動作強度低些，諸如這些因素，都會影響練習者的運動強度。因此，設計水中健身操的動作時，要有效地應用水的特性，提高運動效果。

(一)水中健身操的創編

　　水中健身操的創編應根據教學對象的特點和需求，充分利用水這一特定環境，選擇適宜的音樂進行總體構思和創編。水中健身操一般由 10 多個具有不同鍛鍊功能的聯合動作構成，每個聯合動作中有 2～4 個核心動作以及必要的連接動作，約 2～4 個 8 拍。每個聯合動作根據健身的需要和音樂特點都可重複 4～8 次或更多。

　　全套動作有開始動作、中間動作和結束放鬆動作。依據動作的性質、速度、幅度和運動強度確定成套動作的時間，一般在 5 分鐘左右。

　　在創編過程中，首先要考慮不同對象的年齡、性別、身體狀況、職業等特點，以及他們的不同需求，進行有目的、

有針對性的創編。如根據不同練習者的接受能力，選擇的動作應該難易相兼。還應該結合對象的生理心理特點、場地條件等，如兒童健身操的動作應自然活潑、造型優美、易於模仿；而動作剛健有力、健美大方、節奏明快的健身操則適合青年；針對老年人的健身操則應動作簡單、速度緩慢、易於重複練習。

第二，要考慮身體的全面發展。應選擇使身體各部位肌肉、關節、韌帶和內臟器官得到全面發展的動作，多考慮動作的強度和影響哪些肌肉和關節的問題；並且要注意肢體的對稱發展，動作幅度、速度、節奏的合理變化；動作設計，包括動作的路線、表現形式和連接，以及成套動作運動方向和隊形的變化等，都要體現價值性、藝術性；必須遵循人體運動的生理規律，運動負荷應由小到大再逐漸下降，呈波浪式變化，要由局部到全身，速度由慢到快。

第三，音樂是水中健身操的一個重要元素。在優美的音樂伴奏下，進行水中健身操鍛鍊，享受著運動的樂趣。一般水中健身操選擇符合動作韻律、節奏的音樂，也有選擇旋律優美、流暢、音質悅耳、節奏歡快的歌曲或樂曲作為伴奏，由音樂表達確定成套操的動作風格。

音樂選配有三種方法：一是先選樂曲，再按音樂的節奏、特點和段落來設計動作；二是先編好水中健身操，再請專家譜寫樂曲，根據成套動作的節奏、風格、高低起伏配製樂曲，達到更加理想的效果；三是先編好動作，後選樂曲，根據已編好的成套動作選擇相應的樂曲相配，這就需要修改不符樂曲的動作，使音樂與動作和諧一致。

第四，創編水中健身操必須突出在「水」中運動的特點，充分利用水的浮力、阻力等特性設計動作，發揮在水環

境中運動的優勢;動作設計要不斷創新,要力求新穎、獨特和實用,符合健身要求;動作素材來源要善於從其他體育活動、生活中尋找和發現,加以改進創編出各種各樣、優美大方、益於身體鍛鍊的水中健身操。

水中健身操成套動作創編步驟,是先確定目的和任務,再設計動作、選擇音樂,然後串聯、記寫成套動作,最後試做並修改成套動作。創編的具體步驟和方法可參考陸上健身操的創編。

(二)水上健身操舉例

1.扶邊式水上健身操

第一節,準備運動(圖7-7)

【預備姿勢】:兩腳分開與肩同寬,右手扶池邊,左手叉腰。

①兩腿屈膝。②兩腿伸膝。③同①。④同②,⑤—⑧換左手扶池邊,右手叉腰,重複①—④。

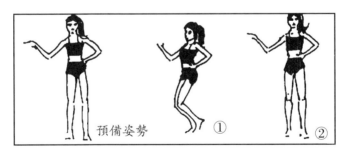

圖 7-7

第二節,上肢運動(圖7-8)

【預備姿勢】:右手扶池邊,左臂在體側外展,並置於

水面。

①左臂的肘關節微屈，掌心朝內，以掌心領先，從外側向內側划動，兩腿同時屈膝。②左手保持掌心朝內，以掌背領先，從內側划動至外側，兩膝伸直，還原成開始姿勢。③同①。④同②，⑤—⑧左手扶池邊，動作同①—④，方向相反。

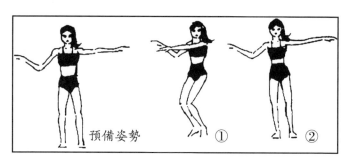

圖 7-8

第三節，下肢運動（圖7-9）

【預備姿勢】：右手扶池邊，左臂置於體側。

①左腿直腿向前擺動，左手在體側向後划動。②還原預備姿勢。③左腿直腿向後擺動，左手在體側向前划動。④還原預備姿勢。⑤—⑧左手扶池邊，動作同①—④，方向相反。

圖 7-9

第四節，體側運動（圖 7-10）

【預備姿勢】：兩腳開立與肩同寬，右手扶池邊，左臂置於體側。

①左臂從體側上舉成側彎腰姿勢。②左臂舉到最高點盡量伸展，停留一拍。③左手臂從頭上方下擺至體側的水面，同時左腿屈膝屈踝向側抬起。④還原預備姿勢。⑤—⑧左手扶池邊，右手右腿動作同①—④，方向相反。

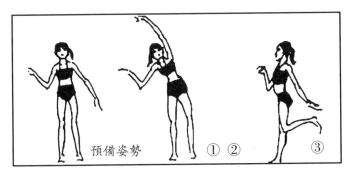

圖 7-10

第五節，膝踝運動（圖 7-11）

【預備姿勢】：兩腳開立，右手扶池邊，左手叉腰。

圖 7-11

①左腿上抬至與水面平行。②向內屈膝勾腳。③伸直膝蓋和腳尖，向前抬腿至水面平行。④還原預備姿勢。⑤—⑧左手扶池邊，右手、右腿動作同①—④。方向相反。

第六節，平衡運動（圖7-12）

【預備姿勢】：左手扶池邊側身站立。

①右腿直腿抬至與水面平行，右手向後划至臀部的後下方。②右腿從體前沿水平面經體側向後擺動，同時右手在水中向前划動至水面。③保持身體的水平狀態停留一拍。④還原預備姿勢。⑤—⑧右手扶池邊，左手、左腿動作同①—④，方向相反。

圖 7-12

第七節，腰腹運動（圖7-13）

【預備姿勢】：背向池邊站立，兩手在體後扶池邊。

①向前挺髖。②③髖關節向右做兩次360°的轉動。④挺胸收腹。⑤—⑧同①—④，動作相同，方向相反，向左做兩次360°的轉動。

第八節，踢腿運動（圖7-14）

【預備姿勢】：背向池邊站立，兩手在體後扶池邊。

①右腳向內上方用力踢腿。②還原站立姿勢。③右腳向

圖 7-13

圖 7-14

內上方用力踢腿。④還原站立姿勢。⑤—⑥踢左腿,動作同
①—④。

第九節,腰腹運動（圖 7-15）

【預備姿勢】:背向池邊站立,兩手直臂外展撑池邊。

①兩腿併攏抬至水平面。②兩腿向外分開。③兩腿向內

圖 7-15

併攏。④還原成預備姿勢。⑤—⑧同①—④。

2.站立式水上健身操

第一節，準備運動（圖7-16）

【預備姿勢】：兩腳稍分開站立水中。

前2×8拍水中原地踏步，兩臂直臂前後擺動；後2×8拍變高抬腿踏步，兩臂屈肘前後擺動。

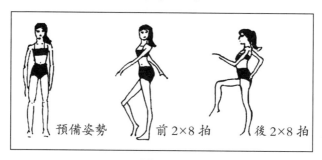

圖 7-16

第二節，擴胸運動（圖7-17）

【預備姿勢】：兩腳稍分開站立水中。

①兩手握拳，拳心相對，屈肘置於胸前，屈膝、含胸、收腹。②兩手張開手背朝外，外划至身體側後並伸直膝蓋，

圖 7-17

挺胸挺腹。③還原成①的動作。④重複②的動作。⑤—⑧重複①—④的動作。

第三節，上肢運動（圖 7–18）

【預備姿勢】：兩腳前後分開成小弓步站立，兩肘微屈置於體側，掌心朝前。

前 2×8 拍：①兩臂同時向內划手至體前，掌心相對。②兩臂同時向外划手至體側，還原成預備姿勢。後 2×8 拍：①兩臂屈肘經腰部（括號內動作）做掌心朝後的向後划水。②兩臂屈肘經腰部做掌心朝前的向前推水。

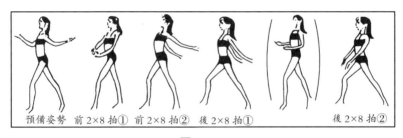

預備姿勢　前 2×8 拍①　前 2×8 拍②　後 2×8 拍①　　　　　後 2×8 拍②

圖 7–18

第四節，體轉運動（圖 7–19）

【預備姿勢】：兩腳開立成小弓步，兩臂置於體後，掌心朝上。

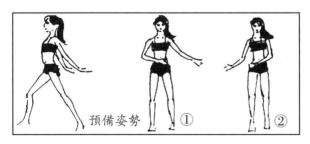

預備姿勢　　①　　　②

圖 7–19

①屈膝使水面升至胸部，兩臂向左划動，身體同時向左轉動。當兩手划至腰左側時左手掌心朝前，右手掌背朝內，伸直膝關節。②向反方向重複①的動作。③④、⑤⑥、⑦⑧重複①②動作。

第五節，體側運動（圖7-20）

【預備姿勢】：兩腳開立，兩手叉腰。

前2×8拍：①右手臂從體側上擺至頭上方，身體向左側彎腰。②右手臂從頭上方下擺至體側，身體向右側彎腰，手觸膝蓋。後2×8拍：①左手臂從體側上擺至頭上方，身體向右側彎腰。②左手臂從頭上方下擺至體側，身體向左側彎腰，手觸膝蓋。

預備姿勢　　前2×8拍①　　前2×8拍②

圖7-20

第六節，下肢運動（圖7-21）

【預備姿勢】：兩腳稍分開站立水中。

①右腿向左上方踢水，踢至水花出水面。②右腿還原預備姿勢。③左腿向右上方踢水，踢至水花出水面。④左腿還原預備姿勢。⑤—⑧重複①—④動作。

第七節，平衡運動（圖7-22）

【預備姿勢】：兩腳稍分開站立水中。

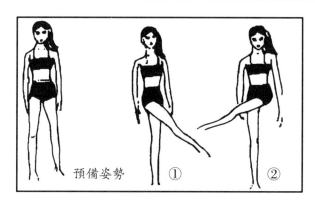

圖 7–21

圖 7–22

①左腿伸直向前抬起，兩手在體側划動幫助維持身體平衡。②左腿屈膝外轉，勾腳。③經左側向後擺動成燕式平衡姿勢，兩臂在體前划動。④還原預備姿勢。⑤—⑧換成右腿，重複①—④動作。

第八節，跳躍運動（圖 7–23）

【預備姿勢】：兩腳稍分開站立水中。

前 2×8 拍：①左腿向 45°的方向跨步，右腳蹬池底後離地，同時兩肘微屈向外划水，掌心向前。②左腿回跳還原並腿姿勢，同時兩臂內划，兩手成拍掌狀。後 2×8 拍：①右

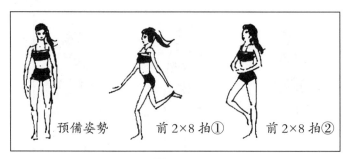

圖 7-23

腿向 45°的方向跨步，左前腳掌蹬池底後離地，同時兩肘微
屈向外划水，掌心向前。②右腿回跳還原並腿姿勢，同時兩
臂內划，兩手成拍掌狀。

第九節，整理運動（圖 7-24）

【預備姿勢】：兩腳稍分開站立水中。

①左腳向左側跨一大步，兩臂外展。②右腳向左側跨一
小步成開立，兩臂收至體前。③④重複①②。⑤右腳向右側
跨一大步，兩臂外展。⑥左腳向右側跨一小步成開立，兩臂
收至體前。⑦⑧重複⑤⑥。

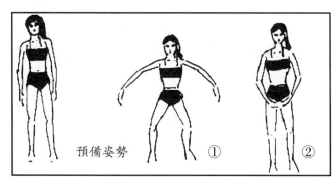

圖 7-24

3. 韻律游泳（節奏游）

韻律游泳可以按拍子或音樂做個人練習，也可以與同伴配合變換隊形地進行練習。韻律游泳的變化很多，可隨意把四種泳式的基本動作進行組合，變化出不同的花樣泳式。

練習韻律游泳可循以下的步驟：

第一，陸上按拍子做模仿練習；

第二，在水中行走，按拍子做陸上已經練習的模仿練習；

第三，在水中游進，學習動作；

第四，動作熟練後，按拍子或音樂進行練習；

第五，與隊友結伴成隊形，配樂練習。

（1）抬頭蛙式韻律游（圖7-25）

【預備姿勢】：身體俯臥，臂腿伸直，頭肩露出水面。

① 兩臂做蛙式划手收至胸前，挺胸抬頭，向左轉頭吸氣，收腿。

② 兩臂向前伸出，挺胸抬頭，目視前方，蹬夾腿。

③ 兩臂做蛙式划手收至胸前，挺胸抬頭，向右轉頭吸氣，收腿。

④ 同②，兩臂向前伸出，挺胸抬頭，目視前方，蹬夾

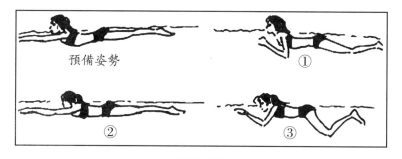

圖 7-25

腿。

（2）直臂自由式韻律游（圖7-26）

【預備姿勢】：身體俯臥，頭、肩露出水面。

兩臂做自由式的直臂划手，兩腿做自由式打腿動作或蛙式蹬腿動作。

① 挺胸抬頭，目視前方，左臂前伸，右臂向後划至貼近水面，掌心朝上，兩腿在水下做自由式打腿或蛙式收腿。

② 保持①的姿勢，右掌心轉向前。

③ 右臂伸直，緊貼右耳向前移臂。

④ 右臂與左臂在水面併攏前伸，兩腿在水下打腿或蹬夾腿。

⑤⑥⑦⑧ 換另一臂重複①②③④。

圖7-26

（3）拍水仰式韻律游（圖7-27）

【預備姿勢】：身體仰臥水中。

兩臂做仰式的划水動作，兩腿做仰式打腿動作或反蛙式蹬腿動作。

圖 7-27

①右臂前伸，左臂在體側。

②左右臂做一次仰式划臂，交換成左臂前伸右臂在體側。

③右手在水面拍打左大腿。

④左手在水面拍打右大腿。

⑤左右臂做一次仰式划臂，交換成右臂前伸，左臂在體側。

⑥左手在水面拍打右大腿。

⑦右手在水面拍打左大腿。

⑧做一次仰泳划臂，交換成左臂前伸，右臂在體側。

（4）轉頭側式韻律游（圖 7-28）

【預備姿勢】：身體左側臥在水中，左臂前伸，右臂後伸在髖側，頭和右肩露出水面，面向前方。

①兩臂划手收至胸前，兩腿做剪式打腿，頭和身體向右

圖 7-28

側轉動。

②左右兩臂分別向前後方向伸直，兩腿做剪式打腿，頭和身體向前轉動，目視前方。

③④重複①②，⑤⑥⑦⑧動作相同方向相反。

三、水中健身

水中健身的形式也很多，可以進行舞蹈形體練習、伸展練習和力量練習等。為了增強練習的效果，可以採用輔助器材進行練習，常用的輔助器材有水中運動鞋、阻力手套、水中啞鈴和腳蹼等（圖7-29）。

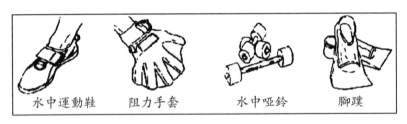

水中運動鞋　　阻力手套　　水中啞鈴　　腳蹼

圖7-29

(一)水中跑步

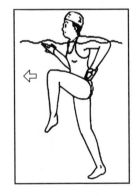

在齊胸或齊腰深的水中，上體正直，兩臂屈肘前後大幅度擺動進行水中跑步（圖7-30），為加大難度也可穿水中運動鞋。

跑步也可以在深水中進行，但要穿浮力背心，使練習者的身體處於半浮沉狀態才能保持較長時間的跑步。

圖7-30

(二)水中徒手力量練習

身體直立，兩手撐池邊，藉由屈伸肘關節俯撐身體（圖7-31a）。

身體斜立，兩手撐池邊，藉由屈伸肘關節俯撐身體（圖7-31b）。

圖 7-31

站立水中或扶池邊前後踢腿（圖 7-32）。

站立水中前後跳躍（圖 7-33）。

圖 7-32

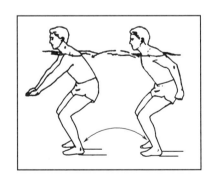

圖 7-33

(三)水中打腿

身體直立水中，穿上腳蹼，兩腿做前後交替的打腿動作（圖 7-34）。

圖 7-34

(四)水中拉力

把拉力帶固定在池邊的某一位置，可以做上肢的力量練習（圖 7-35a）、下肢的力量練習（圖 7-35b）、腰腹的力量

圖 7-35

練習（圖 7-35c），以鍛鍊身體不同部位的肌肉力量。

(五)啞鈴練習

用於提高上肢的肌肉力量（圖 7-36）。

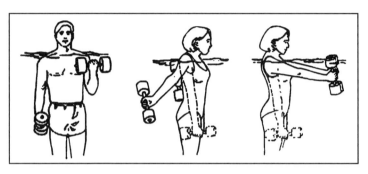

圖 7-36

(六)抗水阻練習

利用阻力板增大對水面，提高做動作的阻力（圖 7-37）。

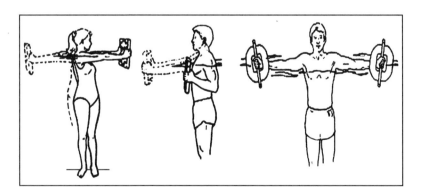

圖 7-37

水中健身的初練者，可以每一練習動作重複做 10～15 次，重複 2～3 組，有所提高以後再增加輔助器材，或者把多項的練習內容組合成循環練習。

第四節　游泳鍛鍊的監控與鍛鍊效果 的評定

為了更有效地達到鍛鍊身體的目的，在進行游泳鍛鍊前，對自己的身體狀況、游泳技術和能力進行一次全面的診斷後才能開始。

一、游泳鍛鍊的監控

參加游泳鍛鍊前，首先要進行一次全面的健康檢查，了解心肺功能和口、鼻、耳、眼、皮膚等的情況，看看有無不適宜進行游泳的疾病，並且詢問醫生可否進行游泳鍛鍊。

其次是明確怎樣進行游泳鍛鍊，以及進行游泳鍛鍊的時間、距離與強度如何控制，以期達到最好效果。

(一)體適能與健康檢查

體適能是從體育學角度評價健康的一個綜合指標，它是指機體有效與高效執行自身機能的能力，也是機體適應環境（包括自然環境和心理環境）的一種能力。體適能是眾多參數的綜合，包括與健康相關的、與技能相關的以及與代謝相關的多個體適能參數，它直接與整體生活質量相關。應當說，體適能更多的是從人體機能和技能角度考察機體的健康，是個體健康的綜合評價。體適能與個人高效工作的能力、享受閑暇、健康狀態、預防運動不足性疾病以及應付緊

急情況的能力等緊密相關。

體適能的發展是積極參加體育鍛鍊的結果，只有規律性地進行身體鍛鍊才能達到最佳的體適能。因此，參加游泳鍛鍊前需要對身體健康程度、游泳的能力與技術進行測定，並且制定一個適合自己的游泳鍛鍊計畫。

1. 制定游泳鍛鍊計畫的基本依據

制定游泳鍛鍊計畫，可以接受健康狀況問卷調查和接受全面的身體檢查作為依據，根據不同人的健康水準制定游泳鍛鍊的個人計畫。

（1）建議有以下情況或疾病者進行醫學檢查後制定游泳鍛鍊計畫：

輕微用力即感氣急，心臟疾患或手術後，肝硬化，腹部、胸部、腿和肩臂痛，靜脈炎，咯血，關節腫脹，虛弱或眩暈，患心臟疾病、血壓異常和糖尿病並正在接受藥物治療。

安靜心率 > 100 次 / 分鐘、安靜收縮壓 >160mmHg、安靜舒張壓 >100mmHg。

（2）有以下疾病或情況者需要在醫務監督下從事游泳鍛鍊：

糖尿病、肺氣腫、哮喘、精神疾病、癌症、甲狀腺疾病、貧血症、低血糖症、支氣管炎、妊娠、癲癇症、出血傾向、腸炎、消化道潰瘍、血壓值 140～155 / 90～95mmHg。

（3）有以下疾病者建議慎重制定游泳鍛鍊計畫：

關節炎，聽力缺失，痛風，腰背疼痛，接受過背部、眼睛、肺部和頸部手術，過長時間的駕駛、搬運、坐或站立，吸煙 > 20 支 / 天。

2.健康狀況的測定

從下面的（1）—（9）個方面選擇適合自己情況的分數，然後將分數相加，最後的結果將說明初始水準的高低：

（1）心血管系統

① 無心臟病史或心血管系統病史　　　　　　　　3 分
② 有過病症，但已經被成功治癒　　　　　　　　2 分
③ 有病症，但無須治療　　　　　　　　　　　　1 分
④ 有病症，正處於醫護下　　　　　　　　　　　0 分

（2）肌肉、骨骼損傷

① 目前沒有損傷　　　　　　　　　　　　　　　3 分
② 活動時有疼痛感，但不會限制活動　　　　　　2 分
③ 有損傷，並且限制活動能力　　　　　　　　　1 分
④ 不能做激烈運動　　　　　　　　　　　　　　0 分

（3）慢性疾病

① 目前沒有疾病　　　　　　　　　　　　　　　3 分
② 活動時有一些問題，不會限制活動　　　　　　2 分
③ 有疾病，並且限制活動能力　　　　　　　　　1 分
④ 不能做激烈運動　　　　　　　　　　　　　　0 分

（4）年齡

① 20 歲或 20 歲以下　　　　　　　　　　　　　3 分
② 21～29 歲　　　　　　　　　　　　　　　　　2 分
③ 30～39 歲　　　　　　　　　　　　　　　　　1 分
④ 40 歲及 40 歲以上　　　　　　　　　　　　　0 分

（5）晨脈

① 每分鐘低於 60 次　　　　　　　　　　　　　3 分
② 每分鐘 61～69 次　　　　　　　　　　　　　2 分

③ 每分鐘 70～79 次   1 分

④ 每分鐘 80 次或以上   0 分

（6）吸菸狀況

① 從不吸菸   3 分

② 曾經吸菸，但已經停止   2 分

③ 有時因社交需要吸菸   1 分

④ 經常吸菸，菸癮較重   0 分

（7）最近一個月內游泳情況

① 可連續游 20 分鐘以上   3 分

② 可連續游 10～20 分鐘   2 分

③ 可連續游 5～10 分鐘   1 分

④ 不能連續游 5 分鐘或沒有游泳   0 分

（8）以前游泳鍛鍊的情況

① 在過去一年內參加過游泳鍛鍊   3 分

② 在過去一到兩年前參加過游泳鍛鍊 2 分

③ 在過去兩年前參加過游泳鍛鍊   1 分

④ 從來沒有參加過游泳鍛鍊   0 分

（9）其他體育運動鍛鍊

① 經常參加持續性的有氧鍛鍊   3 分

② 有時參加持續性的有氧鍛鍊   2 分

③ 參加無氧性活動或間隙性活動   1 分

④ 沒有參加規律性體育活動   0 分

  把以上每個問題的得分相加，得出高、中、低三個結果：

  得分在 18 分以上（含 18 分），說明健康狀況很好，並且有游泳鍛鍊的基礎。在制定游泳鍛鍊計畫時，可持續游泳 45 分鐘以上，中等速度，每段游泳距離之間的間隙時間較短。

得分在 10～17 分說明健康與游泳水準中等，在制定游泳鍛鍊計畫時，可持續游泳 30 分鐘左右，每段游泳距離的間隙時間要長一些。

得分在 10 分以下（含 10 分），說明健康與游泳處於較低水準。在制定游泳鍛鍊計畫時，注意開始的游距短一些，速度慢一些，使身體慢慢地得到適應。但是必須堅持鍛鍊，由於這種游泳愛好者的起點低，得到的進步就會大。

(二)不同游泳水準的鍛鍊

1.不會游泳者初始鍛鍊

不會游泳者可選擇在淺水池中進行水中鍛鍊，如扶邊做單腿前後擺動、池中行走或跑跳，由增加動作幅度和走跑速度，提高運動負荷。隨著水中活動能力的逐步增強，可透過戴阻力器具或增加水的深度（由齊腰深到齊胸深），增加練習難度，提高鍛鍊效果；一些水中運動技能較差的人還可以利用一些漂浮器具（如救生衣、踢水板）來輔助運動。這些漂浮器具在增加人體浮力的同時也產生了一定的阻力。

2.掌握了游泳技術者的鍛鍊

游泳運動要求人們必須掌握一定的運動技能，否則會更容易產生疲勞。因此，首先要經過一段時間的游泳學習，當掌握了一定的游泳技能後再把游泳作為一項主要的健身運動。在執行游泳健身運動計畫中，可多增加一些活動的類型，以幫助形成長期運動的習慣。

游泳時，可先做一些四肢牽張性的準備活動，然後以較慢的速度開始游泳，接著再逐漸增加游泳距離，運動強度控

制在 60%～80%為宜，其間要監測心率。但要注意，同等距離時，游泳消耗的熱量與跑步消耗的熱量是 4：1 的關係。

具體要求：

（1）開始進行游泳鍛鍊以體感舒適為宜。

（2）在適應了一個階段的鍛鍊後，才可以進入下個更高要求的階段。

（3）運動中監測心率。

二、游泳鍛鍊效果的評定

游泳鍛鍊的效果，應該從身體機能和游泳技術兩個方面來評定，心率是對游泳鍛鍊者身體機能評定的簡易、方便和實用的指標。

(一)利用心率評定效果

游泳鍛鍊能有效地提高心肺功能，可以降低基礎脈搏，經過一段時間的游泳鍛鍊，如果再以同樣的游泳距離和強度進行鍛鍊，即刻心率下降了，說明身體機能得到了提高。體育鍛鍊最適宜的運動強度應該控制在 60%～80% 之間，運動強度可以由心率直接測定。體適能評定的理論提出，在運動中所應該達到的心率稱為「靶心率」，它隨著身體機能的提高而下降，因此，在進行游泳鍛鍊時，可以用靶心率來評定鍛鍊的效果。

靶心率測定的方法：

靶心率應該由分級運動試驗（GXT）來確定，但也可以由心率儲備測定法間接測定。

心率儲備是指最大心率與安靜心率之間的差額。若個體的最大心率為 200 次／分鐘，安靜心率為 60 次／分鐘，那

麼，個體的心率儲備就是 140 次 / 分鐘。用心率儲備測定運動強度的具體方法如下：

例如，某游泳鍛鍊者測得最大心率為 180 次 / 分鐘，安靜心率為 75 次 / 分鐘，計算如下：

心率儲備－180 次 / 分鐘－75 次 / 分鐘＝105 次 / 分鐘
心率儲備 × 60%＝105 次 / 分鐘 × 60%＝63 次 / 分鐘
心率儲備 × 80%＝105 次 / 分鐘 × 80%＝84 次 / 分鐘
靶心率＝63 次 / 分鐘+75 次 / 分鐘＝138 次 / 分鐘，相當於 60%的運動強度
靶心率＝84 次 / 分鐘 + 75 次 / 分鐘＝159 次 / 分鐘，相當於 80%的運動強度

因此，該游泳鍛鍊者在運動中的靶心率範圍值為 138～159 次 / 分鐘。

這種運動強度測定方法的優點，在於所測定的靶心率水準總是處在個體安靜心率和最大心率之間。

經過一個階段的游泳鍛鍊，安靜心率下降了，說明機體的機能水準提高了，需重新計算靶心率，使鍛鍊者的運動負荷達到新的靶心率範圍值。以心率範圍值為目標的游泳鍛鍊計畫如表 7-5 所示。

(二)游泳能力的評定

1. T—15 測試

一般來說，游泳水準有 70%取決於技術，另外 30%取決於體能。T—15 測試，即測試自己在 15 分鐘的時間內能游多長距離。測試結果能夠很好地說明游泳能力。

這個測試能夠同時評價技術和體能水準。

表 7-5 以靶心率範圍值為目標的游泳鍛鍊計畫

階段	游泳鍛鍊內容與計畫
第一階段	水深達胸部，沿泳池寬度走 4 次，檢測心率是否接近靶心率。逐漸增加持續時間，直到可以以靶心率水準持續行走 10 分鐘，並重複兩次。
第二階段	水深同上，沿泳池寬度先走過去，返回時慢跑。重複兩次，檢測心率是否接近靶心率。逐漸增加跑的距離，直到可以以靶心率水準持續跑 5 分鐘，並能重複 4 次。
第三階段	水深同上，沿泳池寬度走過去，返回時游回來，必要時可以使用一些漂浮器具。重複兩次，檢測心率是否達到靶心率。運動持續時間 20～30 分鐘。
第四階段	水深同上，沿泳池寬度慢跑過去，返回時游回來，重複一次，檢測心率。逐漸增加慢跑距離，增加游泳距離，直到能夠在靶心率水準來回往返 4 次。每次運動持續時間 20～30 分鐘。
第五階段	慢速游泳 25 公尺，休息 20 秒；再慢速游泳 25 公尺，檢測心率。根據心率調整游泳的速度和間隙的時間，使之達到靶心率。
第六階段	增加游泳的距離，直到可以連續游泳 20～30 分鐘。

T—15 游泳測試方法

（1）在 15 分鐘內用任意姿勢或幾種姿勢的組合盡量游最長的距離。一定要數清楚游的往返數（25 公尺長的游泳池，一個往返為 50 公尺；在 50 公尺長的游泳池，一個往返為 100 公尺）。盡量勻速游進，最後也不要加速。中間允許停下來略作休息，但計時表不能停，休息的時間也算在測試時間之內。

（2）當時間到達 15 分鐘時，繼續游完這一往返中剩餘的部分，但要記住多用了多少時間。這意味著所用的時間會超過 15 分鐘（例如，當游完最後一個往返時所用的時間是 14 分 40 秒，那麼他需要再多游一個往返，游完後時間是 15 分 30 秒，此時結束測試）。

（3）測試結束後，立即測量即刻心率，用手在頸動脈處計取心率。可以計取 10 秒或 6 秒的心率，然後計算出 1 分鐘的心率。

（4）需要記錄的資料

游泳的距離、所用的時間、即刻心率（次／分）和計算每 100 公尺的速度。

示例：某游泳鍛鍊者

游泳的距離	1000 公尺
所用的時間	15 分 30 秒
即刻心率	150（次／分）
每 100 公尺的速度	1 分 33 秒

該游泳鍛鍊者 T—15 游泳測試最後的每 100 公尺的速度是 1 分 30 秒，說明該游泳鍛鍊者長時間持續游時所能達到的最快速度。這項指標揭示了游泳水準和能力的高低。

T—15 測試可以經常進行，例如每週都可以測試。有三種情況說明游泳水準得到了提高：首先是每 100 公尺的速度加快了；其次是速度不變，但即刻心率下降了；最後是平均划水次數減少了。

經過長時期的訓練，所獲得的最大好處是在游泳時能夠將注意力集中在技術和效率上。

經過幾次 T—15 測試後，就會有足夠的自信進行 T—20 測試。T—20 測試的概念和程序與 T—15 完全相同，只是時

表 7-6 不同的速度所對應的能力水準

每 100 公尺的平均速度	游泳能力水準
1 分 30 秒或以下	很好
1 分 31 秒～1 分 50 秒	較好
1 分 51 秒～2 分 10 秒	中等
2 分 11 秒～2 分 41 秒	較低
2 分 41 秒以上	低

間從 15 分鐘增加到了 20 分鐘。最後可以進行 T—30 測試。
這樣可以對自己一段時期的訓練進展情況一目了然。表 7-6
說明了不同的速度所對應的能力水準。

2.游泳高爾夫測試

游泳高爾夫測試主要是檢驗游泳技術水準,而不是體能
水準。可以由測試結果了解一段時期以來自己的技術水準進
展狀況。測試方法如下:

(1)游 50 公尺,數划水次數(當每隻手在前面入水時
計為一次)。假如在 25 公尺長的游泳池測試,前 25 公尺用
了 21 次,後 25 公尺用了 22 次,那麼 50 公尺的划水次數為
43 次。

(2)游完時計取 50 公尺所用的時間,我們可以假設為
47 秒。

(3)將划水次數與時間相加,得出分值。例如,43 次
加上 47 秒,得 90 分。

(4)充分休息後,再重來一次。這次盡量使分值降低
(這就是游泳高爾夫名稱的由來,即用最少的划水次數達到

最佳的效果）。

（5）做 4 次測試，將分值平均。這是下次需要突破的目標。例如，4 次的分值分別是 90、89、89、88。那麼平均值，即下次突破的目標是 89。

水準高的游泳者與新手相比，能夠用較少的划水次數和時間完成同樣的距離。據統計，參加成人游泳分齡賽的人，游泳高爾夫分值可能在 40 多次到 100 次之間。進行游泳鍛鍊時，開始時先減少划水次數，當習慣這個節奏後，再嘗試在不增加動作次數的前提下加快速度。當你一步步地降低分值時，你的技術已經在逐漸提高。

思考題：

1.你在組織和指導不同人群（少年兒童、老年人、傷殘人）游泳時如何保證他們的安全？

2.你能根據參加游泳鍛鍊者的特點，制定一份適宜的鍛鍊計畫嗎？

3.設計一套水中健身操或設計 2～3 種水中遊戲。

第八章

實用游泳與水上救護

內容提要：

本章主要闡述實用游泳技術、水上救護技術及著裝游泳技術。透過本章的學習，使學生掌握實用游泳、水中救護及著裝游泳的基本知識和技術，提高水中自救、他人救護、現場急救及著裝游泳的技能。

第一節　實用游泳技術

實用游泳技術通常是指在日常生活、水上作業或軍事活動中具有實際運用價值的非競技游泳姿勢，主要包括側式、反蛙式、踩水、潛泳等技術。

一、側　式

側式是指身體側臥在水中，兩臂交替划水，兩腿做剪夾水動作游進的一種技術。常用於負重渡河、救生拖帶等。

側式分為兩種技術，一種是兩手在水中交替前伸划水，兩腿做剪夾水動作的手不出水技術；另一種是一手划水後經空中移臂前伸入水，兩腿做剪夾水動作的手出水技術。這裡介紹手出水的側式技術。

(一)身體姿勢

身體側臥在水中，身體縱軸與水面約成 30°角，兩肩連線與水面垂直線大約 45～50°角，頭部一半露出水面（近似自由式的吸氣動作），一手在頭前，另一手置於大腿旁，兩腿併攏伸直（圖 8-1a、b）。

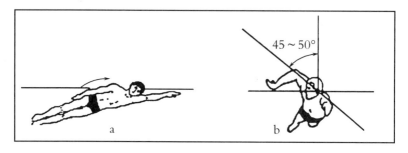

圖 8-1

(二)腿部動作

腿部動作分為收腿、翻腳和蹬夾腿三個部分。

1. 收腿

上面腿向前收，下面腿向後收。收腿時，注意盡量少收大腿，特別是下面腿的大腿幾乎不動（圖 8-2）。

2. 翻腳

收腿後，上面的腳尖勾起，以腳掌向後對準水；下面腿將腳尖繃直，以腳背和小腿前面對準水。

3. 蹬夾腿

上面腿用大腿帶動小腿稍向前伸，以腳掌對準蹬水方向，由體前側向後方加速蹬夾水；下面腿以腳背和小腿前側對準水用力伸膝，與上面腿形成蹬夾水的動作。

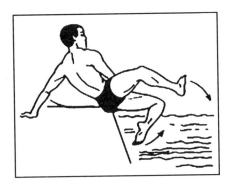

圖 8-2

(三)臂部動作

臂部動作分為上面臂、下面臂和兩臂配合三個部分。

1. 上面臂動作

上面臂經空中前移至頭的前方入水前伸，以手和前臂對準水，划水（與自由式臂划水動作相似）至大腿旁。

2. 下面臂動作

下面臂在身體下方前伸抱水，同時屈臂划水至腹部下方，掌心向上，以前臂帶動上臂，沿身體下方向前邊伸邊做外旋的動作，伸直時手掌向下。

3. 兩臂配合動作

下面臂開始划水，上面臂前移；上面臂開始划水時，下面臂開始做前伸動作。兩臂在胸前交叉，上面臂划水結束，下面臂開始下划。

(四)臂和腿及呼吸的配合

1. 臂和腿配合

上面臂入水後，下面臂開始前移並收腿；上面臂划至腹

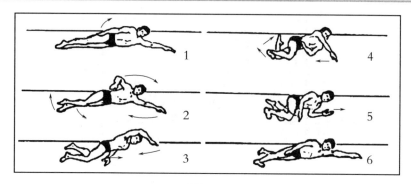

圖 8-3

下開始做推水動作時，下面臂前伸，同時腿用力向後做蹬夾水動作。

2. 臂和呼吸配合

上面臂划水時開始呼氣，推水和出水時轉頭吸氣，移臂和入水時頭還原，閉氣。

3. 側泳完整配合

兩腿蹬夾水一次，兩臂各划水一次，呼吸一次。在上面臂划水結束與下面臂前伸時，應有短暫的滑行動作（圖 8-3）。

二、反蛙式

反蛙式即蛙式仰泳，是游進時身體仰臥水中，兩腿同時向後蹬夾水，兩臂在體側向後划水的一種游泳姿勢。在用於水中運物和救生拖帶溺者時，兩臂托物或托溺者不做划水動作，依靠腿的動作推進。

(一)身體姿勢

身體自然伸直仰臥水中，微收下頜，口鼻露出水面，兩臂置於體側。

(二)腿部動作

反蛙式腿的動作類似蛙式腿，但是由於身體仰臥水中，所以收腿和蹬腿時膝關節不能露出水面。收腿時，膝關節向兩側邊收邊分，大腿微收，小腿向前下方收得較多。收腿結束時，兩膝距離約寬於肩，腳外翻使腳和小腿內側向後對準蹬水方向。然後大腿發力，向外、向後、向內做弧形蹬夾水。

(三)臂部動作

兩臂自然伸直，由體側經空中前移在肩前入水，然後屈臂、低肘、掌心向後，使手和前臂對準划水方向，在體側同時用力向後划水。划水結束後，兩臂停留體側，使身體向前滑行。然後兩臂自然放鬆經空中向前移。

(四)完整配合（臂和腿及呼吸配合）

反蛙式的完整配合技術有兩種，一種是臂划水與腿蹬夾水、移臂與收腿同時進行；另一種是臂划水和腿蹬夾水交替進行，臂、腿各做一次動作之後身體自然伸直滑行。兩臂前移的同時，吸氣收腿，兩臂入水時稍閉氣，兩腿同時蹬夾水，然後用口鼻均勻地呼氣，兩腿自然併攏，臂划水，划水結束身體伸直滑行（圖8-4）。

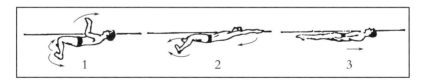

圖 8-4

三、踩　水

踩水的方法很多，比較常見的是採用直立式蛙式踩水動作。在日常活動中，踩水技術廣泛運用於水中等待救助、調節呼吸、搶救溺者、持物游進和水中觀察等。

(一)身體姿勢

踩水時，整個身體幾乎垂直於水面，上體稍前傾，頭部始終露出水面。微收髖，兩腿微屈，勾腳，兩臂胸前平屈，掌心向下，類似蛙式。

(二)腿部動作

腿部動作有兩種，一種是兩腿同時做蹬夾水動作，幾乎和蛙式腿一樣，不同的是收蹬腿的幅度較小。用小腿和腳內側向側下方蹬夾水，膝關節向內扣壓，兩腿尚未伸直時即開始做第二次收腿動作，動作要連貫（圖8-5）。

另一種是兩腿交替踩水動作。這種踩水，身體在水中起伏不大，大腿動作幅度較小。做動作時先屈膝，小腿和腳向外翻，然後膝向裡扣壓，用腳掌和小腿內側向側下方蹬夾

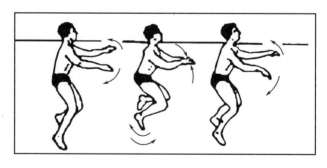

圖 8-5

圖 8-6

水。當腿尚未蹬直時，往後上方收小腿，收腿的同時，另一腿開始做蹬夾水的動作，兩腿交替進行，腳的蹬水路線及回收路線基本上是橢圓形（圖 8-6）。

(三)臂部動作

兩臂平伸並稍彎曲，手和前臂在胸前做向外、向內的弧形撥壓水動作，動作幅度不宜過大。向外撥水時，掌心稍向外，有分開水的感覺；向內時，掌心稍向內，有擠壓水的感覺。兩手撥壓水的路線呈雙「⌒」形。

(四)腿和臂及呼吸配合動作

腿、臂的配合動作要連貫、協調，一般是兩腿同時蹬夾一次或兩腿交替蹬夾一次，兩手做一次撥壓水動作。採用兩腿同時蹬夾水的配合時，兩腿做蹬夾水動作的同時吸氣，兩臂向外做撥壓水動作，收腿時呼氣，兩臂向內撥壓水。可以一個動作呼吸一次，也可以幾個動作呼吸一次。呼吸跟隨腿、臂動作的節奏自然進行。採用兩腿交替蹬夾水的配合時，通常是腿和手同時不停地進行。用踩水游進時，可以採用身體的不同側向及蹬夾和撥壓的方向來改變游進的方向。

如向前游，身體稍前傾，腳稍向後蹬夾水，兩臂稍向後撥水，反之亦然。隨著踩水能力的增強，手臂可不參與撥水，從水中解脫承擔水中托物等。

四、潛泳（水）

潛泳是在水下游進的一種游泳技術，它的實用價值也很大，如打撈溺者和水中沉物以及水下工程等，都要採用潛泳。

潛泳有使用器具裝備和不使用器具裝備的區別，不使用器具裝備的潛泳是將身體潛入水中或水底不做呼吸游進的一種技術。一般分為潛遠和潛深兩種。

(一)潛　遠

潛遠技術主要有蛙式潛泳、蛙式長划臂潛泳和自由式潛泳三種，在這裡只介紹蛙式長划臂潛泳技術。

1. 身體姿勢

蛙式長划臂潛泳的身體姿勢要求軀幹和頭始終保持水準，但是兩臂開始划水時要稍低頭，以防止身體上浮。

2. 腿部動作

腿部動作與水面「平式蛙泳」的腿部動作的區別，是收腿時屈髖及腿向兩側分開的角度較小，蹬腿則向正後方。

3. 臂部動作

臂部划水動作與蛙式划水動作相似。兩臂划水時，手和前臂內旋，稍屈手腕，兩手向側下方做抓水動作，緊接著兩臂逐漸向後、向內屈臂高肘用力划水。當手划至肩下方時，

肘關節屈成 90～100°角（圖 8-7），然後兩手沿體側向後加速划水至大腿旁，掌心向上。划水結束後，身體略有滑行。移臂時，兩手外旋屈肘，兩手沿腹胸前伸。當手伸至頜下時，手掌開始內旋，掌心轉向下方，在頭部前方伸直併攏，然後準備做下一個動作。

4. 臂和腿配合動作

兩臂收至胸前時開始收腿，兩臂向前伸直後，腿用力蹬夾水。蹬腿結束後，臂緊接著做划水動作。划水結束後，兩腿伸直併攏，做滑行動作（圖 8-8）。

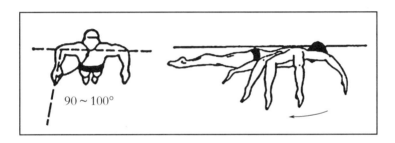

90～100°

圖 8-7

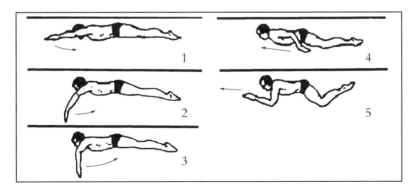

圖 8-8

（二）潛　深

潛深一般是在兩種情況下入水。一種是從岸上採用出發跳水的形式入水，另一種則是從水面上潛入水裡。下面介紹兩種從水面上潛入水裡的潛深方法。

1.兩腳朝下的潛深法

潛入前深吸一口氣，兩臂前伸稍屈肘，同時屈腿，兩臂用力向下壓水，兩腿做蛙式的蹬夾水動作，使上體及腰部躍出水面。緊接著直體，利用身體的重力使身體向下。入水後，兩臂做自下而上的撥水動作，以增加下沉的速度（圖8-9）。

潛到水底或預定的深度後，以頭帶動身體向所需要的方向游進。

圖 8-9

2.頭朝下潛深法

潛入前深吸一口氣，兩臂向後下方伸出，自下而上用力划水，並順勢低頭、提臀、舉腿，兩臂伸直向下，利用腿的

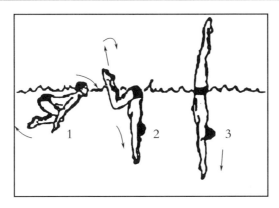

圖 8-10

重力作用，使身體垂直向下潛入水中（圖 8-10）。

　　身體入水後，兩臂做蛙式划水動作，兩腿向上做蛙式的蹬夾水動作，以增加下沉的速度。在潛到預定的深度後，即抬頭、收腿、團身，身體轉向所需要的方向游進。

第二節　水上救護

　　水上救護是對游泳者和在水周邊從事活動的人員，在水上發生事故時所採取的救護措施。水上救護應貫徹「以防為主，以救為輔，防救結合，有備無患」的指導思想。因此，掌握水上救護技術，加強水上救護工作是十分重要的。

　　水上救護包括觀察、他人救護、自我救護和現場急救四個方面的內容。

一、觀　察

　　觀察（以游泳池為例）即觀察水面情況，並分析事故性質、判斷急救措施。觀察是救護工作「以防為主」的具體體

現，是整個救護技術中最為重要的一環。做好觀察工作的前提是救生員應明確分工，相互配合。畫分責任區是確定救生員責任的依據，責任區域應根據游泳池的形狀、面積和救生員人數等因素畫分。

責任區分主責區和次責區，主責區是救生員主要觀察區，對發生在該區的事故承擔主要責任的區域；次責區是協看區，即兼顧觀察的水域，對所發生的事故負次要的責任。責任區畫分是以救生員的崗位為中心點進行分割。主要有直線切割法、弧線切割法和區域分割法三種。

直線切割法，即將游泳池用直線大致平均地畫割成幾個長方形水域（圖 8-11a）。弧線切割法，即以救生臺為圓心，以 10～15 公尺為半徑切割水域，以弧線形水域為主責區（圖 8-11b）。區域分割法，是針對不規則的游泳池的一種區域畫分的方法。不管採用哪種畫分方法，其關鍵是不留死角，區域大小分布均勻。

救生人員上崗後，思想必須高度集中，認真負責地、不間斷地掃視（或環視）水域。必須定人、定點畫分觀察區域，做到「突出重點、照顧全面」。觀察重點，從人群分析是不會游泳者、游泳技術不很好但膽子大的人、小孩、老人、傷殘者、婦女；從游泳池區域分析是主責區、深水區、深淺水交界處、上下池區、兒童嬉水區、池岸易滑區；從時間分析是進場、退場時；從現象分析是跳水、打鬧、追跑、用救生圈玩水、沒水和潛水；從特殊情況分析是雷雨天氣、停電、發生事故。照顧全面，即救生員之間交叉觀察，互相補漏。

在觀察方法上（即掃視水域時）必須掌握「池面與池底、池面與岸邊、點與面」三個結合。每間隔 4 秒鐘掃視一遍。

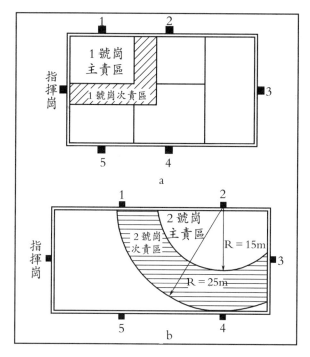

圖 8-11

二、他人救護

他人救護是指意外落入水中或發生溺水事故時,由他人援救的一種救護技術。

他人救護可分為池(岸)救護和涉水救護兩種技術。

(一)池(岸)救護

池(岸)救護是最簡單的救護方法之一。當發現溺者在離池(岸)邊較近的水中時,即使不會游泳的人也可迅速採取適宜的方法加以援救。一般常見的池(岸)救護方法有以

下幾種：

1. 手（腳）援救

手（腳）援救是指溺者離池（岸）邊較近，救護者能夠用手（腳）接觸到溺者的一種方法。

實施手援救法時，救護者首先要穩住自己的身體，臥趴在池（岸）邊，一手按在地上或抓牢固定物，另一手伸向溺者，抓住溺者的手腕或頭髮拉他上岸（圖 8–12a）。也可以在池（岸）成半蹲姿勢，側身斜向溺者拉他上岸。

腳援救時，救護者首先要抓牢池（岸）邊的固定物，使身體俯臥池（岸）邊或使身體盡量貼著水面，將腳伸向溺者，使溺者抓住救護者的腳或踝關節處，隨後將溺者拖回池（岸）邊（圖 8–12b）。

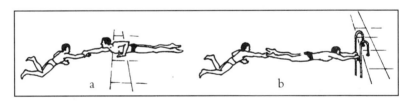

圖 8–12

2. 物援救

物援救是溺者離池（岸）邊較近，但救護者又無法用身體接觸到溺者時借助物件實施援救的方法。

救護者可利用竹竿、衣褲、救生圈等浮具伸向或拋向溺者，使溺者抓住後，將溺者拖回池（岸）邊（圖 8–13）。

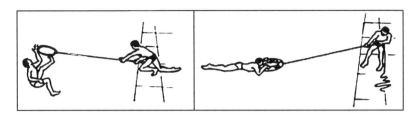

圖 8-13

(二)涉水救護

當發現溺者離池（岸）邊較遠，而又無法利用池（岸）邊的救護方法進行援救時，救護者可以根據自身的游泳技能，立即涉水並以最快的速度接近溺者加以援救。涉水救護一般包括入水、接近、拖帶、上岸幾個主要環節。

1.入水

當發現溺者時，救護者應保持冷靜，不可慌亂。首先觀察溺者所處的位置，選擇離溺者最近處為入水點，然後採用適宜的方法入水加以援救。

（1）跨步式

溺者離池（岸）邊較遠，水清，水深在腰部以上，並判斷水中無障礙時採用的入水方法。

救護者兩腳前後站姿，腳趾扣住池（岸）邊，身體直立並保持輕鬆狀態，兩臂側伸，稍屈肘，膝微屈，向前跨出。入水前，上體前傾 40°左右；入水時，兩手向下壓水，兩腳前後用力夾水，以產生阻力增加浮力，頭部保持在水面上，注視溺者（圖 8-14）。

圖 8-14

圖 8-15

（2）蛙腿式

入水的基本要求同跨步式。救護者兩腳趾扣住池（岸）邊，身體向前躍出，並含胸收腹，兩臂側平舉並屈肘，掌心向下，兩腿做蛙式收腿動作。入水後，腳做蛙式蹬夾水動作，同時兩手向下壓水，以加大阻力增加浮力，使頭始終保持在水面上，注視溺者（圖 8-15）。

（3）淺跳式

水清，水深至少 1 公尺以上，溺者離池（岸）邊較遠，時間緊迫，需要快速接近時的一種方法。

救護者跑近池（岸）邊，單腳或雙腳腳趾緊扣池（岸）邊，兩腳用力蹬起，身體伸直，兩手和頭先入水（類似競技游泳出發，圖 8-16）。入水後挺腰，並使頭快速露出水面，兩眼注視著溺者的位置。

2. 接近

救護者下水後，採用抬頭自由式或抬頭蛙式，以最快的速度游進溺者。為確保救護者的自身安全，游至離溺者 1～1.5公尺距離時，須緊急停游，選擇接近方式。接近分為水面接近、水中接近和水下接近：

圖 8-16

（1）水面接近

是救護者游近溺者時，溺者還處在水面時的一種接近方法。

① 正面接近

溺者掙扎不太厲害，頭在水面上，手臂的位置清楚時採用的接近方法。

救護者接近溺者時，左手（或右手）拉溺者的左手（或右手），使其向右（或向左）轉體180°後仰（圖 8-17），右手（或左手）托其背後，使其成水平仰浮狀態，以適宜的方法進行拖帶。

圖 8-17

② 正面潛水接近

　　水深而清，溺者頭部露出水面，與救護者面對，而且溺者掙扎比較厲害時，或者在接近溺者的水面上有障礙物時採用的接近方法。

　　救護者游至離溺者 1.5～2 公尺處時，立即停游，並深吸一口氣潛入水中游至溺者的髖部以下位置，兩手抓住溺者的髖部向上托（圖 8-18），使溺者的口鼻露出水面，同時將其轉體 180°，兩手沿溺者的髖部兩側向上滑至其腋下，用一手托起溺者的背部，使其成水平仰浮狀態，然後以適宜的方法進行拖帶。

圖 8-18

③ 背面接近

　　溺者掙扎得厲害，頭部露出水面時採用的接近方法（圖 8-19）。救護者以最快的速度接近，當游至離溺者 1 公尺左右時，改成逆退姿勢，身體後倒，在溺者的背後將手伸向其腋下，或由頸側抓住其腋下，或用掌緣托住其下頜（切勿壓住溺者喉嚨），然後再用另一手托起溺者的背部，使其成水平仰浮狀態，再以適宜的方法進行拖帶。

圖 8-19

（2）水中接近

是救護者游近溺者時，溺者已下沉懸浮在水中時的一種接近方法。具體的接近方法同水面接近。

（3）水下接近

是救護者游近溺者時，溺者沉於水底的一種接近方法。

① 水下背面接近

救護者在溺者下沉處，深吸一口氣後迅速潛入水中搜尋，當發現溺者成俯臥狀臥在水底的一種接近方法。救護者兩腿跨騎在溺者腰背上成半蹲姿勢，然後雙手插入溺者兩腋，抓牢後身體後仰，同時兩腿用力蹬地，用托腋法將溺者拖出水面（圖 8-20A）

② 水下正面接近

救護者在溺者下沉處，深吸一口氣後迅速潛入水中搜尋，當發現溺者成仰臥狀仰臥在水底的一種接近方法。救護者繞到溺者頭前，面對溺者，然後蹲下，雙手從溺者兩肩處插入溺者兩腋，抓牢後兩腿用力蹬地，用托腋法將溺者拖出水面（圖 8-20B）。

3. 拖帶

拖帶是救護者在水上運送溺者的一項專門技術。當救護

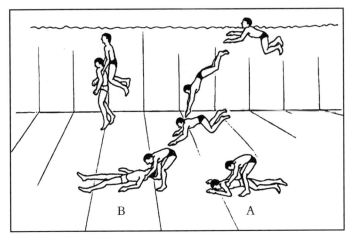

圖 8-20

者完全控制了溺者後，首先要使其口鼻露出水面，用一手托
起其背部成水平仰浮狀態，然後採用下列方法進行拖帶：

（1）托頷法

適合溺者神志清醒，而且已處在救護者控制之下時採用
的拖帶方法。救護者的兩手經溺者頸兩側伸出，虎口朝上，
五指併攏，以掌心或食指托住溺者的下頷，使其臉部露出水
面，然後用反蛙式拖帶溺者（圖 8-21）。拖帶時切勿壓住溺
者的喉部。

圖 8-21

（2）挾胸法

適合溺者神志清醒，而且身材瘦小時採用。救護者一手自溺者的頸側繞過，摟抱住其對側腋下，手臂緊挾溺者前胸（不可貼近其喉部），然後將溺者托成水平仰浮狀態，用側泳拖帶溺者（圖8-22）。男性對女性施救時不可採用此拖帶方法。

（3）托腋法

托腋法適合溺者較肥胖或者是女性時採用。救護者先將溺者托成水平仰浮狀態，然後兩手抓住溺者的兩腋下，用反蛙式拖帶溺者（圖8-23）。

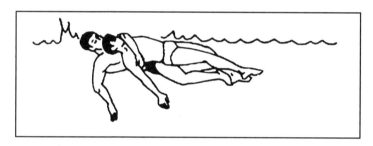

圖 8-22

圖 8-23

4. 上岸

將溺者拖到池（岸）邊後，救護者可根據溺者當時的情況，協助溺者上岸，一般有以下三種上岸方法：

（1）蹬托式上岸

溺者不掙扎，疲勞無力時，救護者兩手指交叉相握，托住溺者的腳，讓溺者兩手撐扶岸邊，救護者屈肘用力向上托，使溺者借助救護者上托之力自己撐扶池（岸）邊上岸（圖 8-24）。

圖 8-24

（2）提拉式上岸

溺者已處於昏迷狀態，救護者若採用左臂夾胸法將溺者拖至池（岸）邊時，用右手扶池（岸）邊（圖 8-25a），獲得支撐後，用左手抓住溺者的右臂向上拉起將其手放於池（岸）邊上，再用右手壓住其右手，然後用左手再抓住溺者的左臂，兩人同時左轉 180°面對池（岸）邊，並將溺者左手壓在其右手上，救護者換成左手壓溺者重疊的雙手，右臂右移，兩手與肩同寬，雙手在兩腿向下蹬夾水的配合下支撐池（岸）邊上岸（圖 8-25b）。救護者上岸後左手掌迅速按扭

圖 8-25

左轉 180°面對泳池，再用左手抓住溺者左手腕，右手在左手上交叉抓住溺者右手腕，將溺者右轉 180°成背對池（岸）邊（圖 8-25c），做 1～2 次預拉後將溺者提位上岸（圖 8-25d）。採用托頷和托腋法拖帶其上岸的方法是：到達池（岸）邊後，救護者右手（以右手為例）扶池（岸）邊，左手在溺者左腋下抓住左上臂，將其右轉 180°面對池（岸）邊，將左手放於池（岸）邊上，救護者右手將其右手壓在池（岸）邊上，然後救護者左手再抓其左手放在其右手上，隨後動作與夾胸法上岸動作相同。

（3）肩背上岸（梯）法

肩背上岸（梯）法如圖 8-26 所示。

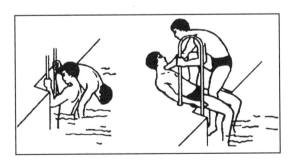

圖 8-26

上岸後，如溺者處於昏迷狀態，應立即進行現場急救。

三、自我救護

自我救護一般是指自身在水中發生意外或被溺者抱住時所採取的自救方法。在水中發生意外事故時，要沉著、冷靜，按一定的方法進行自我救護，必要時可發出呼救信號，以便及時得到他人的援救與幫助。自我救護一般分為水中自救和水中解脫兩個部分。

(一)水中自救

游泳時如遇肌肉抽筋等突發事故，首先要保持鎮靜，不要慌亂，要及時呼救，並按下列方法進行自救。

1.肌肉抽筋

在水中自我解除抽筋的方法是拉長抽筋的肌肉，使收縮的肌肉鬆弛和伸展，具體方法如下：

（1）小腿抽筋時，先使身體成仰浮姿勢，用抽筋異側的手抓住腳趾用力向身體方向拉，同時再用同側的手壓抽筋腿的膝蓋，用力拉壓，使抽筋腿盡量伸直（圖 8-27a）。待情

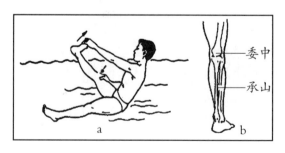

圖 8-27

況減輕時，游向池（岸）邊上岸。上岸後，可以用拇指、食指或中食指尖用力揉捏承山穴或委中穴（圖8-27b），幫助恢復正常。

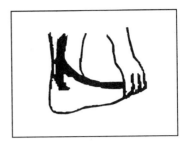

圖 8-28

（2）腳趾抽筋時，用力向抽筋部位的反方向拉腳趾（圖8-28）。

（3）大腿抽筋時，如果是股四頭肌抽筋，身體應成仰浮姿勢，然後屈膝團身，兩手抱住小腿或腳背處向後拉，腳跟盡量靠近臀部，使抽筋肌肉伸直。上岸後再輕揉肌肉僵硬的部位，以恢復為止（圖8-29）。如果是股二頭肌抽筋，則身體仰浮，然後一手抓住踝關節，另一手壓住膝關節，盡量向面部方向拉，並在抽筋部位用力揉捏，直到恢復為止。

圖 8-29

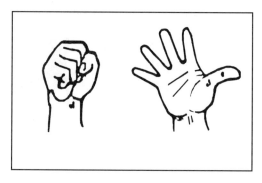

圖 8-30

（4）手指抽筋時，先用力握拳，再迅速用力張開（圖
8-30），並向後壓，反覆多次，直至復原。然後用另一手的
拇指按摩合谷、內關和外關穴，以幫助恢復。

2.預防措施

（1）身體不適或疲勞時，不宜下水。
（2）下水前，要做好充分的準備活動。
（3）水溫過低時不宜下水。
（4）空腹、飯後或劇烈運動後不宜立即下水。

(二)水中解脫

救護者或游泳者在水中萬一被溺者抱住或抓住，可能會
造成生命危險，因此，要懂得解脫求生方法，以避免不幸事
故的發生。解脫是利用反關節和槓桿原理，掙脫溺者的抓和
抱。解脫時動作要快，要突然而熟練。水中解脫時一定要注
意：第一，放鬆下沉，被溺者抓時切忌對抗。第二，在下沉
過程中，摸清被抓情況，迅速確定解脫方法。第三，做好解
脫準備，解脫手法到位。第四，除扭轉頭部的解脫手法要緩

慢施加力量之外，其他解脫手法應迅速而突然。第五，解脫後應有利於控制溺者，避免第二次被溺者抓住。

下面介紹幾種常見的水中解脫方法：

1. 推蹬解脫

離溺者非常近，被溺者抓住或抱住時，可採用兩種解脫方法：

（1）躲閃法。一手或雙手快速用力推離溺者，躲閃求生（圖8-31）。

（2）腳蹬離法。以單腳或雙腳蹬踹溺者，並迅速仰游後退（圖8-32）。

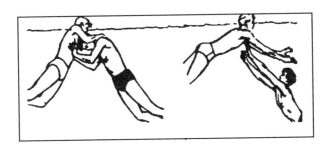

圖 8-31

圖 8-32

2.托肘解脫

被溺者從後面抱住頸部時，可深吸一口氣，收下頜，同時上體後仰，一手抓住溺者的手腕，沿拇指方向扭轉（圖8-33a），另一手托住溺者的肘關節向上推，同時低頭從溺者腋下脫身（圖8-33b），然後順勢抓住溺者手腕將其拉至身前，以便控制溺者（圖8-33c）。

圖8-33

3.扳指解脫

被溺者從後面攔腰抱住時，可用兩手分別抓住溺者的左右手指（食、中指）用力拉開，並用一手控制溺者（圖8-34）。

4.外撐解脫

被溺者從後面連同兩臂攔腰抱住時，兩腿要用力向下蹬夾

圖8-34

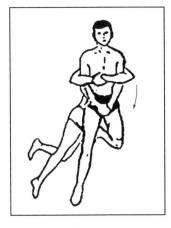

圖 8-35

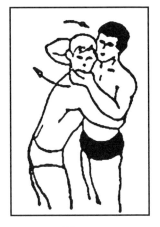

圖 8-36

水，使身體位置升高（圖 8-35），深吸一口氣，兩臂用力外展，同時突然下沉，從溺者兩臂中間脫身。

5. 推扭解脫

被溺者從正面攔腰抱住時，可用一手按住溺者的頭後部，另一手托住其下頜，向左（右）扭轉其頭部（圖 8-36），使其背向救護者。扭轉頭部時，動作要緩慢。

四、現場急救

溺者被救上岸後，救護者首先應保持冷靜，不要慌張，及時撥打急救電話（120），然後再根據溺水的輕重程度及現場可供應的一切設備或人員，立即進行現場急救，直至交給醫務人員為止。現場急救一般包括搬運和心肺復蘇術兩個部分。

(一)搬　運

所謂搬運，是將溺者救上岸後，立即把溺者搬運到平坦

的地方或急救室進行急救。在搬運時應使溺者感覺舒適和安全，並根據其溺水的輕重程度，採取最適宜的搬運方法。搬運一般分為單人搬運和雙人搬運兩種。

下面主要介紹單人肩背法。

肩背法是當溺者已失去意識或喝水過多，搬運距離較近時採用的一種方法。救護者將溺者提拉上岸後坐於池邊（圖8-37a、b），然後右手托溺者雙膝，左手扶住溺者頸部，使其轉體180°面對救護者，右腿（以右肩上肩為例）插入溺者兩大腿之間，兩手順勢由溺者腋下穿過交叉相握（圖8-37c、d），上臂緊夾溺者向上提拉，使溺者坐於救護者的大腿上（圖8-37e），再用左手牽拉溺者的右臂，右手抄襠上肩（圖8-37f、g）。上肩後用右手抓住溺者的右上臂，左手保護溺者的頭部站起（圖8-37h）。

如果搬運距離較遠，則中途採用接力搬運，接力搬運方法見圖8-37i。到達目的地後，按上肩動作的逆順序放下，這時應特別注意保護好溺者的頭部（圖8-37j、k）。

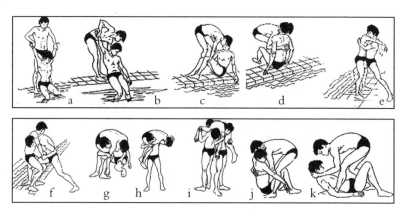

圖 8-37

（二）心肺復蘇術

所謂心肺復蘇術，是指人體呼吸及心跳停止時，以吹氣式人工呼吸配合胸外按壓進行急救溺者的一項專門技術。

當溺者呼吸呈微弱不穩定狀態或呼吸及心跳停止時，如不立即採取心肺復蘇術，溺者將會在 4～6 分鐘後死亡。因此，能否恢復溺者的生命，主要取決於分秒必爭地對溺者進行心肺復蘇術的急救。

心肺復蘇的操作步驟：

第一步，將溺者救上岸後，使其仰臥硬板或躺在地板上，頭低腳高。然後以輕拍或搖晃加喊叫的方式，判斷溺者的意識是否清醒，如果已處於無意識狀態，則應立即進行急救。同時呼叫他人協助，呼叫急救電話。

第二步，暢通呼吸道。將溺者救上岸後，要立即清除其口鼻腔內污泥、雜草、嘔吐物，保持其呼吸道通暢，改善肺的通氣功能；救護者一隻手放在溺者額頭上，使頭後仰；另一隻手手指將其下頜骨上提（或托頸部，將頸上抬），或抓緊其下巴前方的組織，或以手指提起下巴和牙齒將下頜提起（圖 8-38a、b）。當溺者尚有呼吸、心跳，但有明顯呼吸道

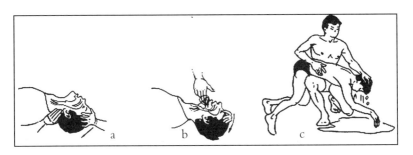

圖 8-38

阻塞時，可先倒水。倒水方法：將溺者腹部置於救護者屈膝的大腿上，使其頭部下垂，然後按壓背部，使其口咽及氣管中的水分迅速流出（圖 8-38c）。如經過肩背運送則不必再倒水。

第三步，檢查溺者有無呼吸和心跳。判斷有無呼吸的方法是聽溺者口鼻的呼吸聲或用面頰感覺呼吸氣流（圖 8-39a），看其胸部或腹上部呼吸時的上下活動。判斷有無心跳的方法是觸摸頸動脈（圖 8-39b）。

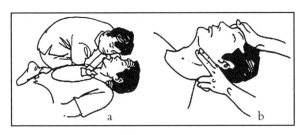

圖 8-39

第四步，根據檢查結果，實施急救。若溺者有心跳無呼吸，則按 EAR（人工呼吸）的方法搶救。人工呼吸有幾種方法，其中口對口的人工呼吸是最有效的方法。口對口人工呼吸的步驟和方法是：

① 放在溺者額部的手向下移到鼻部，用大拇指和食指捏緊溺者鼻子防止漏氣。

② 吸一口氣，張開嘴，將氣平緩地吹入溺者的口內，其胸廓緩緩抬起（圖 8-40）。

③ 吹氣完畢，離開溺者的

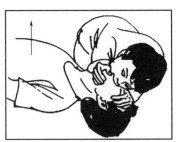

圖 8-40

口部，放開捏鼻子的手指，然後再吸一口氣，再吹一次，使溺者排出肺內的氣體。

　　進行人工呼吸時，可先吹兩口氣，待確認氣道通暢後，再進行有效的人工呼吸。每次吹氣量為 800～1200 毫升，這要根據溺者的體型而定，給大個子溺者吹的量要大。每次人工呼吸一次，歷時約 2 秒鐘（包括吹氣和溺者呼吸）。對成人進行人工呼吸，每 5 秒鐘一次，每分鐘 12 次。對幼兒或兒童則吹氣量以胸廓隆起為準，吹氣頻率為每分鐘 14～16 次。

　　若溺者嘴很髒，可先在其口部放一塊單層手絹，然後再做人工呼吸。若溺者緊閉，無法張開，則可採用口對鼻的人工呼吸。人工呼吸一定要在氣道開通的情況下進行，向溺者肺吹氣不能太急太多，僅需使其胸廓隆起即可。

　　以上操作一定要正確，勿使氣體進入溺者的胃部，以免使其胃擴張，引起胃內容物進入氣管，導致心肺復蘇後發生難治的胃酸性肺炎。

　　若溺者無呼吸、無心跳，則按 CPR（心肺復蘇）方法搶救：救護者跪在溺者的一側（以右側為例），右手的手指沿肋弓滑到雙側肋緣的交叉點，即劍突部位，食指、中指放置該交叉點（圖 8-41）；左手的手掌根部與右手的食指平放，

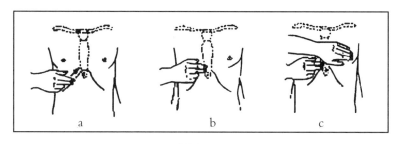

圖 8-41

手掌根部的橫軸與胸骨的長軸一致，右手的手掌根部放在左手的手背上，雙手重疊，手指不能觸及胸壁，雙手一起用力下壓（圖 8-42a）。雙肩位於溺者的胸骨正上方時，肘關節伸直，不能彎曲，以上身的上下擺動按壓溺者的胸骨（圖 8-42b）。按壓後放鬆要完全，雙手保持原位，不能離開胸壁。壓迫溺者胸骨使之向下 4～5 公分，每分鐘壓迫 80～100 次，雙手放鬆，胸骨復原，雙手不能離開胸壁，下壓和放鬆所需時間相等。

圖 8-42

對新生兒、嬰幼兒按壓方法：一隻手托其背，另一隻手兩個指尖壓迫胸骨做心臟按壓，每分鐘 100～110 次。孩子越小，按壓頻率越快，下壓距離為 2～3 公分。

對學齡前兒童應單手按壓，按壓頻率為每分鐘 80～100 次，下壓距離為 3～4 公分。

按壓頻率：單人操作和雙人操作（圖 8-43）的頻率是人工呼吸 2 次，胸外心臟按壓 15 次（80～100 次／分鐘）。對新生兒、嬰幼兒和學齡前兒童採用 1：5。

在搶救過程中，要檢查溺者頸動脈搏動，以證實胸外心臟按壓是否有效，並了解自發心跳是否恢復。起初一分鐘檢

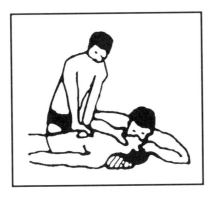

圖 8-43

查一次，以後數分鐘檢查一次，每次檢查不超過 5 秒鐘，若發現心跳達到每分鐘 50 次以上，自發呼吸恢復，即可停止胸外心臟按壓。呼吸仍然較弱時，要繼續進行人工呼吸。若呼吸和脈搏又消失，則應再次開始搶救，並盡快將溺者移交給醫務人員。

(三) 復蘇後的護理

溺者經過搶救後，自發性呼吸及心跳得以恢復，但意識及體力仍未復原，可協助溺者到空氣新鮮和流通的陰涼處休息，蓋好衣物保持體溫，也可喝少量的熱水以恢復體力，同時應盡快送醫院做進一步的處理及治療。

第三節　著裝游泳

著裝游泳是指身體在著裝的情況下意外落入水中所採用的自救、互救或救他人的一種游泳技術。

著裝游泳技術有蛙式、仰式、側式和自由式等姿勢，據

資料顯示，著裝游泳最適宜的姿勢為蛙式、仰式，也可交替使用兩種姿勢。

一、著裝游泳的基本要求

(一)技術要求

1. 蛙式：與正常蛙式有所不同，因著裝游泳在水中所受的阻力較大，容易下沉，手腿動作受到衣褲的限制，動作幅度較小，所以整個動作應緩慢進行，不可快速游進。

2. 仰式：身體仰浮水中，微收下頜，使口鼻露出水面，呼吸自然。手臂動作最好在水中划水，但划水幅度不宜過大，兩腿蹬反蛙泳腿較為省力而輕鬆，最好能夠利用身邊的浮具（雙手扶浮具）游進。

(二)著裝要求

1. 解開領扣，使呼吸暢通自然。

2. 翻出衣褲口袋，如果有時間，應盡可能把衣袖和褲筒捲疊到上臂和大腿的適當位置，並脫掉鞋襪，以減輕游進的阻力和負擔。

(三)多人著裝游泳的要求

1. 按游泳技術的好壞均勻搭配，利用或借助可靠的浮具游進。

2. 著裝游泳的人員間隔距離不宜過近或過遠，以能互相照顧和不妨礙個人動作為準則。

二、著裝游泳的技巧與注意事項

（一）當著裝落水時，首先要判斷離岸距離遠近，如果離岸較遠，則可以在水中脫掉衣服，以減輕身體負荷。

（二）當著裝落入正常水溫的水中時，凡限制動作的衣服均應脫掉。一般來說應先脫外衣，其次為鞋襪，最後脫長褲和內衣。切記不要胡亂撕扯身上衣物，以免造成麻煩。

（三）當著裝落入水溫較低的水中時，最好著裝保暖。為減少體溫下降，身體應保持屈體團身姿勢進行保暖（圖8-44）。

圖 8-44

（四）如果有能力，也可以利用脫下來的衣褲，將衣袖或褲筒打上結，使空氣流入筒中作為浮具輔助游進，這樣既能節省體力又能增大浮力。

（五）在練習著裝游泳或者在抗洪搶險之前允許做準備的情況下，應首先把領扣解開，將衣褲的口袋翻過來，然後把衣袖和褲筒平整地捲到上臂和大腿活動舒適的位置，同時將內衣的下緣放在褲子的外邊。其次將脫下的鞋襪綁在自己的腰上，以減輕水中游進時的阻力和負擔。

思考題：

1.何謂實用游泳？實用游泳包括哪幾種技術？各種技術的特點和作用有哪些？

2.何謂水上救護？水上救護有哪幾種？

3.何謂觀察？試述責任區的畫分及方法。

4.他人救護有哪幾種技術？岸上救護有哪幾種方法？在實際應用上應注意哪些問題？

5.涉水救護一般包括哪幾個環節？各個環節在操作上應注意什麼？

6.入水方法有哪幾種？試述各種方法的使用時機。

7.接近方法有哪幾種？試述各種方法的使用時機。

8.何謂拖帶？拖帶一般有哪幾種方法？拖帶時重點強調的是什麼？

9.上岸有哪幾種方法？在實際操作上如何使用？

10.何謂自我救護？肌肉抽筋常發生在哪幾個部位？各部位抽筋時應如何解除？在日常生活中怎樣預防？

11.最常見的水中解脫有哪幾種？解脫是利用什麼原理？試述各種解脫方法。

12.何謂心肺復蘇術？試寫出心肺復蘇術的步驟，並試述單人操作的程序。

13.何謂著裝游泳？著裝游泳對技術有什麼要求？著裝游泳時應注意哪些事項？

第九章

游泳場館的基本設施與管理

內容提要：

本章主要介紹游泳場館的基本設施、游泳教學訓練用器材、池水的衛生處理和監測以及游泳場館的保養與維修。透過本章的學習，使學生掌握有關游泳場館及其管理的基本知識。

第一節　游泳場館的基本設施

一、游泳池

(一)游泳池的位置選擇

游泳池應設在環境優美、水質潔淨、不受外界污染的相對獨立的地段。天然游泳場宜結合江河湖海等自然條件，選址應結合旅遊、度假、療養和集訓營地的開發，並注重生態環境的保護。海濱游泳場須有廣闊及坡度平緩的沙灘，在不破壞海灘自然景觀的前提下設置足夠的更衣、淋浴、休息和排污環保設施。游泳池設置地應為使用者提供方便的交通和停車條件。

(二)游泳場館分類

根據環境、使用要求以及項目，可將游泳場館分為以下三種。

1. 按環境分：天然游泳場、海濱浴場、室外游泳池、室內游泳池。

2. 按使用要求分：比賽池、教學訓練池、娛樂休閑健身池、康復醫療池、航天失重模擬訓練池。

3. 按項目分：游泳池、跳水池、潛水池、水球池、造浪池、滑梯戲水池、沖浪池、帆板風扇池。

(三)游泳比賽池的標準

1. 游泳池應長 50 公尺（短池長為 25 公尺），誤差範圍為 + 0.03 公尺，− 0.00 公尺。游泳池寬為 21 公尺或 25 公尺（奧運會和世界游泳錦標賽池寬為 25 公尺）。水深應在 2 公尺以上，兩端自水面上 30 厘米至水下 80 厘米的池壁必須結實、平整、防滑。游泳池與跳水池之間，至少應間隔 5 公尺（圖 9-1）。

基層比賽的泳池池寬不限，在出發端 1～6 公尺處，水深至少為 1.35 公尺，其他地方至少 1 公尺深。

2. 應在離水面 1.2 公尺的池壁上設休息臺，臺面寬為 10～15 厘米。池的四壁可設水槽（池的兩端如果設水槽，應按規定，在水面上 30 厘米處留有安裝觸板的地方，必須有鐵柵或擋板遮蓋水槽），水槽必須有調節閥以保證池內正常水位。

3. 游泳池內設八條泳道，由九條分道線構成，每條泳道寬 2.50 公尺。第一、九分道線距池邊 0.50 公尺或 2.50 公

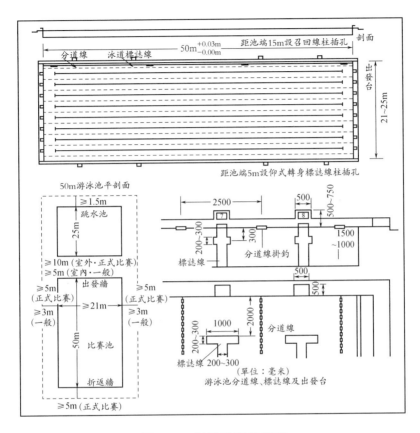

圖 9-1　游泳比賽池規格

尺。50 公尺池必須設有 25 公尺浮標標誌。各泳道中央的池底應有清晰的深色標誌線，池端目標標誌線應畫在兩端池壁上或觸板上，位於各泳道中央。

　　基層比賽的泳道寬不少於 2 公尺，兩側泳道距池壁距離不得少於 20 厘米。泳道數不限。

　　4. 出發臺正對泳道的中央，其前緣高出水面 50～75 厘米，與池壁在同一垂直面上。出發臺的表面積為至少 50 厘米

×60 厘米。臺面前傾不超過 10°，臺面厚度不得超過 4 厘米，否則出發臺兩側應有至少 10 厘米長、前端至少有 40 厘米長深入臺體的握手槽。出發臺必須有橫的和豎的握手器，設在出發臺上，高出水面 30～60 厘米。出發臺四周應用明顯的阿拉伯數字標明泳道號。

5. 出發召回線必須橫跨游泳池，並縛在離出發池端 15 公尺處的固定柱子上，距水面 1.2 公尺以上。仰泳標誌線為橫跨游泳池的旗繩。旗繩兩端固定在離游泳池兩端 5 公尺的柱子上，高出水面 1.80～2.50 公尺。

6. 游泳池照明

游泳池的燈光強度不小於 1500 勒克斯，基層比賽池為 600 勒克斯。室外場地光源應選琥珀色，以防止飛蛾等昆蟲的趨光性而掉落池造成污染。

二、游泳場館設施

（一）救生觀察臺、椅

這是游泳池必備設施。針對便於救生員工作時觀察特點的要求，推荐觀察臺高度為 1.8 公尺，臺面 1 公尺×1 公尺。除面對池一面外，三面有護攔扶手，臺面上有固定的可轉動方向的靠背椅，上下階梯應有扶手。室外池救生臺上應配置可防風遮雨的淺色尼龍布遮陽棚和支架，或可以調整角度的遮陽傘把插管。

（二）救生圈、救生擔架

每個救生椅、臺上必須掛置一個救生圈，室內游泳館，除救生椅上掛置外，池的四周也應在每側至少掛置一個。救生圈外周應有一環繞與圈相連堅固並便於抓握的尼龍繩。每個救生圈均應有一拋擲牽引繩，長度 15 公尺。

可在水中漂浮的救生擔架主要用於救助在水中受傷的溺水者。凡救助因跳水受傷的溺水者，為避免在水中救護拖帶過程中因頭頸背無法固定而使已傷部位再次受傷，應立即使用水中擔架，在傷者以仰臥姿勢平浮擔架上時作頭頸背固定，再脫離水面。

　　（三）安全線

　　安全線是淺水區與深水區的分界線，以提示游泳者勿擅自進入深水區。一般以分道線代用。

　　（四）水線繞線車。

　　（五）傷殘人和高齡人士使用的入水起水升降座椅。

　　（六）潛水用器具。

　　（七）競賽分道線。

　　（八）仰式轉身標誌線。

　　（九）搶碼召回線。

　　（十）電動計時裝置與電子屏幕。

　　（十一）水下揚聲器。

　　（十二）水球球門與場地線。

　　（十三）比賽用秒表。

　　（十四）比賽成績牌。

　　除以上設備外，游泳池館還應從自身的實際需要出發，並綜合其他項目場館設計布局的整體考慮，設置更衣室、存衣室、淋浴室、廁所、桑拿、蒸氣浴室、出入通道、售票門廳、管理救護人員辦公室、電氣和水處理工作間、器材設備存儲室、運動器材租賃室、小吃餐飲部、停車場等。

三、游泳教學訓練常用器材

　　游泳教學訓練用器材分為水上用器材和陸上用器材兩部

分。

(一)游泳教學訓練水上常用器材

1.划水掌

塑膠製品。使用時戴在手掌上，以增大手的截面，划水時阻力變大，達到發展上肢力量的目的，是游泳運動員水上訓練的輔助器材之一。

2.浮板

供練習腿部動作用，也可夾在雙腿間供划臂動作練習。規格可根據使用目的和對象而定。一般厚3～5厘米，常採用半月形和三角形浮板。材料一般為泡沫硬塑料、海綿板或空心塑料盒式板等浮力較好的原料，以體積輕巧、不吸水為佳。

3.腳蹼

橡膠製品。主要用於做上下鞭狀打水的腿部練習，由於有加大打水負荷的作用，所以，用來發展腿部力量和踝關節的柔韌性。在使用中要注意適當的運動負荷，否則容易造成踝關節損傷。

4.阻力衣、褲和腰帶

阻力衣、褲和腰帶是專供加強臂、腿力量訓練用。可在游泳衣、褲上附著朝前開口的袋，當游進時袋口張開，充滿水後起阻力作用，增加游進的負荷。

5.浮漂

由於初學者普遍有怕水的心理負擔，借助浮漂可以增加安全感，對學習游泳有一定的幫助。浮漂的種類很多，包括塑膠製成的可充氣的背心、套在兩上臂上的浮袖和套在腰上的背浮等。

6.呼吸管

呼吸管是蹼泳的專用器材，由塑料或者金屬製成。利用呼吸管可以幫助游泳者固定頭部姿勢和位置，專注於體會游泳動作，避免因呼吸動作不正確而造成的錯誤動作。

7.鼻夾

鼻夾由鋼絲或高強度塑膠製成，可以用來夾住鼻孔，從而避免用鼻進行呼吸產生的嗆水。但不宜過多使用，以免影響體會正確的游泳呼吸動作。

8.護目鏡

護目鏡是游泳教學訓練必備的輔助器材，由高強度塑料或硅膠做成。其種類繁多，可根據自己的臉形和眼眶的形狀挑選適合自己的護目鏡。現在有一些護目鏡具有一些特殊的功能，如防紫外線護目鏡、專為近視（或遠視）游泳者準備的近視（或遠視）護目鏡。

佩戴護目鏡可以避免游泳池池水與游泳者眼睛的接觸，從而減少傳染眼部疾病的危險。此外，由於佩戴護目鏡後可以在水中更清楚地看到水下的情況以及自己的動作，所以有利於減少危險事故的發生，對動作的學習和改進均有一定的

促進作用。

9. 救生桿

救生桿通常為紅或橙與白相間的竹製或木製長竿，長2～3公尺。在游泳教學課中，救生桿既是救生器材，又是教學的輔助器材。

10. 牽引類裝置

根據條件自製或購置一些訓練用的牽引裝置，如高彈性橡皮牽引繩、池邊滑輪配重架牽引、滑輪索道牽引等，作為訓練的輔助設備。

11. 池邊電子大鐘

訓練時，池兩端各放一個電子石英大鐘。運動員依據訓練課計畫來給自己計時，掌握游進速度、間歇和脈搏的關係，進行自我訓練評價，變被動訓練為主動訓練；還有助於教練員從計時中解脫，更多地關注運動員的技術和身體反應。

(二)游泳教學訓練陸上常用器材

1. 游泳練習凳

供陸上動作模仿用。練習者俯臥或仰臥在游泳練習凳上，體會游泳技術動作。

2. 鏡子

用途同上。便於練習者觀察自己的動作，改進技術，提高陸上模仿動作的質量。

3.傳統力量訓練器材

啞鈴、槓鈴、壺鈴、爬拉凳、臥推凳、肋木、實心球。特點：器材簡單，價格便宜，練習方法手段變化多樣，在專業力量訓練指導者的科學安排下，力量訓練可涵蓋人體運動的各項力量要求的範圍。上述器材雖然原始，卻十分有效。針對游泳力量訓練的特點，還可自製滑輪配重類的拉力器材，發展游泳的專項力量。

4.等動拉力器

等動拉力器由離心制動摩擦器與纏繞的尼龍繩和拉手把組成。練習器可固定在支架上或牆壁上，由上向下牽拉，也可置於游泳練習凳前方成水平狀態牽拉。由於它的離心制動作用，牽拉時速度增加，阻力負荷也隨之增加，可使參與動作的肌肉工作負荷也呈同步持續增加。

5.高彈性橡膠拉力帶

是競技游泳陸上訓練的傳統器材，適合蝶式、仰式、蛙式、自由式的臂部模仿性力量練習。拉力帶攜帶方便，練習時不受場地制約，負荷的輕重可依據橡膠帶的繃緊程度、練習站位與橡膠帶的粗細股數作隨機調整。而且橡膠帶在繃緊後開始完成模仿動作時，肩帶肌群的收縮順序和負荷刺激更貼近實際水中的划臂時肩帶肌群的用力過程。

6.聯合力量訓練器

隨著聯合力量訓練器的不斷改進與更新，自我選擇功能和調節重量功能更強。根據力量訓練任務與要求，在聯合力

量訓練器上，可採用單一動作練習針對性地提高某局部力量水準；也可採用成套動作練習，把不同功能、不同身體部位力量訓練有機組合和編排，按順序進行練習。

7.肋木和防水墊

肋木是游泳運動員發展柔韌性和力量的必備器材，而防水墊可供運動員在游泳館內進行專項性的墊上練習。

第二節　游泳場館的水質處理與衛生管理

為保證游泳者身體健康與衛生安全，並節約水資源，池水過濾與循環淨化是目前國內外普遍採用的游泳池給水方式。循環流程是：污染的池水收集→過濾→加氯消毒→加藥使 pH 值平衡→室內池加熱→經處理後的清潔水再進入游泳池。收集的污水經過濾罐反向沖洗排入污水管道。

一、游泳場館的水質處理

(一)游泳池水源

在經過當地自來水管理部門許可的前提下，自來水是游泳池水源的最佳選擇。如沒有自來水作為游泳池的水源，游泳池水也可有用井水、溪水、泉水或河水，但必須是經過化驗處理，達到飲用標準後才可使用。

如游泳池將海水作為游泳池水源，游泳池設計和循環系統的所有結構必須是由耐腐蝕材料構成的。取海水的途徑為打海井，使海水經地下的砂石過濾進入井內後再抽取入池，

以此途徑可提高海水的清潔質量和降低海水的鹽度。

(二)常用循環方式

游泳池常用循環方式有順流式循環、逆流式循環和混合式循環。

1.順流式循環

游泳池的全部循環水量由設在池壁水面以下的進水口泵入池內，由設在池底的回水口返回循環管道，經過過濾淨化消毒後再進入池內。

2.逆流式循環

將游泳池的全部循環水量，由設在池底的進水孔或均勻布置池底的孔眼配水系統注入池內，被污染的水由設在與游泳池水表面成完全水平的溢水減波槽流回進入循環淨化管道。處理後經池底再進入池內。

3.混合式循環

將游泳池全部循環水量中的一部分，從與池水表面完全水平的溢水減波槽中溢流回循環管道，另一部分水量從池底水槽溝回流，一併進入循環淨化管道，經處理後全部由池底或池壁底部送回游泳池內。

常用循環方式採用原則：配水均勻，不出現短流、渦流和死水區域，有利於全部池水的變換更新，有利於施工安裝、維修、運行和衛生保持。

(三)游泳池水循環過濾系統的流量

游泳池水的循環流量和週期，應根據游泳池的使用性質、游泳人數、池容積、水面積和循環淨化設備運行時間確定。

循環流量按以下公式計算：

$$W = aV / T = aNv - V / 24$$

其中，W＝游泳池的循環流量，m^3 / h（立方米／小時）。

a＝管道和過濾設備水容積附加系數，通常為 1.1～1.2。

V＝游泳池的容積，m^3。

T＝游泳池水的循環週期，即池水全部循環一次所需時間（單位：小時）。

N＝每天循環次數。

(四)吸污盤

室外游泳池和無循環過濾設備時，游泳池的池底清污需用吸污盤來完成。吸污盤按設備的不同，一般分為抽水泵式、潛水泵式和虹吸式（圖 9-2）。

1. 泵式吸污盤

它的設備為電動機、抽水泵和開關，這些裝置都在手扶小推車上，抽水管連接吸污盤，排水管口置於池邊污水管溝。抽水管灌滿引水後，即可開啟水泵，拉動池底的吸污盤吸污。

2. 潛水泵吸污盤

將潛水泵裝在吸污盤上，排水管從潛水泵直接引向池岸

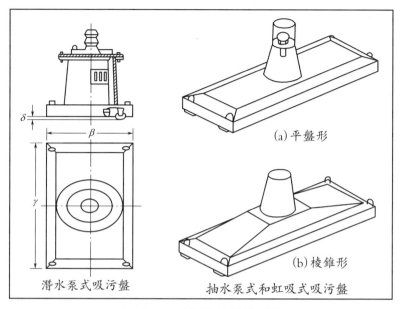

(a) 平盤形

(b) 棱錐形

潛水泵式吸污盤　　　抽水泵式和虹吸式吸污盤

圖 9-2　吸污盤的結構形狀

上的排污管溝。缺點為吸盤自重增加，上下岸不便，且易損傷池沿瓷磚表面，牽拉時相對沉重，勞動強度大。

3. 虹吸式吸污盤

利用虹吸原理，排水管道深度比池底最深處負 2～2.5 公尺，使用時將吸污排水管接在游泳池外或內沿的虹吸口上，向排水管內充水，待排水管內全部充水後，排水管略下沉，此時開啟閥門即可開始吸污。

優點是不需要使用其他能源動力。其虹吸排水量取決於池底與地下管道的負位差，以及管道的直徑和長度，在使用時可通過控制閥門調整所需的排水量。

4. 吸污泵

用於游泳池的吸污泵揚程不需要太高（小於 15 公尺），而流量要求較大，一般為 30～60 立方米 / 小時，因此，選用水泵可依據水泵工作原理選擇軸流式即可滿足要求。

5. 膠管與漂浮支撐物

置於池內。用於吸污的吸水管長 30 公尺，直徑 3～4 寸，可用於 50 公尺 × 25 公尺池，短池依池寬而定。可採用有撓性、不纏繞打結的 PVC 塑膠管，或橡膠夾布鋼絲管。接頭可選用口徑相同的消防水管接頭。

膠管每隔 4～6 公尺繫一漂浮支撐物，可用汽車車輪內胎、塑膠打水板或已作廢的籃、排、足球。

牽拉繩多為耐水泡、耐腐蝕的丙綸繩，它柔軟結實，人工長時間牽拉而不磨手。

6. 操作要點

一般在清晨吸污，否則池水隨氣溫的變化產生溫差而上下對流，易造成沉澱物翻動上浮，降低沉澱效果。

從淺水處開始繞池周邊先吸一圈，將池內周邊的沉澱物吸排乾淨。然後由淺至深，使吸污盤沿池橫軸往復移動，直至將整個池底的沉澱物全部吸完為止。

在吸污前，應認真檢查電氣線路和接地線，如需人員下水處理吸污盤內纏繞雜物，則必須先切斷電源。如為潛水泵吸污盤，則吸污時嚴禁任何人員下水。

(五)游泳場館的化學消毒處理

符合衛生標準的池水主要取決於以下三個環節:第一,過濾;第二,消毒;第三,水質的化學平衡。

這三個環節中任一個環節出現差錯,都會影響到水質的衛生潔淨程度。游泳池所發生的溺水事故多與泳池水質不清相關,它導致救生員無法及時察覺和判斷水下的異常情況,所以國家對人工游泳池池水水質提出了相應的嚴格衛生要求(表9-1)。

兒童池水不得與游泳池相連,開放時不斷加入含餘氯0.3～0.5mg／l的新水。

浸腳消毒池含餘氯量應為5～10mg／l,須4小時更換一次。

表9-1　人工游泳池水質衛生標準

項　　目	標　　準
室內游泳池池水溫度（℃）	22～26,兒童池24～29
pH 值	6.5～8.5
渾濁度（度）	≦5
尿素（mg／l）	≦3.5
游離餘氯（mg／ml）	0.3～0.5
細菌總數（個／ml）	≦1000
總大腸菌數（個／l）	≦18
有毒物質	參照 TJ 36—79《工業企業設計衛生標準》中地面水水質衛生標準執行。

1.游泳池池水常用消毒劑

（1）液氯

氯氣（Cl_2）是一種黃綠色的劇毒氣體，比空氣重 2.5 倍，在常壓下液化點為 $-33.6℃$。在 $0℃$ 壓力大於 3.66 個大氣壓時轉變成液體，呈琥珀色，此時，每升液氯的重量為 1468.4 克。氯氣在水中的溶解度與溫度成反比，氯氣液化後的比重比水約大 1.2 倍。液氯氣化後，在濃度為 0.4PPm 或 0.6PPm 時，是最為經濟有效的氧化劑和消毒劑。

（2）臭氧

臭氧是由 3 個原子構成的另一種形式的氧分子，可稱為氧的同素異性體，其分子式為 PO_3，而空氣中的氧分子只有兩個原子。臭氧極不穩定，分解時放出新生態的氧。

$$O_3 → O_2 → 〔O〕$$

〔O〕具有強氧化能力。作為氧化劑，臭氧可排除水中的異味和顏色。大量的研究結果證實，臭氧可殺滅水中所有已知的細菌和病毒。最新的醫學研究發現，臭氧可使癌細胞死亡。

2.絮凝劑與絮凝處理

池水經過過濾和消毒處理仍呈現渾濁的現象，是一些懸浮在水中的很細微的黏土顆粒、微生物和有機顆粒造成的。

（1）混凝劑

混凝劑主要為鋁鹽和鐵鹽兩大類，同屬無機混凝劑，用於游泳池的處理，對人體沒有影響和損害。

① 硫酸鋁

分精製與粗製兩種，精製的硫酸鋁含無水硫酸鋁 50%～

58%，粗製的含無水硫酸鋁 20%～30%。

使用時配製成 10%～20%的溶液，pH 值約為 4，為酸性溶液。游泳池水 pH 值要求在 7.2 範圍內，如果偏低，則須補加鹼液。

② 聚合氯化鋁（PAC）

又稱鹼式氯化鋁或羥基氯化鋁。其液體產品的氧化鋁含量為 10%～11%，固體產品的氧化鋁含量約為硫酸鋁 3 倍。聚合氯化鋁淨化效率高，用藥量少，對水的 pH 值要求範圍寬（pH＝5～9）。結絮大，沉澱快，沉澱物在陽光照射下不泛起，對非循環過濾的簡易游泳池尤為實用。

（2）pH 值對混凝的作用

混凝劑由於水解作用，水中氫離子的數量增加，加之氯化處理消毒，更加提高了水的酸度，結果是水的 pH 值降低，在這種酸性狀態下，投入的混凝劑難以形成更多的氫氧化鋁懸膠體。因此，在作混凝處理前，應對池水進行鹼化處理，使 pH 值上升，以保證混凝處理的效果。

(六)水藻及其預防控制

水藻是單細胞或多細胞絲狀體綠色植物，進入游泳池的途徑一般是雨水或風所攜帶的灰塵中有水藻孢子。當游泳池水游離餘氯低於 0.2PPm、水溫在 26.6℃ 以上、水中富含氨氮類化合物和溶解的 CO_2 時，在水中的 pH 值相對偏高的狀態下，孢子的繁殖速度十分驚人，它可在 24～28 小時將游泳池水面全部覆蓋成水藻，這種情況尤其是在夏季 7～8 月份多會出現。

按以下預防措施實施可以有效地控制藻類的爆發與生成：

1. 平時，將水中游離餘氯保持在 1.0PPm，pH 值保持在

7.2～7.6 之間。

　　2. 每週保持一次 24 小時不間斷的循環過濾。

　　3. 非過濾游泳池，在 7～8 月份時，每天抽底一次。

　　4. 在水質 pH 值檢測時，發現 pH 值突然變高，又無其他影響原因時，預示水藻孢子在肉眼不能觀察到的情況下開始進入大量繁殖階段。

　　凡使用液氯作為消毒劑的游泳池，不鼓勵使用硫酸銅作為除藻劑，原因是研究發現，硫酸銅對人體有潛在的不安全的影響因素存在。

二、游泳場館的衛生管理

　　游泳池是個公共活動場所，開放期間出入人數眾多。在游泳過程中，人們接觸的機會多，對整個游泳池，尤其對游泳池內的水，如果管理不善，就會造成眼結膜炎、腸道傳染病、真菌病的傳播和流行。這樣，游泳池就會成為傳播疾病、損害身體健康的場所。因此，游泳池每年開放前必須取得當地衛生行政部門發放的衛生許可證。

(一)設施管理

1. 游泳用水水質處理設施的管理

　　放入游泳池的水質應符合國家《生活飲用水水質標準》。根據設備能力、池水使用時間及水質惡化程度來確定每日池水循環次數及運轉時間。水質消毒人員，在開場期間應於每場及場中採樣檢測池水。游泳場館常用測定指標為 pH 值、渾濁度、耗氧量、餘氯、尿素、池水溫度、細菌總數、大腸菌群、藻類、氨氮等。如不符合衛生要求，則應根據池

水的實際情況，開始循環消毒。

2. 游泳者洗淨消毒設施的管理

游泳者在入游泳池前，必須經過淋浴洗去體表污物。同時，為防止腳癬的傳播，浸腳池內應保持有 5～10 毫克 / 升的有效氯，而且每 4 小時更換消毒池水一次。

3. 游泳池、涉水池及池外通道的管理

游泳池於每日開放或散場後，用專用工具將溢水槽、池壁、通道以及池邊走道洗刷一遍。涉水池在開放期間，應不斷有餘氯 0.3～0.5 毫克 / 升的清水注入，並且至少兩天徹底清刷換水一次。

4. 衛生設施的管理

開放期間，廁所應保持清潔，可以以含 0.3%～0.6%有效氯的消毒液消毒。更衣室、售票廳、池邊等處的痰盂、果皮箱應及時清理及洗擦。同時保證飲用水的供應。醫務室應備有監護及急救的藥品、器材等。更衣室、休息室、遊藝室等應保持室內空氣新鮮，地面清潔，以濕式方式清掃。

(二)人員管理

1. 對游泳者的管理

入池游泳必須持有當年的健康合格證，患有傳染病和不適合游泳的疾病者，不得參加游泳。禁止酗酒者入池游泳，游泳者應穿著不脫色的泳衣、褲，禁止穿白色的泳衣、褲。

在天然游泳場水域內，每一成人所佔水面不低於 $4m^2$，

兒童不低於 $3m^2$。游泳者要遵守游泳衛生制度，減少對池水的污染。

2. 對游泳池工作人員的管理

游泳場館的工作人員不但要熟練業務，更重要的是必須具有較強的責任感和事業心。游泳場館的工作人員每年都要進行體檢，取得健康合格證。此外，工作人員應加強業務和衛生知識的學習，每個人的工作都應該有明確的分工。

3. 規章制度的建立

為了能使衛生安全工作順利地進行，游泳池內必須有完整的、行之有效的各種規章制度及各個環節的工作程序規範，並且於每年在開放前，按照游泳場所衛生管理條理的各項要求核實部署一次。

第三節　游泳場館的保養與維修

除了對游泳場館的衛生進行管理外，對游泳池本身的管理也是重要的工作內容。因為游泳池的保養和維修是節約資金、延長游泳池使用壽命、保證游泳者安全的一項措施。同時，它對群眾性游泳活動的開展以及教學訓練工作的進行，都有直接的影響，因此必須充分重視。

一、游泳池給水、排水管道的維修與養護

加強對游泳場館給水、排水管道的維修和養護，是保證

游泳場館正常使用的重要措施。維修和養護工作做得好，對提高經濟效益和節省開支能夠獲得較好的效果，如果長期忽視維修和養護，不僅會造成很大的用水浪費，而且會因為管道常年失修出現故障而直接影響游泳場館的正常使用。

（一）檢修保養人員對負責檢修的給水、排水管道應有全面的了解，如對各個管線的走向、各控制閥門（包括閥門井和設在地面以上的各個控制閥門）的位置，都應該知道得很清楚，以利於進行正常的檢修保養工作。

（二）檢修保養人員對所負責檢修的給水、排水管道，應經常注意檢查各上、下水井口（包括閥門井和下水井）封閉是否嚴實，以防雜物落入井中，給檢修保養工作造成麻煩；注意樓板、牆壁、地面等處有無滴水、洇水、積水等異常現象，如發現確有管道漏水情況，應及時進行修理，以防損壞建築物和有礙環境衛生。

（三）廁所、漱洗室是衛生設施比較集中和管道縱橫排列較多的地方，應作為檢查的重點，而且做到勤檢、勤修、勤養護。

（四）裸露的管道，須定期檢查和塗刷防腐塗料，以延長管道的使用壽命。

（五）對一般的控制閥門，應經常進行開關實驗和檢查，以防啟用時開不動或關不嚴。

二、游泳池停開季節和冬季室內游泳池的檢修與保養

對停開季節的游泳池如果檢修與保養不夠，開放時容易出現故障。

(一)對游泳池本身的養護

對冬季游泳池保護，最難辦的是池內是否放水的問題。游泳池一般建築在地面以下，過了游泳季節，如果一段時間池內無水，因周圍土壓，池子容易出現裂縫。可是如果池中有水，勢必會產生藻類，在寒冷地區甚至會結冰，這對游泳池也是一種損害。以下根據長江南北的氣候特點，介紹幾種游泳池的養護方法。

1.室外游泳池的養護

（1）乾式養護法：游泳池停用後，將水放掉，刷洗乾淨。然後在氣溫下降到0℃時，可用以下兩種方法對游泳池進行防凍措施和加強冬季結冰期的養護。

① 用草墊子或稻草包鋪蓋在池底和懸掛在池壁上，然後用塑膠料薄膜再覆蓋一層。

② 用雙層塑膠料薄膜覆蓋池底和池壁。

（2）水式養護法：在游泳池內注水過冬。此方法適用於冬季無結冰期或結冰期較短的地區，其優點是費用少，管理方便。也可在池中飼養一些適合本地區生長的魚類，以增加收入。不足之處是藻類、水鏽增多，給來年夏季游泳池使用前的刷洗工作增加一定的工作量。

採用水式養護，並不等於池子放滿水就不用管理了。在氣溫0℃時，還應加強對池子的養護，否則會因為池水的結冰而造成對泳池的損壞。

水式保養游泳池的防凍方法：

① 保持游泳池周圍的環境衛生，經常打掃和打撈池內水面的雜物，減少雜物的漂浮和堆積。

② 在游泳池四周的池壁上懸掛草墊,防止因結冰而凍壞泳池。

③ 結冰期內,使用大木槌砸碎浮冰,使冰層不能連接。

2. 室內游泳池的養護

室內游泳場館,應裝有一套完整的加熱、通風(冬季送暖風,夏季送冷風)和保暖設備,這樣才能滿足游泳池溫度的需要。

水溫的保持,除了每天要根據水溫散發的情況適當加熱外,還要依靠室內氣溫的保持。如果室內氣溫低於水的溫度,池水熱量的散發就快,而且室內頂棚和牆壁上會出現滴水的現象,容易腐蝕建築物;如果室內溫度過高,會出現悶熱,使游泳者游泳時感到呼吸不適。一般室內游泳池的溫度以室溫高於水溫 $2 \sim 3 \, ^\circ\mathrm{C}$ 為宜,這樣,水溫就不容易散發,池水就可以經常保持適當的溫度。

(二)循環過濾系統的養護

用循環過濾裝置淨化水時,過季以後如保養不好,在來年開放時,容易出現問題。為了防止循環管內部的腐蝕,可以在金屬管道內加剩餘聯氨,以防止因溶解氧引起的腐蝕。為防止沙土從進、排水口混入到配水管內沉澱,要在管道開口處堵上橡皮塞子。這樣還能延長聯氨在管道內的時間。

藥品的溶解池、混合池、貯水池等都要用水沖洗乾淨,不能有藥物殘留,以防腐蝕。如果有水垢成型,可以用清灌劑去除。閉池後應將露天設備的附屬設備,如噴頭、飲水器等拆下保存好,以免被雨露所腐蝕。

閉池期間,過濾機要充分水洗,檢查濾料情況,必要時

更換。用鐵、錳含量高或鹼度含量高的水時,更應對濾料深部注意探查。

　　游泳場館所使用的消毒劑應妥善保管,避免風吹日曬,以防止藥品失效。

　　思考題:

1.畫一個 50 公尺游泳池的平面圖。

2.游泳場館的分類。

3.游泳場館的設備。

4.游泳池常用的循環方式。

5.游泳池池水常用的消毒劑。

6.游泳池池水的監測項目及其正常範圍值。

7.游泳池循環過濾設備的保養。

8.人工游泳池水質衛生標準是什麼?

9.游泳場館衛生管理的意義何在?

附錄一 世界、亞洲、中國游泳紀錄（50公尺池）

截止到 2006 年 12 月 31 日

項目	世界紀錄 成績	世界紀錄 姓名	世界紀錄 國家	亞洲紀錄 成績	亞洲紀錄 姓名	亞洲紀錄 國家	全國紀錄 成績	全國紀錄 姓名	全國紀錄 地區
男									
50公尺自由式	21.64	亞歷山大·波波夫	俄羅斯	22.18	山野井智廣	日	22.33	蔣丞稷	上海
100公尺自由式	47.84	霍根班德	荷蘭	49.56	陳祚	中	49.56	陳祚	北京
200公尺自由式	1:44.06	伊恩·索普	澳洲	1:47.51	朴泰恒	韓	1:47.85	張琳	北京
400公尺自由式	3:40.08	伊恩·索普	澳洲	3:45.72	朴泰恒	韓	3:48.72	張琳	北京
800公尺自由式	7:38.65	格蘭特·哈克特	澳洲	7:55.11	松田丈志	日	8:04.10	張琳	北京
1500公尺自由式	14:34.56	格蘭特·哈克特	澳洲	15:00.27	張琳	中	15:00.27	張琳	北京
50公尺仰式	24.80	托馬斯·拉普拉斯	德國	25.18	歐陽鯤鵬	日	25.18	歐陽鯤鵬	江西
100公尺仰式	53.17	埃明·佩爾索	美國	53.85	森田智己	日	54.09	歐陽鯤鵬	江西
200公尺仰式	1:54.44	埃明·佩爾索	美國	1:57.17	中野智高	日	1:57.91	歐陽鯤鵬	江西
50公尺蛙式	27.18	奧利維索戈爾	烏克蘭	27.78	北島康介	日	27.83	曾啟亮	廣東
100公尺蛙式	59.13	漢森	美國	59.78	北島康介	日	1:01.66	曾啟亮	廣東
200公尺蛙式	2:08.05	漢森	美國	2:09.42	北島康介	日	2:13.68	賴忠堅	海軍
50公尺蝶式	22.96	諾蘭德·斯其爾曼	南非	23.86	周嘉威	中	23.86	周嘉威	廣東
100公尺蝶式	50.40	伊克爾·克洛克	美國	52.27	山本貴司	日	52.70	周嘉威	廣東
200公尺蝶式	1:53.80	遠克爾·菲爾普斯	美國	1:54.56	山本貴司	日	1:55.78	吳鵬	浙江
200公尺混合式	1:55.84	遠克爾·菲爾普斯	美國	1:59.81	松田武	日	2:00.59	曲皈宇	解放軍
400公尺混合式	4:08.26	遠克爾·菲爾普斯	美國	4:14.79	三木二郎	日	4:15.38	吳鵬	浙江
4×100公尺自由接力	3:12.46	南非隊		3:19.20	日本隊		3:20.52	中國隊	
4×200公尺自由接力	7:04.66	澳洲隊		7:13.60	日本隊		7:21.74	中國隊	
4×100公尺混合接力	3:30.68	美國隊		3:35.22	日本隊		3:39.29	中國隊	

（接讀表）

（續表）

項目	世界紀錄			亞洲紀錄			全國紀錄		
女									
50公尺自由式	德布魯因	24.13	荷蘭	樂靖宜	24.51	中國	樂靖宜	24.51	上海
100公尺自由式	亨利·米迪	53.30	澳洲	樂靖宜	54.01	中國	樂靖宜	54.01	上海
200公尺自由式	范·阿爾梅濟克	1:56.64	德國	呂彬	1:56.89	中國	呂彬	1:56.89	遼寧
400公尺自由式	珍妮特·埃文斯	4:02.13	美國	陳妍	4:05.00	中國	陳妍	4:05.00	遼寧
800公尺自由式	珍妮特·埃文斯	8:16.22	美國	山田沙知子	8:23.68	日本	陳樺	8:25.36	浙江
1500公尺自由式	珍妮特·埃文斯	15:52.10	美國	山田沙知子	16:06.13	日本	陳樺	16:13.01	浙江
50公尺仰式	簡娜妮·皮基亞 赫拉西梅尼亞	28.19	德國 白俄羅斯	高暢	28.31	中國	高暢	28.31	山東
100公尺仰式	納塔莉·庫格林	59.58	美國	賀慈紅	1:00.16	中國	賀慈紅	1:00.16	解放軍
200公尺仰式	艾蓋爾蓋吉	2:06.62	匈牙利	賀慈紅	2:07.40	中國	賀慈紅	2:07.40	解放軍
50公尺蛙式	佳德·艾蒂米斯基	30.31	澳洲	羅雪娟	30.64	中國	羅雪娟	30.64	浙江
100公尺蛙式	雷斯林·瓊斯	1:05.09	澳洲	羅雪娟	1:06.64	中國	羅雪娟	1:06.64	浙江
200公尺蛙式	雷斯林·瓊斯	2:20.54	澳洲	齊暉	2:22.99	中國	齊暉	2:22.99	海軍
50公尺蝶式	安娜·卡琳·卡默林	25.57	瑞典	周雅菲	26.30	中國	周雅菲	26.30	解放軍
子									
100公尺蝶式	德布魯因	56.61	荷蘭	周雅菲	58.32	中國	周雅菲	58.32	解放軍
200公尺蝶式	斯基佩爾	2:05.40	澳洲	中西悠木	2:06.52	日本	劉黎敏	2:06.77	湖北
200公尺混合式	吳艷艷	2:09.72	中國	吳艷艷	2:09.72	中國	吳艷艷	2:09.72	廣西
400公尺混合式	雅娜·克羅切科娃	4:33.59	烏克蘭	陳妍	4:34.79	中國	陳妍	4:34.79	遼寧
4×100公尺自由接力	德國	3:35.22	德國	中國隊	3:37.91	中國隊		3:37.91	中國隊
4×200公尺自由接力	德國	7:50.82	德國	中國隊	7:55.97	中國隊		7:55.97	中國隊
4×100公尺混合接力	澳洲	3:56.30	澳洲	中國隊	3:59.89	中國隊		3:59.89	中國隊

附錄二　游泳運動員等級標準（2001年9月1日執行）

男子	國際級健將		運動健將		一級		二級		三級		少年級	
	50公尺池	25公尺池	50公尺池	25公尺池	50公尺池	25公尺池	50公尺池	25公尺池	50公尺池	25公尺池	50公尺池	25公尺池
50公尺自由式	22.54	21.54	23.50	22.50	24.50	23.50	27.50	26.50	34.50	33.50	45.50	44.50
100公尺自由式	49.66	48.16	52.31	50.81	55.50	54.00	1:05.00	1:03.50	1:22.00	1:20.50	1:43.00	1:42.00
200公尺自由式	1:49.36	1:45.86	1:53.41	1:49.91	2:03.00	1:59.50	2:23.00	2:19.50	2:56.00	2:52.50	3:44.00	3:40.50
400公尺自由式	3:52.79	3:45.79	4:05.24	3:58.24	4:21.00	4:14.00	5:06.00	4:59.00	6:16.00	6:11.50	7:52.50	7:46.00
800公尺自由式	8:06.55	7:52.55	8:30.00	8:16.00	9:02.00	8:48.00	10:32.00	10:18.00	13:12.00	12:58.00		
1500公尺自由式	15:19.22	14:54.22	16:10.00	15:45.00	17:20.00	16:54.00	20:15.00	19:50.00	24:45.00	24:20.00		
50公尺仰式	26.29	25.29	28.03	27.03	30.50	29.50	35.50	34.50	43.00	42.00	51.00	50.00
100公尺仰式	55.68	54.68	59.08	58.08	1:04.00	1:03.00	1:14.00	1:13.00	1:30.00	1:29.00	1:52.00	1:51.00
200公尺仰式	2:00.51	1:58.51	2:08.56	2:06.56	2:18.00	2:16.00	2:41.00	2:39.00	3:16.00	3:13.00	4:04.00	4:02.00
50公尺蛙式	28.71	27.71	29.70	28.70	32.50	31.50	37.00	36.00	44.00	43.00	52.00	51.00
100公尺蛙式	1:02.29	1:00.29	1:04.91	1:02.91	1:11.00	1:09.00	1:20.00	1:18.00	1:34.00	1:32.00	1:55.00	1:53.00
200公尺蛙式	2:15.02	2:11.02	2:22.28	2:18.28	2:35.00	2:31.00	2:54.00	2:50.00	3:23.00	3:19.00	4:02.00	3:58.00
50公尺蝶式	24.45	23.45	25.67	24.67	27.00	26.00	32.50	31.50	41.50	40.50	52.00	51.00
100公尺蝶式	53.63	52.13	56.45	54.95	1:00.00	58.50	1:11.00	1:09.50	1:29.00	1:27.50	1:55.00	1:54.00
200公尺蝶式	1:58.66	1:55.66	2:05.71	2:02.71	2:14.00	2:11.00	2:38.00	2:35.00	3:18.00	3:15.00	4:02.00	4:00.00
200公尺混合式	2:02.81	1:59.81	2:09.68	2:06.68	2:19.00	2:16.00	2:40.00	2:37.00	3:15.00	3:12.00	4:04.00	4:01.00
400公尺混合式	4:21.19	4:15.19	4:37.85	4:31.85	4:48.30	4:52.00	5:31.00	5:25.00	6:56.00	6:50.00		

（接續表）

（續表）

女子	國際級健將 50公尺池	國際級健將 25公尺池	運動健將 50公尺池	運動健將 25公尺池	一級 50公尺池	一級 25公尺池	二級 50公尺池	二級 25公尺池	三級 50公尺池	三級 25公尺池	少年級 50公尺池	少年級 25公尺池
50公尺自由式	25.52	24.52	26.45	25.45	27.20	26.20	31.50	30.50	38.50	37.50	49.00	48.00
100公尺自由式	55.41	53.91	57.44	55.94	1:02.50	1:01.00	1:13.00	1:11.00	1:34.00	1:33.00	1:53.50	1:52.50
200公尺自由式	2:00.05	1:56.55	2:04.27	2:00.77	2:15.00	2:11.50	2:39.00	2:35.50	3:23.00	3:19.50	3:58.00	3:54.50
400公尺自由式	4:11.60	4:04.60	4:21.70	4:14.70	4:44.00	4:37.00	5:46.00	5:39.00	7:06.00	6:59.00	8:24.00	8:17.00
800公尺自由式	8:36.32	8:22.32	9:00.67	8:46.67	9:42.00	9:28.00	12:02.00	11:48.00	15:02.00	14:48.00		
1500公尺自由式	16:50.87	16:25.87	17:25.00	17:00.00	18:35.00	18:10.00	23:45.00	23:20.00	27:45.00	27:20.00		
50公尺仰式	29.63	28.63	31.23	30.23	33.00	32.00	38.50	37.50	46.50	45.50	51.00	50.00
100公尺仰式	1:02.05	1:01.05	1:05.17	1:04.17	1:09.00	1:08.00	1:21.00	1:20.00	1:41.00	1:40.00	1:58.00	1:57.00
200公尺仰式	2:12.44	2:10.44	2:20.70	2:18.70	2:29.50	2:27.00	2:53.00	2:51.00	3:38.50	3:36.50	4:08.00	4:06.00
50公尺蛙式	32.14	31.14	33.52	32.52	36.00	35.00	41.00	40.00	48.00	47.00	55.00	54.00
100公尺蛙式	1:09.38	1:07.38	1:13.29	1:11.29	1:18.00	1:16.00	1:29.00	1:27.00	1:44.00	1:42.00	2:00.00	1:59.00
200公尺蛙式	2:28.04	2:24.04	2:37.41	2:33.41	2:51.00	2:47.00	3:13.00	3:09.00	3:48.00	3:44.00	4:08.00	4:04.00
50公尺蝶式	27.32	26.32	28.57	27.57	30.50	29.50	36.50	35.50	45.50	44.50	55.00	54.00
100公尺蝶式	59.30	57.80	1:02.81	1:01.31	1:08.00	1:06.50	1:20.00	1:18.50	1:39.00	1:37.50	2:02.00	1:59.00
200公尺蝶式	2:10.78	2:07.78	2:17.59	2:14.59	2:25.00	2:22.00	2:54.50	2:51.50	3:38.00	3:35.00	4:08.00	4:05.00
200公尺混合式	2:15.14	2:12.14	2:21.06	2:18.06	2:30.00	2:27.00	2:58.00	2:55.00	3:48.00	3:45.00	4:16.00	4:13.00
400公尺混合式	4:46.15	4:40.15	4:58.61	4:52.61	5:18.00	5:12.00	6:21.00	6:15.00	8:06.00	8:00.00		

註：國際級健將，必須是在國內、國外舉行的正式國際比賽和全運會、全國城市運動會中達到以上各項成績標準者；運動健將，除以上比賽外，還包括在游泳管理中心舉辦的全國性比賽中達到成績標準者。本標準由國家體育總局於 2001 年 9 月 1 日頒布執行。

主要參考文獻

〔1〕全國體育院校教材委員會・游泳運動・北京：人民體育出版社，2001.

〔2〕全國體育學院教材委員會・體育學院專修通用教材游泳・北京：人民體育出版社，1990.

〔3〕Ernest W. Maglischo, PhD. Swimming Fastest. Human Kinetics, 2003.

〔4〕體育詞典編輯委員會・體育詞典・上海：上海辭書出版社，1984.

〔5〕凌紹森，王化龍・游泳池場的管理和保養・北京：人民體育出版社，1993.

〔6〕凌紹森，等・游泳場所衛生管理・北京：人民體育出版社，1987.

〔7〕嚴偉莉・怎樣學游泳・北京：金盾出版社，2004.

〔8〕中國游泳協會・游泳競賽規則 2003・北京：人民體育出版社，2003.

〔9〕梅雪雄・游泳・北京：高等教育出版社，1999.

〔10〕中國游泳協會裁判委員會・游泳競賽組織與裁判方法・北京：人民體育出版社，2005.

〔11〕科斯蒂爾，等・運動醫學與科學手冊 游泳・溫宇紅，譯・北京：人民體育出版社，2002.

〔12〕布爾加科娃・尼・日・游泳訓練學・遲愛光，譯・廣州：游泳季刊編輯部，2004.

〔13〕陸一帆，等・游泳運動訓練生理生化及運動醫學的理論與實踐・北京：北京體育大學出版社，2005.

〔14〕全國體育院校教材委員會·運動訓練學·北京：人民體育出版社，2000.

〔15〕田麥久·論訓練計畫制定·北京：北京體育大學出版社，1999.

〔16〕中國紅十字會·自救與救人——危急應變指南·哈爾濱：黑龍江科學技術出版社，2004.

〔17〕萬德光，萬猛·現代力量訓練·北京：人民體育出版社，2003.

〔18〕王保成，楊漢雄·競技體育力量訓練指導·北京：人民體育出版社，2003.

〔19〕黃甫全，王本陸·現代教學論學程·北京：教育科學出版社，2003.

〔20〕謝利民，鄭百偉·現代教學基礎理論·上海：上海教育出版社，2003.

〔21〕全國體育學院成人教育協作組·學校體育學·北京：人民體育出版社，1999.

〔22〕劉善言·學校體育學·濟南：山東大學出版社，2001.

〔23〕教育部基礎教育司·全日制義務教育體育（與健康）課程標準解讀·武漢：湖北教育出版社，2002.

〔24〕全國體育院校教材委員會·體育學院專修通用教材游泳·北京：人民體育出版社，1991.

〔25〕吳河海，狄建·蝶式技術與練習·北京：人民體育出版社，2001.

〔26〕吳河海，譚政典·仰式技術與練習·北京：人民體育出版社，2001.

〔27〕吳河海，譚政典·蛙式技術與練習·北京：人民體

育出版社，2001.

〔28〕吳河海，呂鵬·自由式技術與練習·北京：人民體育出版社，2001.

〔29〕Dick Hannula, Nort Thornton. The Swim Coaching Bible, Human Kinetics, 2001.

〔30〕王慧麗·游泳健身法·北京：北京體育大學出版社，2003.

〔31〕Cecil Colwin. Breakthrough Swimming. Human Kinetics, 2002.

〔32〕Dick Hannula. COACHING Swimming SUCCESSFULLY. Human Kinetics, 2003.

〔33〕BILL SWEETENHAM, JOHN ATKINSON. Championship Swimming Training, Human Kinetics, 2003.

〔34〕Fina. Swimming Manual. Swimming / Natation Canada, 1988.

〔35〕張厚粲，譯·教育心理學·北京：中國輕工業出版社，2003.

〔36〕張英波·動作學習與控制·北京：北京體育大學出版社，2003.

〔37〕董奇，陶沙·動作與心理發展·北京：北京師範大學出版社，2004.

〔38〕弗拉基米爾 M·扎齊奧爾斯基·運動生物力學——運動成績的提高與運動損傷的預防·陸愛雲，譯審·北京：人民體育出版社，2004.

〔39〕鄭閏生，徐忠梁·康復游泳·上海體院教材，1997.

〔40〕中國游泳協會·游泳年齡組教學訓練大綱·北京：人民體育出版社，2006.

〔41〕張彩珍・中國游泳運動史・武漢：武漢出版社，1996.

〔42〕普拉托諾夫・弗・納・現代運動訓練・北京：人民體育出版社，1991.

〔43〕馬特維也夫・列・巴・體育理論與方法・北京：北京體育大學出版社，1997.

〔44〕吉村豐，等・游泳技巧圖解・北京：北京體育大學出版社，1999.

〔45〕Ernest W. Maglischo. Swimming Even Faster. Mayfield Publishing company 1993.

〔46〕海尼斯・健身游泳・北京：人民體育出版社，2001.

〔47〕中國游泳協會科研委員會・游泳信息・北京：國家體育總局體科所，2001—2005.

〔48〕中國游泳協會科研委員會・游泳季刊・廣州・游泳季刊，2001—2005.

〔49〕中國游泳協會・游泳・北京：游泳雜誌，2001—2005.

〔50〕李仲明・游泳與實用游泳・廣州：中山大學出版社，2004.

〔51〕曲綿域，于長隆・實用運動醫學・北京：北京大學醫學出版社，2003.

〔52〕張力為，毛志雄・運動心理學・上海：華東師範大學出版社，2003.

〔53〕全國體育學院教材委員會・體育學院普修通用教材游泳・北京：人民體育出版社，1990.

〔54〕國家體育總局游泳運動管理中心・水中健身——全國水中健身教員教材，2003.

導引養生功

1 疏筋壯骨功＋VCD
定價350元

2 導引保健功＋VCD
定價350元

3 頤身九段錦＋VCD
定價350元

4 九九還童功＋VCD
定價350元

5 舒心平血功＋VCD
定價350元

6 益氣養肺功＋VCD
定價350元

7 養生太極扇＋VCD
定價350元

8 養生太極棒＋VCD
定價350元

9 導引養生形體詩韻＋VCD
定價350元

10 四十九式經絡動功＋VCD
定價350元

張廣德養生著作　每冊定價350元

全系列為彩色圖解附教學光碟

輕鬆學武術

1 二十四式太極拳＋VCD
定價250元

2 四十二式太極拳＋VCD
定價250元

3 八式十六式太極拳＋VCD
定價250元

4 三十二式太極劍＋VCD
定價250元

5 四十二式太極劍＋VCD
定價250元

6 二十八式木蘭拳＋VCD
定價250元

7 三十八式木蘭扇＋VCD
定價250元

8 四十八式木蘭劍＋VCD
定價250元

彩色圖解太極武術

1 太極功夫扇
定價220元

2 武當太極劍
定價220元

3 楊式太極劍56式
定價220元

4 楊式太極刀
定價220元

5 二十四式太極拳＋VCD
定價350元

6 三十二式太極劍＋VCD
定價350元

7 四十二式太極劍＋VCD
定價350元

8 四十二式太極拳＋VCD
定價350元

9 楊式十八式太極劍拳
定價350元

10 楊氏二十八式太極拳＋VCD
定價350元

11 楊式太極拳四十式＋VCD
定價350元

12 陳式太極拳五十六式＋VCD
定價350元

13 吳式太極拳五十六式＋VCD
定價350元

14 精簡陳式太極拳八十六式
定價220元

15 精簡吳式太極拳三十六式 拳架、推手
定價220元

16 夕陽美功夫扇
定價220元

17 綜合四十八式太極拳＋VCD
定價350元

18 三十二式太極拳 四段
定價220元

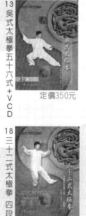
19 楊式三十七式太極拳＋VCD
定價350元

20 楊氏五十一式太極劍＋VCD
定價350元

21 嫡傳楊家太極拳精練二十八式
定價220元

22 嫡傳楊家太極劍五十一式
定價220元

養生保健　古今養生保健法 強身健體增加身體免疫力

1  醫療養生氣功 定價250元	2 中國氣功圖譜 定價250元	3 少林醫療氣功精粹 定價250元	4 龍形實用氣功 定價220元	5 魚戲增視強身氣功 定價220元	7 道家玄牝氣功 定價200元	

8 仙家秘傳祛病功 定價160元	9 少林十大健身功 定價180元	10 中國自控氣功 定價250元	11 醫療防癌氣功 定價250元	12 醫療強身氣功 定價250元	13 醫療點穴氣功 定價250元

14 中國八卦如意功 定價180元	15 正宗馬禮堂養氣功 定價420元	16 秘傳道家筋經內丹功 定價300元	17 三元開慧功 定價250元	18  防癌治癌新氣功 定價180元	19 禪定與佛家氣功修煉 定價200元

20  顛倒之術 定價360元	21 簡明氣功辭典 定價360元	22 八卦三合功 定價230元	23 朱砂掌健身養生功 定價250元	24 抗老功 定價230元	25 意氣按穴排濁自療法 定價250元

27  健身祛病小功法 定價200元	28  張氏太極混元功 定價250元	30  中國少林禪密功 定價200元	31  郭林新氣功 定價400元	32  八卦之源與健身養生 定價280元	33  現代原始氣功1 定價400元

34 養生開脈太極 定價300元	35  通靈功—養生祛病及入門功法 定價300元	37 太極內功養生法 定價180元	38 無極養生氣功 定價200元	39 氣的實踐小周天健康法 定價200元

太極跤

1 太極防身術
定價300元

2 擒拿術
定價280元

3 中國式摔角
定價350元

簡化太極拳

1 陳式太極拳十三式
定價200元

2 楊式太極拳十三式
定價200元

3 吳式太極拳十三式
定價200元

4 武式太極拳十三式
定價200元

5 孫式太極拳十三式
定價200元

6 趙堡太極拳十三式
定價200元

原地太極拳

1 原地綜合太極二十四式
定價220元

2 原地活步太極四十二式
定價200元

3 原地簡化太極拳二十四式
定價200元

4 原地太極拳十二式
定價200元

5 原地青少年太極拳二十二式
定價220元

6 原地兒童太極拳十播十六式
定價180元

健康加油站

1 糖尿病預防與治療

定價200元

2 胃部機能與強健

定價180元

3 不孕症治療

定價200元

4 簡易醫學急救法

定價200元

5 肥胖健康診療

定價200元

6 肝功能健康診療

定價200元

7 高血壓健康診療

定價200元

8 高血糖值健康診療

定價200元

9 尿酸值健康診療

定價200元

10 膽固醇中性脂肪健康診療

定價200元

11 痛風劇痛消除法

定價180元

12 三溫暖健康法

定價180元

13 手‧腳病理按摩

定價180元

14 B型肝炎預防與治療

定價180元

15 吃得更漂亮、健康

定價180元

16 茶使您更健康

定價180元

17 圖解常見疾病運動療法

定價180元

18 科學健身改變亞健康

定價180元

19 簡易萬病自療保健

定價220元

20 王朝秘藥媚酒

定價180元

21 立見實效保健操

定價180元

22 越吃越幸福

定價200元

23 荷爾蒙與健康

定價180元

24 越吃越長壽

定價200元

25 自我保健鍛鍊

定價180元

26 斷食促進健康

定價180元

27 蔬菜健康法

定價200元

28 水果健康法

定價200元

國家圖書館出版品預行編目資料

游泳運動教程／陳武山　主編
　　——初版，——臺北市，大展，2008〔民97.11〕
　　面；21公分 ——（體育教材；2）
　　ISBN　978－957－468－646－9（平裝）

1.游泳
528.96　　　　　　　　　　　　　　97017224

游泳運動教程

ISBN　978－957－468－646－9

主　　編／陳武山
審　　定／中國全國體育院校教材委員會
責任編輯／叢明禮
發行人／蔡森明
出版者／大展出版社有限公司
社　　址／台北市北投區（石牌）致遠一路2段12巷1號
電　　話／（02）28236031 · 28236033 · 28233123
傳　　眞／（02）28272069
郵政劃撥／01669551
網　　址／www.dah-jaan.com.tw
E - mail ／ service@dah-jaan.com.tw
登記證／局版臺業字第2171號
承印者／傳興印刷有限公司
裝　　訂／建鑫裝訂有限公司
排版者／弘益電腦排版有限公司
授權者／北京人民體育出版社
初版1刷／2008年（民97年）11月

定　價／400元

大展好書　好書大展
品嘗好書　冠群可期